뭇 사람의 은혜 속에 동서남북으로

뭇 사람의 은혜 속에 동서남북으로

강신항

도서출판 월인

책 머리에

平生을 高潔하게 사신 어느 碩學은 한번도 신문·잡지에 소위 雜文이라는 글을 쓴 일이 없고, 外國 學會의 招請에 한번도 응한 일이 없다고 한다.

그런데 우리 內外는 어찌 된 일인지, 젊었을 때부터 新聞·雜誌에 무수한 雜文을 써서 일곱 권의 隨筆·隨想集으로 엮어서 펴낸 바 있다. 외국 학회에도 둘이 함께 또는 혼자 참가하여 여러 가지 旅行 기록(주로 姜信沆이 기록)을 남겼다.

이번에 펴내는 책은 1967년부터 2016년까지의 旅行記와 이들에 관련된 사진들이다.

이들 寫眞 가운데에는 世界的으로 著名한 학자들의 사진이 포함되어 있다.

그래서 旅行記와 연관이 되는 사진들을 함께 엮어서 펴내기로 하였으나, 이 책은 決코 세상에 널리 알리고자 내는 책은 아니다. 다만 우리 내외가 일생을 어떻게 살아왔는지 기록으로 남겨 놓고 싶은 마음만으로 내는 것이다.

글과 사진을 함께 엮어서 출판하기가 몹시 힘들었을 터인데도 欣快히 出版을 맡아주신 도서출판 月印 박성복 사장님과 편집부 여러분께 심심한 감사의 말씀을 드린다.

2018년 5월 10일

강신항·정양완 삼가 씀

차례

二. AKSE(在歐韓國學會)

三. 韓中文化關係 國際學術會議

四. 中國旅行

五. 北京에서 개최된 學術會議

六. 日本學會

七. 美國旅行記

八. 其他 旅行

一.

中國音韻學 및 漢字 관련 회의

(1)
宋代音 研究를 위한 旅行記

1974年 12月 23日(月) - 1975年 2月 17日(月)
台北·東京 旅行(硏究)記, 大阪行 KAL 機上에서 쓰기 시작

⋮

旅券番号	355988 姜信沆
發給日	1974年 12月 17日
有效期間	1975年 6月 17日
目　　的	宋代漢字音硏究(鷄林類事연구)
財政保證	美 하버드 燕京學舍 (社)
財政保證	
取得協助者	金載元博士
旅券發給協力	外務部條約課長　盧昌熹
	外務部文書課長　蘇秉用
	成大國文科 2年　崔容寬
	3年　朴榮善
出國	1974年 12月 23日(月) KAL 503 大阪 → 台北 → 盤谷行

金浦 下午 2時 15分 出發

招請者 中華民國中央硏究院歷史語言硏究所 屈萬里 敎授
日本 東洋文庫 榎一雄 敎授

1974年 12月 23日(月) KAL 503号 機上에서

이번 硏究旅行이 誠實한 게 되게 하여 주옵소서.

良의 獻身的인 사랑과 온갖 식구들에게 희생을 强要한 結果로 이루어진 이번 旅行이다.
특히 어젯밤에는 惠化洞 작은 자매회 修女님들이 丈人과 나를 위해서 경건하게 기도하여 주셨다. 이 은혜, 이 사랑 밑에서 나는 오직 성실하게 硏究生活을 하다가 귀국해야 한다. 나의 이번 旅行을 위하여 여러 가지로 도와주신 여러 어른이나, 친척들에게 감사드린다.
날씨 快晴하고 모든 일이 순조롭다. 비행기가 약간 흔들린다.

金載雨 교수 夫人과 同行하다. 金浦 → 大阪 → 台北

1974年 12月 24日(火) 비가 온종일 오다.

12月 23日(月) 下午 6時 10分 台北松山 飛行場 到着.
陳泰夏 박사가 마중 나왔다.
陳 先生의 案內로 台北車站 앞 南國大飯店에서 하루를 묵다.
陳 先生과 이야기를 나눈 뒤 잠이 안 와 밤을 거의 새우다.
새벽에 일어나 黃 女士(內湖) 宅에 가, 함께 中央硏究院에 들르다. 通譯을 부탁

하기 위함이다. 楊時逢 先生과 屈萬里 所長의 주선으로 蔡元培 紀念館 219号室에 들다.
房玉琳, 王恒餘 先生을 만나고, 李壬癸 교수도 만나다.
葉太太만 만나고, 부탁 받은 李哲敎 氏 등의 册을 사느라고 하루를 보내다.
저녁에 林雅曾 氏 宅 초대를 받아, 여러 가지 이야기를 하다.
모두 姜太太(정양완) 安否만 묻는다.
蔡元培 紀念館 219号室에 앉아 비 오는 바깥 경치를 보며, 감회가 새롭다.
册 사러 간 사이에 屈 所長이 다녀가셨다. 눈물 흘리며 달려오던 房 아저씨의 모습.
韓國爸爸! 하며 뽀뽀하던 太偉의 모습. 表情이 없던 葉太太의 眞情.
나는 人情 앞에 눈물만이 나온다.

1974年 12月 25日(水) 비가 온종일 오다.

桃園에 다녀오다.
오늘 크리스마스.
台湾에서는 憲政實施 紀念日이라는 名目으로 논다.
賴 先生 夫婦의 案內로 賴文謙 先生의 妻家인 桃園縣觀音鄉大同林三邨 29号 黃錦(新坡下車)
그의 丈人과 丈母의 歡迎을 받다. 農藥商과 養鷄를 하다. 小學校의 경치가 좋았다.
돌아오는 길에 桃園에 들려 李栢鶴 씨 夫婦의 歡待를 받고 저녁을 포식하고 오다.
와 보니 葉二臨 先生이 다녀갔다.
나는 어떻게 해서 이토록 돌아다니며 歡迎만 받고 살게 되었을까?
모두 姜太太의 德分이다.

재주는 뭐가 부리고 뭐는 뭐가 한다는 俗談이 생각이 난다.
賴 先生의 妻男 內外들도 참 좋았다. (黃弘明)

1974年 12月 26日(木) 비가 連日 온다.

時計가 9時 15分에 멎다.
외로움이란 이런 것인가? 아는 사람만 찾아다닌다면 시간 가는 줄 모르겠지만, 名色이 공부하러 왔으니, 冊床머리에 홀로 앉아 있다.
그러나 사람 그리워서 미칠 지경이다. 말이 잘 안 通하니 무서워서 아무나 찾아갈 수 없고, 冊을 보고 있으나 머리에 안 들어간다.
그런데 왜 이렇게도 새로운 감격이 없을까? 꼭 늙어빠진 옛 愛人을 보는 氣分이다.
그토록 그리워하던 台湾은 이렇지가 않았는데, 사람, 風景. 보고 듣는 것이 하나도 새롭지가 않다. 그만치 한국이 成長한 탓인가? 또는 台湾이 舊態依然한 탓인가?

아침에 傅斯年 도서관에 가서 必要한 論文 題目을 보고 房에 와서 주위를 정리하다.
이럴 때일수록 지난번 良과 함께 왔을 때가 그립다. 良이 얼마나 偉大한가를 다시금 느낀다.

下午에 한국 大使館에 가서 申告를 하고, 金載雨 교수 夫婦를 만나, 저녁 얻어먹고 구경(青青草原上於今日大劇院)까지 하고 오다. 韓僑學校 申 校長(申季澈, 成大中文科 卒), 李鐘毓 氏(대사관 직원)도 만나다.

1974年 12月 26日(木) 저녁에

良에게
당신의 극진한 사랑을 받고 이곳에 와서, 당신의 後光으로 歡待를 받고 있습니다.
22日 밤에 저를 위하여 기도드린 분들을 생각해서라도 깨끗이 살다가 가겠습니다.

복잡한 이곳 韓人社會
오나가나 너무 깊숙이 알면 괴롭기만 하다. 金載雨 교수, 陳秦夏 박사를 通해서 여러 이야기를 듣다.

1974年 12月 27日(金) 모처럼만에 개다.

아침에 葉二臨 先生 宅에 다녀오다. 四年 前에 살던 周圍 환경을 한 시간가량 돌아보았다. 지나간 歲月이 그리워 눈물이 났다.
葉 先生 宅에서 아침을 먹고 日曜日 점심 초대를 받았다. 두 아들 葉振國, 振疆이 어른스러웠다.

丁邦新 先生을 여러 차례 찾아갔으나 못 만나고 上午 中에 李明九, 趙洪植, 崔珍源, 尹柄魯, 李佑成, 金載元, 곽동찬 씨에게 편지 쓰다.

胡適公園과 胡適 紀念館에도 들러보았다.

下午에 政治大 陳祝三 교수 宅에 金載雨 교수 夫婦, 黃 女士와 함께 다녀오다.
1月 13日(月)에 演講해 달라는 부탁을 받다.

밤에 楊時逢 先生이 일부러 房에 찾아오셨고, 丁邦新 先生도 休憩室(蔡元培 紀念館 內)에서 만났다.

月요일에 台大 세미나에 오라는 권유를 받다.

鷄林類事 用字音 조사를 시작하다.

1974年 12月 28日(土) 역시 개다.

아침에 舊莊 38, 옛날에 孔在錫 교수 內外가 살던 곳에 가 보다.
上午 中 꼬박 방에 앉아 공부하다.
오나가나 良 생각만 했다. 良과 앉았던 자리에 가 보았다.
밤에 아무도 없는 蔡元培 紀念館 219号室에 앉아 식구들 생각을 하다.
그렇게도 오고 싶었던 台湾이었는데, 이제 귀국하고 싶은 생각 밖에 없다.
내가 변덕쟁이인가? 또는 나이를 먹었는가? 서울 식구들이 그리워서 못 살겠다.
특히 良이, 나의 良이.

1974年 12月 29日(日) 새벽에, 비가 오다.

凶夢大吉!
새벽 3시 55分에 무서운 꿈을 꾸다. 이 큰 집에, 토요일이라 나 혼자 자기 때문인가?
어떤 女人이 푸른 치마저고리를 입고, 칼을 들고 나한테 달려든다. 그래서 소리소리 지르다가 깨어나, 그대로 밤을 새우고 말았다.
사람이 그리워서 못 살겠다.

12時에 葉二臨 先生 宅에 招待 받아 가서 飽食하고 오다.
王俊仁, 그 아버지, 朱醫生 등도 모두 모이었다. 이것이 모두 姜太太가 씨를 뿌리고 간 결과인 것이다. 나는 거저 얻어먹기만 하는 것이다.

下午에 兪兆年 判事 宅에 갔었으나 그 夫人만 만나고 오다.

連日 黃 女士가 길 案內하고 通譯해 주느라고 수고한다.
아무리 지도교수였지만 未安하기 그지없다.

房 아저씨가 다녀가셨다고 한다.

밤에 丁邦新 先生이 房으로 찾아와서 여러 가지 이야기를 하다. 고마운 분이다.

1974年 12月 30日(月) 온종일 비가 오다.

떠나온 지 꼭 1주일. 이제 겨우 자리가 잡히려 한다.

陳秦夏교수의 業績을 보고 충격을 받다.
上午 中에 台大를 구경하고, 良과 내 冊을 사러 다니다가 우연히 商務印書館 앞에서 陳秦夏 박사를 만나다. 함께 茶房에 가 그의 鷄林類事 硏究를 보고 큰 충격을 받다.
우리가 현재 할 수 있는 限度 內에서는 모두 정리된 훌륭한 업적이었다.

姜信沆아! 정신 차려라! 이제 정신 차릴 때가 되었다.

學者에게는 남보다 더 알고자 하는 크나큰 慾望이 있다.

이제 내가 무엇인지 다시금 생각해 볼 때다.

나와 있으니 良이 最高의 아내임을 다시금 느낀다. 나는 지금까지 그 그늘에서 커 온 것이다.

1974年 12月 31日(火) 아침에는 기가 막히게 날씨가 좋더니 下午엔 비가 온다.

온 종일 蔡元培 紀念館 219号室에 앉아 공부하면서 一年을 反省하다.
가슴의 불이, 공부(學究熱) · 本能이 뒤범벅이 되어 나를 괴롭힌다.

오직 良이라고 하는 偉大한 아내 생각만이 간절하다.

1975年 1月 1日(水) 비교적 날씨가 좋다. 온 종일 구름.

葉太太(沈團妹) 親庭에 다녀오다.
새벽 4時 半에 일어나 葉二臨 先生 宅에 가, 그 집 식구 一行과 여섯時 첫 車로 (大有巴士) 南港에 가, 嘉義行 기차를 타다.
中壢에서 下車. 公共汽車로 觀音行. 觀音에서 절과 시장 구경을 하고 葉太太 親庭宅에 가다. 마침 新築祝賀會(落成式)를 하는 날이어서, 一家親戚, 이웃들이 모였다. 廣東系客家人, 農民들의 잔치 구경을 하고 飽食하고 왔다.
우리 시골 잔치가 類가 아니었고 다 잘 살고 水準도 높았다.
葉二臨 先生의 恩惠를 잊을 길이 없다.

저녁 7時에 귀실해 보니 屈萬里 所長이 年初라고 찹쌀떡 한 상자를 갖다 놓으셨고, 王貴美, 建順 姉妹가 다녀갔다. 오직 감사하고 송구스러울 뿐이다.

이 곳 채원배 기념관에서 근무하는 분들께, 떡을 나누어 주다.

이날 사귄 분이 胡賀華 氏(中壢市陸光6村4号), 宋逢郎 氏(桃園縣觀音鄉新坡村100号)다.

1975年 1月 2日(木) 비가 온종일 오다. 좀 추워졌다. 그러나 17~13度

온 종일 房에 앉아 공부하다.
아무하고도 말도 않고 끼니때가 되면 가서 밥 사고(構內餐廳) 온 종일 房에 앉아 공부하다.

가장 외롭고 쓸쓸하게 지낸 날의 하루다.

저녁에 王建順 군이 어느 날에 틈이 있느냐고 심부름 왔다. 1月 12日(日) 正午로 約束했다.

正門 앞 接受口 王 老人에게 담배 두 갑을 갖다 드렸다, 그런데 담배를 안 피우는 분이었다.

내 공부가 벽에 부딪힌 느낌이 있다. 더 정신을 차려야 되겠다.
빨리 吏讀硏究에 덤벼 들자.

1975年 1月 3日(金) 날씨 비교적 좋다.

온 종일 공부하다.

東洋文庫에서 편지 온 것을(12月 25日) 오늘에서 찾아오다.

屈 所長에게 감사(떡)의 인사. 丁邦新 교수 만나 학문 이야기. 오후에도 공부. 밤에 散步.

1975年 1月 4日(土)

台中에 다녀오다.

泰陽機械國際股份有限公司, 副理(副社長) 曾武龍 氏가 직접 운전하는 車로, 李錟 氏(心賢 아버지) 宅 一家族. 日月潭 등을 찾아 볼 수 있었다.

밤 11시 苗栗 賴文謙 氏 宅에 가서 一泊하다.

1975年 1月 5日(日) 날씨 좋다가 저녁에 비.

賴 氏 夫婦의 案內로 온 종일 苗栗 市內를 구경하고 저녁에 台北에 오다. 明德水庫에도 갔었다.

나에게 남은 길은 오로지 학문을 위하여 사는 것뿐이다.

李心賢 氏 宅 一家族을 만났을 때의 감격, 賴 氏 宅 一家族의 善良한 모습. 특히 賴 氏의 동생 文中 氏, 그 太太의 貞淑한 모습 등이 强烈하게 내 印象에 남는다.

1975年 1月 6日(月) 날씨 흐리다.

이 世上에서 혼자 여행할 때에는 論語에서 孔子님이 가르친 대로 살아야 한다.

이 俗人이 너무나도 賤하게 살아왔다.
이제부터는 再生하겠사오니 용서하소서.

이번에 내가 아무런 成果도 없이 가버린다면 完全히 廢人이 될 것이다. 歸心如矢이나 참고, 참고, 하는 데까지 해 보다가 가겠다.
꼭 半이 지나갔는데 나는 그동안 무엇을 했나? 自己自身을 알라!
마치 절간에 온 마음으로 온 종일을 말 한마디 없이 蔡元培 紀念館 219호에서 音을 찾다.

1975年 1月 7日(火) 구름.

어제 陳泰夏 박사가 論文을 가지고 왔었다. 참으로 훌륭한 業績이라고 생각한다. 곧 읽기 시작하다.

어제 저녁에 잠시 玉成國小 앞까지 나갔다 오다.

1975年 1月 7日(火) 구름.

집에서 편지가 안 온다. 上午 中 도서관에서 공부. 下午 中 房에서 공부. 저녁에 胡適公園 散步.
만사가 초조하면 안된다.

1975年 1月 8日(水) 구름.

새벽부터 앞으로 나아갈 길을 생각하다. 빨리 方向轉換을 해야 한다. 이제 鷄林

類事研究로 시간을 浪費하고 있을 수는 없다.

古代語의 연구는 兪昌均 교수들이 하고 있고, 吏讀는 都守熙 교수가 하고 있으니 나는 맨날 남의 뒷다리만 긁으란 말인가? 그래도 自己 계획대로 해 봐야 하는가?

여러 面으로 나는 딜레마에 빠져 있다. 마음을 가라앉히고 곰곰이 생각해 보자.

1975年 1月 9日(木) 비 오락가락.

上午 中에 集韻 反切을 찾다.

下午에 잠깐 台北에 갔다 왔더니 丁邦新先生이 두 차례 다녀갔다.

兪兆年 判事(推事)로부터는 招待狀이 오고, 房玉琳 아저씨는 果物 말린 것을 가져 오고.

모두 송구스럽다.

이제 하늘이 무서운 줄 알고 雜念을 버리고 공부나 할 것이다.

모든 것이 아름답게 마무리 되어 가고 있지 않은가?

台湾生活이 영광스럽고 또 보람 있고 앞으로 再生할 발판이 되어가고 있다.

모두 良의 德分이다.

良이 모든 面에 있어서 얼마나 훌륭한 女人인가 하는 것을 다시금 느낀다.

나는 더 유감이 없다. 未練도 없다. 오직 良과 하느님을 섬기면서 깨끗이 살련다.

良과 함께 다시 한 번 陽明山에 가 보고 싶다. 陽明山의 그 琉黃 냄새.

1975年 1月 10日(金) 날씨 비교적 좋다.

집 떠난 지 19日. 목이 빠지도록 기다리던 良의 따뜻한 편지가 이제서 왔다.

12月 29日에 쓴 것이다. 기쁘고 마음이 놓인다.

正午에 丁邦新 先生이 武昌街2街 52号「北平都一處」에서 점심을 냈다. 崔玲愛 女士, 黃碧麗 女士도 함께 참석하여 主로 학문 이야기를 했다.
崔 女士가 洪武正韻을 博士論文研究題目으로 擇했다고 하여 여러 가지 이야기를 하다.

저녁 6時에 重慶南路一段 105号 上海復興園餐廳 301号室에서 兪兆年 推事(大法院) 夫妻가 저녁을 냈다. 陳泰夏 박사와 함께 參席했다. 仁愛國中校長 등 여러 분이 參席했다.
오직 감사할 뿐이다. 台北地方法院處長 吳恒順, 立祥實業股份有限公司常務理事 張承璜

1975年 1月 11日(土) 구름

蔡元培 先生 誕生 紀念日이다. 休務
11시까지 공부하고 故宮博物館에 다녀오다. 언제 보아도 귀중한 寶物들이다. 이종철 씨를 만났다.

下午 6時. 楊時逢 老師 宅에 저녁 먹으러 가다.
죄송하다. 두 老人(70과 66)뿐인 집에서 포식하다니.

집에서 두 번째 편지가 오다. 석란이 편지가 귀엽고 잘 되어 있다. 글재주가 있나 보다.

오늘 張承璜 氏의 저녁 초대를 사양하다. 먹는 것이 重要한 것이 아니라, 내가 무엇하는 人間인가를 다시금 생각해 봐야 한다.

요새 자나 깨나 宋代音 생각만 한다. 體系的으로 파악해 보는 方法은 없을까?

1975年 1月 12日(日) 구름

이제 앞으로 一週日. 새벽에 일어나 곰곰이 나 自身을 反省했다.
옛날의 그 슬기롭고 깨끗했던 나의 모습을 되찾고 싶다.
내일 張益 神父님을 만나서 救援의 손길을 要請해야 되겠다.

낮에 研究院路二段 182巷 10号 王井泉 氏 宅에서 점심 먹다. 애저(어린 돼지), 인삼탕 등 반찬이 푸짐했다.

저녁은 構內餐廳에서 房玉琳 아저씨들 여섯 분이 성대하게 차려서, 눈물겹게 잘 얻어먹었다. 모두 偉大한 姜太太의 恩德이다. 낮에 잠깐 그 前에 살던 곳 附近을 散步하다.

1975年 1月 13日(月) 비

上午에 政治大學東方語文系 學生들 앞에서 演講- 題目은 韓國語學의 研究方法과 現況, 陳祝三 교수가 통역을 했고 모두 (約 70名) 열심히 들어 주었다.
陳祝三 교수 宅에서 金載雨 교수 內外와 함께 점심을 먹었다.
政治大 總長, 東方語文系 學科長도 禮訪했다.

下午 3時, 台大 正門 앞에서 張益 神父님을 만나 뵈었다. 崔玲愛 女士, 梁承武

석사도 함께 만났다.

張 神父님이 계신 耕莘文教院을 參觀하고 단 둘이서 市內 冊房을 巡訪. 여러 이야기를 나누다. 저녁 대접을 받고, 冊을 그 분께서 사 주시기로 해서 안 샀다. 모두 고마운 일이다.

蔡元培 紀念館에 오니 蔡仁理 氏(蔡連康 氏 兄님)가 全北大 在學 中인 中國學生과 함께 오셨다. 良이 房 아저씨께 傳할 人蔘 등을 가지고.

오직 良의 뜨거운 사랑 앞에 깨끗이 살 것을 盟誓할 뿐이다.

1975年 1月 14日(火) 구름 뒤 비

새벽 다섯時에 일어나 닭 우는 소리를 듣다. 이제 앞으로 닷새.

두시 半까지 集韻 反切 調査.

大韓航空으로 予約하러 갔다 왔더니 屈萬里 所長이 또 다녀가셨다. 번번이 죄송하다.

王恒餘 先生도 茶를 사 가지고 와서 房玉琳 氏와 함께 기다리고.

고모님(혜화동) 부탁을 수행하러 갔다가 한 시간을 서서 (萬華 근방) 台北과 台湾의 현실을 생각했다.

1975年 1月 15日(水) 온 종일 비

上午 中 房에서 공부.

下午 2時 全北大 在學 中인 傅 氏(?)와 나에게 保證을 부탁하는 陳明崇 군(台北市木柵区光明路 18巷 224号, 1950年 2月 20日 生, 護照 NO. (63)MFA435382)을 蔡元培 紀念館에서 만나다. 下午 3時 →5時 黃 女士에게 국어학개론을 역시 蔡元培 紀念館에서 가르치다.

밤에 胡適公園을 잠깐 散步하고, 良에게 陳 군 保證을 부탁하는 편지를 쓰다.

李心賢 군이 1月 19日에 비행장에 오겠다고 出發 時間을 문의하는 편지를 보냈다. 모두 眞實한 사람들이다.

나는 왜 이다지도 늘 초조할까? 공부가 무엇이기에, 몇 시간만 冊床에 못 앉아 있어도 마음이 언짢다.
가장 重要한 시간에도 이렇다. 좀 어떤 일에 熱中해 보자. 한 가지 일에.

1975年 1月 16日(木) 비

5年 前에 台湾에 왔던 紀念日.
새벽 두시 半, 惡夢을 꾸고 일어나 밤을 새우다. 어제 저녁에 11時 半에 잤는데 이 모양이다. 5年 前에 比해 나는 무슨 發展이 있는가?

上午 中에 楊時逢 先生에게서 한 아름 받은 論文硏究들을 집으로 부치다. 집에서 가지고 온 것도 몇 卷.

下午 3時 半까지 陳泰夏 교수 論文 讀破. 入聲韻尾. 韻母推定音에 의심이 간다.

저녁 5時 半. 張 神父님을 뵈오러 갔다가 못 뵈옵고 冊 목록만 드리다.

下午 6時. 台北正門에서 梁承武 석사를 만나 武昌街 2段 高麗(한국음식집)에 가서 成大 卒業生(留學生)들과 食事하다. 金載雨(師大中文研究所博士班) 夫婦, 崔相翼 · 朴柱邦 · 洪淳孝(以上 政大中文研究所 1年), 金政六 · 崔奉源(以上 政大中文研 3年), 梁承武 · 金東洙(以上 台大哲學研究所), 申季澈(僑民學校校長)

1975年 1月 17日(金)

앞으로 이틀. 上午 中 도서관에서 공부.
下午는 黃 女士 宅에서 李栢鶴 氏와 함께 식사. 언제 보아도 賴文謙 氏는 好人이다.

下午에 黃 女士 · 李栢鶴 氏와 셋이서 國父紀念館과 孔子廟를 참관하고 冊肆巡訪.

저녁을 李栢鶴 氏가 내어서 포식하고 오다.

모두 성실한 분들이다.

사람이 虛慾을 부리면 萬事가 뒤틀려지는 法이다. 정신을 가다듬자!

1975年 1月 18日(土) 구름

비교적 깨끗하게 지낸 날의 하루다. 上午 中 도서관 行. 歷史語言研究所 研究員들에게 인사.
12時 蔡仁現 氏의 請客. 下午 6時 半. 屈萬里 所長의 送別宴

집에서 온 편지를 비롯하여 여러 편지가 오다.

屈 所長의 送別宴에는 硏究員 몇 분도 陪席해서 재미있게 이야기했다.
忠孝路 悅賓樓에서 특별히 山東菜로 高粱酒를 대접해 주셨다.

밤길을 걸어서 散步. 台北의 마지막 밤을 보내다. 丁邦新 교수가 다녀갔다.

1975年 1月 19日(日) 구름

KAL 機上에서 1975. 1. 19. 大阪空港 6時

드디어 離台.
28日間의 激情的인 시간을 보내고 드디어 離台. 上午 中에 짐을 정리하고 여러 분께 인사.

11時에 葉二臨 先生 宅에서 送別宴. 王氏宅 家族들도 參席.

台北空港에 葉二臨 先生, 王貴美 小姐, 黃碧麗 小姐, 金載雨 氏, 葉乾坤 氏 家族, 李栢鶴 氏 夫婦, 崔相翼, 洪淳孝, 梁承武, 崔玲愛 氏 등이 나왔다.

시간이 없어서 林雅曾 氏, 兪兆年 推事께 인사 못 드리고 온 것이 마음에 걸린다.

새벽에 胡適公園과 硏究院 內를 散步. 印象에 남기다.
餐廳 아저씨들이 고맙다. 正門 수위실 아저씨들도.

괴롭고 즐겁고, 所得이 많았고, 생각도 많이 한 旅行이었다. 再生의 발판으로 삼자.

1975年 1月 19日(日) 東京에서

崔玲愛 女士 夫君의 도움으로 東京宿所 문제가 해결되다. 즉, 金容沃 氏가 羽田에 마중 나오다.
東京都新宿區戶山一丁目 550番地, 早稻田奉仕園 セミナールーム 401号(約 8坪)
세탁실, 목욕실, 화장실, 부엌 시설이 있어 편리하다.

밤에 잠을 못 자며 집에 편지. 큰 情, 작은 情에 나는 오직 가슴만 아프다. 良이 보고 싶다.

1975年 1月 20日(月) 구름

새벽 8時 河野六郎 先生 宅 禮訪. (죠니워카 선물) 9時 東洋文庫 禮訪.
小山勳 氏, 平野豊 氏, 松前 氏를 만나다. 駒込1丁目11-1, 岡村政雄 氏 宅(70. 9. 6. - 71. 9. 7. 세 살던 집) 禮訪.
上午 11時에 東京大에 가서 平山久雄 교수와 하루 종일을 지내다.
그분의 강의도 듣고, 점심을 대접받고.

밤에 高大 金容駿 博士(化工科), 梅田博之 夫婦가 다녀갔다. 모두 송구하다.

오늘처럼 良이 그리워서 눈물이 난 날은 또 없다. 台湾生活도 자꾸 回想되고.

나는 왜 이다지도 情에 무를까?

1975年 1月 21日(火) 구름

가장 忠實, 充實히 지낸 하루. 上午 中에 房代를 支拂하고 東洋文庫에서 공부. 점심시간에 그 前에 신세지던 三ッ和 不動産과 日新藥局에 들러 인사. 三ッ和에는 한국과 台湾의 銅錢을 갖다 주다.

東洋文庫에서 田川孝三 교수와 金子良太 교수, 榎一雄 교수, 辻直一郎 교수를 禮訪하다.
小山勳 氏가 늘 친절히 해 주다.

밤에 梅田 교수 宅에 가 茂木 女士, 한국 女子 留學生 李 女士(お茶の水大, 45세)와 會食.
말을 많이 하고 많이 먹고 많이 웃다.

1975年 1月 22日(水) 비

아침에 눈이 조금 뿌리다. 그래서 우산을 안 가지고 나갔다가 흠빽 젖다.

온 종일 東洋文庫에서 공부. 藤本幸夫 교수를 만나다.

下午 5時 半엔 天野ひで子 女士를 早稲田 근처에서 만나다. 1970년 가을에 岡村 氏宅 2層에 같이 세들어 살고 있던 분이다. 아직도 久恒 團氏 會社에 근무하고 있단다. 끈기 있는 女子다.

왜 이렇게도 日本에는 올드미스들이 많을까? 그 분의 친구인 網島女士도 아직 未婚이란다. 約婚者가 蒸發했단다.

1975年 1月 23日(木) 맑고 따뜻

上午 中 東洋文庫. 下午에 大使館과 韓國硏究院 訪問.
金美子 女士를 만나다. 崔書勉 院長은 台北에 가 없고.

大使館 女子 職員이 좀 쌀쌀했다. 工大 교수 夫人이라는데.

神田冊房에 가 보았다. 趙洪植 學長의 冊을 사러. 못 샀다. 내 冊은 못 사고.
남의 冊만 사러 다니는 이 신세.

저녁에 金容駿 博士 宅에 가서 楊福綿 神父와 함께 저녁 대접을 받다.

1975年 1月 24日(金) 구름

上午 中 東洋文庫.
以北에서 나온 冊에서 나에 관한 이야기를 읽고 마음 언짢다. 어느 句節(思想界에 실린 내 은어에 관한 것)을 그대로 引用하고 내가 신경준에 대해 쓴 것을 맹렬히 욕을 퍼부었다.
딱한 사람들이다.

下午에 東京大. 資料도 많이 얻고, 平山교수의 等韻강의를 듣다. 모두 有益했다.

저녁엔 平山 교수 宅에 가서 포식하고 近來에 보기 드물게 혀가 꼬부라지도록 마셨다. 루마니아 브란디를 마셨기 때문이다. 크게 反省해야 한다.

이번에는 입을 다물고 있으려 했는데, 또 시작이다. 숙소 안의 옆에 사는 大學院

生 (早大) 本勝 氏, 또 경제과 3年 某 氏와 밤 3時까지 討論하다.
平山 교수는 좁은 아파트에서 검소하게 살고 있었다.

1975年 1月 25日(土) 맑고 따뜻하다.

上午 中 神田書店街, 趙洪植 선생의 冊을 샀다. saint-Exupéry에 관한 것.
아직 내 冊은 못 샀다.

11時 → 12時 半 在美. 楊福綿 교수의 演講을 듣다. 東大 옆 學士會館別館 9号室에서.
演講 뒤 식사. 赤門 앞에서 기념사진.
王育德, 賴惟勤, 劉文獻 … 등 제씨를 만나다.

下午도 神田書店街.

屈萬里, 楊時逢, 丁邦新, 心岳 先生님께 편지 올리다.

어제 저녁 平山 교수 宅에서 良이 平山 교수에게 보낸 편지를 보았다.
偉大하고 賢淑한 나의 아내다. 男便인 나는 무엇하는 사나이인가?

1975年 1月 26日(日) 구름, 싸늘

어제 저녁은 梅田 교수 宅댁에서 土田 滋 교수와 뉴기니아 (파푸아 酋長 딸) 아보기토 女士와 會食. 번번히 미안하다.

오늘 10時에 申潤植兄 (山王 4-40-1)宅에 가서 점심.

下午 3時, 高田馬場駅 앞 茶房에서 成大 국문과 졸업생인 崔鎭衡 석사 內外(金美子 女士)를 만나 茶와 저녁(불고기) 대접을 받다.

숙소로 오는 길에 早大 앞에서 冊을 사고, 숙소에 와 빨래하다.

403号室에 사는 金容沃 박사(東大中哲大學院 聽講生)이 一時 귀국하여 좀 쓸쓸하다.
어제 저녁에는 梅田 교수 宅에서 冊을 빌려 왔다가, 새벽에 返納하다. 재미없는 책이다.

1975年 1月 27日(月) 비오고 쌀쌀

이제 앞으로 2週. 좀 초조하다.

上午 中 東洋文庫.
下午에 東大. 平山 교수 紹介로 東洋文化硏究所 도서실 참관.
金東旭 先生과 그 곳에서 만나기로 했는데 3時 半까지 기다리다가 왔다.

良에게서 두 통, 崔圭一 君, 朴榮善 娘의 편지, 金文欽 조교의 학교 신문.
奉仕園에 와 보니 黃 女士와 村上常隆 先生의 편지.

良의 어질고 착하고, 깊은 愛情 앞에 나는 눈물만이 나온다. 이 世上에서 가장 俗된 人間이 나다.

이제 資料 찾기는 다 된 느낌이다. 갈 때까지 理論的인 공부를 하자.

日本에 온 지 처음으로 조용한 저녁을 보냈다.

1月 19日 밤　　도착. 방 정리.
1月 20日 밤　　金 博士, 梅田 교수 夫婦 來訪.
1月 21日 밤　　梅田 교수 宅에서 저녁.
1月 22日 밤　　天野ひで子 女士 面會.
1月 23日 밤　　金 教授 宅에서 저녁.
1月 24日 밤　　平山 教授 宅에서 저녁.
1月 25日 밤　　다시 梅田 교수 宅에서 저녁.
1月 26日 낮　　申潤植 兄 宅에서 점심.
1月 26日 밤　　崔鎭衡 석사 內外와 저녁.
1月 27日 밤　　쓸쓸히 밤을 지키다.

나의 이 試鍊을 이기게 해 주옵소서.

1975年 1月 28日(火) 맑다

온 몸이 빠근하나 마음은 洽足하다.
저녁 때, 新宿에서 小山勳, 敏子 內外의 극진한 저녁 대접을 받고, 그 집 애기를 안고 散步, 그래서 온 몸이 빠근하다. 그러나 이 분들의 眞情에 가슴이 벅차다.
저녁 대접에, 빵을 사 주고, 주스, 또 51층 展望台에까지 오르다.
이 분들의 友情이 오래 가기를 바란다.

上午 中 東大에 가서 東洋文化研究所 田仲 一成助教授의 紹介로 제록스 부탁.

東洋文庫에 가서 河野六郞 · 菅野裕臣 先生을 만나다. 下午 中 열람실에서 졸면서 공부.

밤에 楊福綿 神父가 電話하다. 고마운 분이다.

조용히 나를, 아니 우리나라 學者들을 자꾸 생각해 본 날이다.
日本의 눈치를 볼 필요가 없다. 日本學者들이 우리 눈치를 보게 해야 한다. 고.

1975年 1月 29日(水) 맑다

金東旭 교수를 만나다.
서로 電話連絡 끝에 東洋文庫에서 金東旭 선생을 뵙다.
점심 대접을 받으면서 여러 말씀을 듣다. 사람은 제각기 제 主見이 있음을 다시금 痛感했다.
「ハニワ」 공부하러 오셨단다.

下午에 崔博光 석사(成大 卒. 東大比較文學科 修士=碩士班)을 역시 東洋文庫에서 만나다.
高田馬場駅前에서 저녁 대접을 받다. 돌아다니면서 弟子들에게 폐만 끼친다.

밤에 梅田 교수 內外가 놀러 와서 喫茶店에 가 여러 이야기를 하다.

王貴美 小姐, 葉二臨 先生, 張益 神父님께 편지하다. 밤에 목욕하고 빨래하고.

1975年 1月 30日(木) 맑다. 비교적 춥다.

나는 무엇하는 사나이인가? 무엇하러 日本 · 台湾을 헤매이고 있는가?
오늘처럼 심각하게 自己反省을 해 본 날은 없다. 헛꿈, 헛기대, ……
開放된 社會가 방종을 일삼게 하는 社會는 아니다.
어쩌면 그렇게도 한 입 가지고 두 가지, 세 가지 거짓말을 하려 드는가?
옛날의 眞實한 人間으로 되돌아가자. 이제야 말로 全心專力 學問에 精進해야 한다.

上午中 小山 氏의 好意로 東洋文庫 書庫 參觀. 下午에 東京 市內 散步. 느낌이 많다.
이제 정신을 바싹 차리자. 석화 부탁으로 장난감(전차)을 사다.

요새 良에게서 連日 편지가 온다. 거룩한 良이다.

1975年 1月 31日(金) 맑다. 역시 쌀쌀.

有益하게 보낸 하루다.
上午 中에 東京言語硏究所에 가서 服部四郎 先生님을 뵙다. 이다음 금요일 10시에 다시 만나 긴 이야기를 하기로 하였다.
그 곳에서 金東俊, 梅田 교수와 渡邊吉鎔 女士(한국인)도 함께 만나 한국어 기초어휘 선정하는 것을 보았다.
下午에 平山 先生한테 가서 宋代音에 대해서 듣고, 또 韻圖강의도 들었다.
이다음 水요일 下午부터 宋代音에 對해서 강의를 듣기로 하였다.
모두 나 때문에 이렇게들 염려하여 주셔서 오직 감격할 뿐이다.
점심은 梅田 교수가 사 주었고, 平山 교수는 거저 논문을 복사하여 주었다.

가는 곳 마다 신세만 지고 다닌다.

석란이의 귀여운 편지. 盧元富 兄의 고마운 편지가 오다.

1975年 2月 1日(土) 맑다.

함부로 입을 놀리는 것이 아니다. 台北 屈萬里 所長으로부터 고마운 答狀이 왔다.

이 감격의 餘波였던지, 밤에 梅田 교수 宅에 가서, 土田 滋, 菅野, 大谷森繁 諸교수와 저녁을 먹다가 學者 대접 문제가 나와서, 한국서는 지나치게 日本學者를 우대하고 우리는 日本에 와서 너무나도 푸대접 받는다고 호통을 쳐서, 모두들의 술 맛을 잃게 만들었다.

나는 왜 이다지도 언제나 庸劣할까. 土田 교수가 고맙게 나를 위로해 주었다.

점심때부터 菅野 교수와 어울려, 下午에 金東旭, 大谷 교수와 함께, 白金台 東大 인터내셔날 롯지에 가서, 金東旭 선생께서 손수 지어주신 밥과 술을 먹고 난 연후에, 다시 梅田 교수 宅에 가서 한 짓이 이 모양이다.

良에게서 고마운 편지가 오다.

1975年 2月 2日(日) 흐리다.

조용히 지내다. 日요일이지만 房(401호실)에 앉아 조용히 지내다.

아침부터 옆 건물에서 울려오는 찬송가 종소리 풍금소리가, 사람의 마음을 달랜다.

나도 경건하게 기도 드리고 싶다.

主여! 저를 불쌍히 여기소서. 저의 마음을 고요하게, 가라앉혀 주옵소서.

下午에 新宿區內藤町 1-11 イエズスの 小さき 姉妹の 友愛會를 訪問하다.
구라다 澄子(죠오꼬) 修女님은 안 계시고, 伊太利 修女 죠반나 다아나 님만 만나 뵙고 오다. 中國茶를 선사하다.

귀로에 神田 冊가게에 들려 冊 사 가지고 와 일찍부터 자다.
내일을 위함이다.

1975年 2月 3日(月) 맑음

小諸에 다녀오다.
어젯 밤을 거의 새우다시피 하고 새벽 4時에 일어나 山手線 1番車로 上野驛으로 가 (高田馬場駅에서 乘車) 上午 6時 16分 妙高 1号 急行 (信越線 直江津行)으로 小諸에 가다.
한국에 와 있는 愛子 修女님의 家族을 만나기 위해서다.
모두 篤實한 가톨릭 信者의 집안이었다. 그러나 문제가 많았다.

愛子 修女님 형부는 台北人이었다. 35年 前에 日本에 와 지금은 小諸駅前에서 「金龍」이라는 中國 음식점을 경영하고 있다. 住所는 長野縣小諸市 馬場町 578-1.
Tel. 02672-2-3459 多島田明(タシマタアキラ) - 父親 이름. 兄夫 이름 不明.
언니는 和子女史.
오빠, 어머니도 만나다. 동생들도 만났다.

小諸 → 上野 妙高 2号 (急行)에서 줄곧 서 오면서 人生이 무엇인지를 다시 생각했다.

1975年 2月 4日(火) 비

온 종일 東洋文庫에서 공부. 下午에 大江孝男 교수를 만남. 그가 저녁을 샀다.
金東旭 先生을 모시고 秋葉原에 가서 프라이팬 하나를 사다.

大江 교수는 大江 교수 대로 取할 점이 있다. 그것만 배우면 된다. 그의 學問的인 姿勢다.

1975年 2月 5日(水) 맑음

有益했던 날. 나만 술병이 났다.
어제 비 맞고 다녀 감기 기운이 있는 데다가, 梅田 교수 宅에 가서 中村 完 교수를 만난 기쁨에 너무 마셨기 때문이다. 中村 교수는 일부러 仙台로부터 오셨다. 미안한 일이다. 밤 새워 反省하다.

下午에는 東大 平山 교수 研究室에서 宋代 聲母에 대해서 강의를 듣다. 고마운 분이다.

近來에 자꾸 가톨릭에 依持해야 되겠다는 생각 밖에 없다. 다른 분에게도 이 뜻을 傳했다.

온 집안 식구들은 다 알고 있고.

1975年 2月 6日(木) 맑음

上午 中 東洋文庫에서 中村 完 교수를 만나 書店 구경. 菅野 교수 同行. 中村 교수와 下午 2時까지 이야기.

下午 2시부터 5時 半까지 平山久雄 先生 研究室에서 어제의 계속으로 宋代 韻母音 공부.

그런데 몸이 아파 자꾸 졸음이 왔다.

앓아서는 안 된다. 客地에서 病나면 안 된다. 오늘 새벽 4시에 일어난 탓이다.

저녁을 平山 교수가 自己 집에 가 먹자는 것을 사양하고 오다.
나를 곰곰이 反省하기 위해서다.

나의 決心은 이미 섰다. 내가 사는 길은 가톨릭에 歸依하는 길 밖에 없다. 良의 깊고 넓은 사랑에.

이번 旅行을 有益하게 보낸 것으로 여기자.

1975年 2月 7日(金) 큰 비

榮光된 날. 永遠히 記憶에 남을 날.

上午 10時부터 下午 2時까지 服部四郎 先生께서 여러 가지 고마운 말씀을 해 주시다.

新宿区西新宿 8-4-5 ラボセンタ一ビル 8층 東京言語研究所 所長室에서 점심 때까지. 점심은 新宿驛前 住友 ビル 52층 레스토랑에서 洋食으로. 그리고 地下鐵 車票까지 사 주시면서 激勵하여 주셨다.

下午 2時 20分부터 7時 10分까지, 河野六郎 先生이 東京教育大 言語學研究室에서. 그리고 저녁은 澁谷駅前 ビル 6층에서 식사. 계속해서 四聲通解研究를 遂行하라는 激勵의 말씀이었다.

福岡에서 일부러 온·長正統 교수와 또 梅田 교수 宅에서 저녁에 만나 여러 가지 歡談을 하다.

1975年 2月 8日(土) 흐리고 음산

아침에 東大 앞 本鄕 우체국에 가서 冊을 네 번째로 부치고, 東洋文庫에 들렀다가 神田猿樂町 2-5-5 韓國 YMCA 2층 東京教育文化센타- 所長 金東俊 先生과 식사. 그 사이에 우연히 그 곳에서 前에 德成女大를 卒業한 金英子 女士(英文科 卒. 現 教育大 教育學科 博士班)를 만났다.

밤에 高田馬場 近處에서 菅野 교수, 또 그가 한국어를 가르치는 法政大 女學生과 식사하고 여러 이야기를 하다.

1975年 2月 9日(日) 흐리다

久里濱 · 城ケ島 구경. 日本 近代化가 强要된 久里濱를 구경하다.
菅野 교수의 案內로 東海道線을 타고 가서, 이름다운 경치를 보았다.
鎌倉 근방의 경치가 좋았다.

城ケ島에서 太平洋을 굽어보고 있노라니, 台湾 생각이 자꾸 나서 견딜 수 없었다.

台湾은 왜 이다지도 나를 울리는가?

久里浜의 海岸은 더러웠으나 城ケ島의 경치는 참으로 아름다웠다. 植物도 어쩌면 台湾과 같을까?

菅野 교수와 헤어져 숙소에 와 보니 小山勳 씨가 선물을 가지고 다녀갔었다. 고마운 분들이다.

良에게서 속달이 왔다. 집안 일이 더욱 궁금하다.

1975年 2月 10日(月) 맑고 흐림. 비교적 따뜻하다.

東京에서 마지막 날을 실로 싱겁게, 또 조용히 보내다.

사람이 期待를 하면 안된다. 東京에서의 마지막이 멋있을 줄 알았다.
그런데 싱겁기 짝이 없다.
아침에 東大 앞 本郷 우체국에 가서 冊을 다섯 번째로 부치고 최영희 책을 찾을 目的으로 東大 構內 書店에 들르다. 못 샀다.

東洋文庫에 가서 인사하고 다시 丸善에 가서 찾았으나 최영희 冊은 67年度 版이라 없었다. 紀伊國屋 書店까지 거쳐 一旦 宿所에 돌아온 뒤, 또 東大에 가서 平山 교수께 인사하고 다시 東洋文庫에 가 榎一雄 理事長에게 인사한 뒤 숙소에 와 짐을 꾸리다. 아무리 줄여도 또 셋이 되었다.

1975年 2月 11日(火) 以後의 memo

2月 11日(火)	東京 出發 梅田 교수 內外, 菅野 교수의 도움과 歡送을 받고. 新幹線 ひかり 29号 10時. 9号車 3D席
2月 11日(火)	大阪着 申潤植 兄과 盧元富 兄 宅에서 一泊, 崔博光 석사도 同行
2月 12日(水)	盧 兄, 崔 君과 함께 天理行, 도서관 참관 梁昊淵 兄 宅에서 夕食, 天理大에 와 있는 成耆說 兄 宅에서 一泊
2月 13日(木)	梁 兄 案內로 奈良를 거쳐 大阪 行. 崔 석사 案內로 有馬溫泉 行. 밤 車로 廣島로
2月 14日(金)	廣島駅에서 佐藤道郎 敎授를 만나다. 낮에 平生 村上常隆 先生 宅에
2月 15日(土)	下午 3時에 博多에. 長 正統. 早田輝洋 교수가 마중 나오다. 早田 敎授 宅에서 一泊. 長 교수 宅에서 저녁 식사
2月 16日(日)	맑고 흐림 長 先生. 早田 先生 內外와 함께 太宰府 見學. 저녁에 九州大 東洋史 硏究室 교수 一同이 歡迎 및 歡送會를 해 줌. 於 中國飯店. 越智, 西谷 교수, 長 · 早田 교수. 경북大 尹 교수 등 참석.
2月 17日(月)	下午 12時 40分 金浦着 歸國, KAL 304 福岡空港(板付)에는 長 교수 內外, 早田 교수 등이 나왔었다. 金浦에는 良, 信澤, 석희 등이 나왔다. 이 날부터 學校(成大)에 나가다.

中央研究院 胡適公園 앞. 1970.1.17.
姜信沆(右) 鄭良婉(左)

中央研究院 傅斯年 도서관에서 공부. 1970.1.–1970.9.

葉二臨 선생 처가 觀音鄉. 1975.1.1.

台北政大韓文組에서 강연. 1975.1.13.

1970年 이웃에 살던 王井泉氏一家. 1973.12.24.

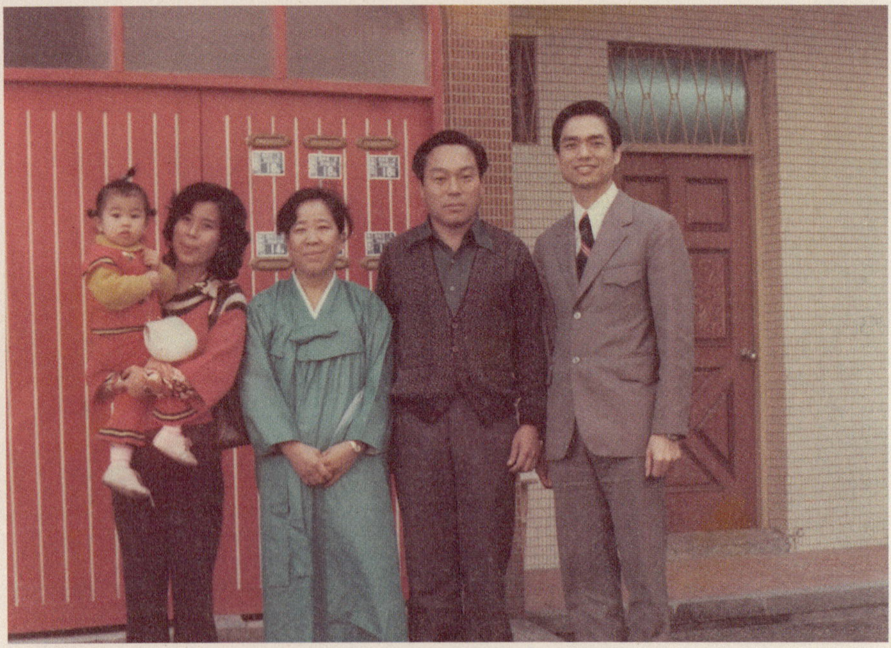

指南路 2段45巷 집 주인 가족. 1977.1.20.
1976.9.-1978.8. 집주인(房東)

中央研究院 楊時逢 선생. 1970.8.10.

葉二臨 선생 一家. 1974.12.29.

台北中央研究院

上古音 강의 후 李方桂 교수 內外 분. 中央研究院. 1970.8.10.

丁邦新 · 橋本 萬太郎 교수. 1980.8.17.

李方桂 교수를 모시고 제1회 國際漢學會議場 蔡元培 기념관. 1980.8.17.

丁邦新 교수 연구실. 1990.6.27.

제2회 國際漢學 회의장. 옆은 泰國 교수. 1986.12.30.

東京大에 들른 王力 교수 內外 분. 1981. 가을

在美 梅祖麟 교수와 故宮博物館. 1980.8.18.

台北에 들린 全海宗 교수 내외분. 故宮博物館. 1970. 봄

宋代音 硏究

平山久雄 교수와 東京大 연구실에서. 1975.2.3.

梅田博之 교수 댁에 모인 학자들. 1975.2.1.

東大赤門 앞에서. 1975.1.25.

左로부터 平山久雄, 王育德, 楊福綿(在美), 賴惟勤 교수

梅田 교수 댁에서 파푸아뉴기니아 학생과. 1975.1.26.

九州太宰府에서 長正統 교수, 早田 교수 夫人. 1975.2.16.

早田輝洋 교수. 1975.2.16.

土田滋 교수. 梅田 교수 댁. 1975.1.21.

(2)
中華民國 第1回 國際漢學會議 參席記

1980年 8月 4日(月) - 8月 21日(木)

⋮

招請者　　中華民國中央硏究院院長

條件　　論文發表, 用 中文

題目　朝鮮初期 受到 宋代 文字論的 影響

旅券番號　　1019921

有效期間　　1980年 7月 18日 →1981年 1月 18日

旅券手續時　　수고者　成大 國文科 崔容寬 助教

費用　　8月 4日 ─14日 本人 負擔

15日 ─21日(往復旅費) 中央硏究院 負擔

1980年 8月 4日(月) 맑음

서울 出發

上午 中 金敬洙 總長께 出國 인사하고, 어머님을 뵈온 뒤 金炳益 교수(英文科) 好意로 그 분 車로 金浦行.

良, 錫姬, 錫蘭, 錫眞, 錫和, 金炳益 교수, 崔圭一 군, 蕭敏璋 군, 嚴貴德 양, 李鮮姬 양이 배웅 나왔다.

金順源 양도 나온다고 했었으나 학교 형편上 못 나온 모양이다.

떠나기 直前 집으로 金大植 조교, 2年生 김진원(김병국), 김주필, 김장호 군과 고선희 양이 왔었다.

台北 到着

CAL 823号便으로 台北으로 오면서 오로지 論文發表만 잘 할 수 있기만을 빌다.

蔡連康 씨, 賴文謙 氏 夫妻, 그 딸, 陳祝三 교수, 崔奉源 교수, 宋逢郎 氏와 그 친구가 마중 나왔고, 李栢鶴 氏, 朱素眞 오빠도 나왔으나 못 만났다고 한다.

1980年 8月 4日(月) 밤

台北 YMCA 904号室 留宿

蔡連康 氏의 努力으로 交通이 便利한 台北驛前 YMCA 904号室에 留宿할 수 있었다.

밤 10時 半, 蔡 氏의 請으로 崔奉源 교수와 함께 市內에 나가 밤참 식사. 李栢鶴 氏도 달려 왔었다.

1980年 8月 5日(火) 흐리다

中央研究院에 갔다 오다.
새벽 7時 葉二臨 先生(研究院路 2段 182巷) 宅을 거쳐 中央研究院에 가서, 房玉琳 先生, 丁邦新 교수, 李壬癸 교수, 楊時逢 先生을 뵙고 오다.
連絡 不足으로 貴賓室로 못 나왔다고 丁 교수가 퍽 섭섭해 했다.
여러 論文들이 벌써 복사되어 있는 것을 보고 다시금 겁이 났다.
努力해야 한다.
下午에 虎林街 252巷 101弄 138号 5樓 大偉네 집에 갔다 오다. 양아들(乾兒子) 네 집이다.

招待宴 시작

1980年 8月 5日(火)점심, 李逢郎 先生

1980年 8月 5日(火) 밤

留韓中國學生 招待宴, 蔡連康, 李栢鶴, 卓一平, 李樹渝, 吳秀美, 黃碧麗 氏 등이 參席했다.

1980年 8月 6日(水) 덥다

政大 校長 訪問
새벽에 金相根 교수 宅에 들렀다가 政大 東語系에 들러 東語系 王兆徽 主任, 吳興東 교수, 陳祝三 교수를 만났다. 즉석에서 12日(火) 밤에 환영회를 갖기로 決定되었다. 邢棟民 교수가 지난 2月에 別世한 것을 알았다. 人生이 허무하다.

낮에 陳 교수, 蔡連康 氏, 劉德海 군, 丁秀芝 양과 梅江에서 물만두를 먹었다. 그 前에 10時에 歐陽 校長을 禮訪했따.

下午에 蔡連康 氏와 册을 사고, 저녁에 丁邦新 교수 內外의 招待宴에 崔完植 교수와 함께 갔다.

1980年 8月 7日(木) 비, 덥다. 34度

새벽에 朱素眞 慈堂님을 뵙다.

새벽에 中和市景平路 259巷 10号 2樓의 朱素眞 양 자당님을 찾아뵙다. 그 外祖父님도 오셔서 퍽 반기시었다.

連日 잔치로 배가 無事할 수 없어서 온종일 房에서 論文을 읽어 보다.

낮에 張愛眞 양과 李國辰 양이 와서 도와주었다.

저녁은 劉德海 군 집에서 招待. 그곳에 78年度 卒業生이 다 모였다.

張玲弟 內外, 賀香芝와 그 애인, 莊雅萍, 杜佩華, 楊美玉, 楊美珠, 陳素月, 참으로 고마운 일이다.

劉 군 집에는 陳祝三 교수, 丁秀芝 양도 함께 갔었고, 中華民國 野黨 民主社會黨 黨首 宅이었다.

杜 양, 莊雅萍, 楊美玉 양이 YMCA 호텔까지 나를 데려다 주었다.

劉 군 집 台北市民生東路 786之 2号

1980年 8月 8日(金) 구름, 비

阿里山行

집을 나온 지 한 달은 된 것 같다.

徐作蓉 양(政大 韓文組 80年 6月 卒) 아버님 徐望然 氏(胃癌으로 別世) 장례식 參席

次 기왕에 嘉義에 가는 김에 陳祝三 교수의 勸誘로 阿里山에 다녀왔다.

海拔 2274m까지 汽車로 올라가고, 沿道의 景觀을 빼놓고는 소문이 요란한 것처럼 名勝地는 아니었다.

그러나 선선한 곳에서 푹 쉰 값어치는 있었다.

8日 8時. 台北公路局 西站에서 中興号高速버스로 嘉義行.

8日 11時. 嘉義着. 13時 40分 車로 嘉義의 北門에서 汽車(中興号) 타고 阿里山行.

阿里山 忠興飯店에서 一泊(301號室)

9日 3時 起床. 祝山에서 해돋이를 보려했으나 구름으로 失敗. 神木, 博物館 등을 보고

下午 13時 汽車로 下山

1980年 8月 9日(土) 구름, 비, 개임

嘉義 驛前에서 一泊

一月大飯店 201號室에서 혼자 잠. 온갖 誘惑을 뿌리침.

下山 時 鐵路 脫線으로 4時間 延着. 저녁 먹고 밀린 일 정리.

2日 間의 旅費가 뜻밖에 많이 들어 良의 册값이 준다.

1980年 8月 10日(日) 구름, 비

徐望然 氏(政大 韓文組 80年 卒 徐作蓉 孃 父親) 葬禮式 參席

上午 8時 半, 陳祝三 교수, 劉德海 군, 丁秀芝 양과 함께 嘉義市民族路 31号의 절에서 擧行된 徐 先生 葬禮式에 參席하고 그 遺族들의 痛哭 소리를 들으면서

人生의 無常함을 다시금 느꼈다. 2年 前 봄, 그 宅에서 招待받던 光景이 回想되어 遺族과 함께 울었다.

享年 59歲, 湖南省에서 온 嘉義農會會計室 主任, 遺族은 夫人, 4女 1男. 모두 어리다.

高雄市에서 점심, 軍에 入隊한 張介宗, 黃俊泰, 游錫義, 王芝郴 군들을 보러 우리 一行 넷이 高雄에 갔더니 거꾸로 대접만 받고 왔다. 꿈과 같은 이야기다.

9時 40分. 다시 台北 YMCA에 와서 603號室에 들고 밀린 빨래를 하다.

1980年 8月 11日(月) 구름 32度

良이 보고 싶다.

집을 나선 지 꼭 1주일, 獻身的인 良이 보고 싶다. 이 世上에서 제일 고결한 女子일 것이다.

李忠堂 先生의 招待

아침 나절 YMCA 603號室에서 論文을 베껴 쓰고 나서, 11時 半, 李忠堂 先生의 점심 招待를 받다. 그 따님 李國辰 양과 함께 佛教式 식당에서 고맙게 먹었다. 雲南省에서 온 篤實한 回教徒 家庭이다.

1980年 8月 11日(月) 구름

林雅曾 先生 一家族의 招待

午後 내, 劉德海 군과 黃 老師의 도움으로 論文 읽는 연습을 하고 金相根 교수 內外의 訪問을 받았다. (日本語式 表現?)

三民書局에 가서 良을 위해서 册을 사고 저녁 7時, 新陶芳餐廳(廣東菜)에 가서 林雅曾 先生 一家族과 會食. 다시 그 집에 가서 밤 11時까지 여러 이야기(東洋의

장래, 兩國의 未來 등)를 했다.
세 애들이 나를 잘 따라 주었다. 없는 사이에 文化大 林明德 교수가 다녀갔다.

1980年 8月 12日(火)

陳祝三 교수 宅에서 점심
上午 中 YMCA 603號室에서 꼼짝 않고 있다가 木柵 政大 앞 陳祝三 교수 宅에 가서 木柵 天主堂 裵 神父님(벨기에)과 점심 식사를 했다.
네 子女들이 이쁘게 자라고 있었다. 이들의 앞날에 幸福이 있기를 빌었다.

1980年 8月 12日(火) 구름

東語系 교수들의 招待宴
陳 교수 宅에서 나와서 역시 호텔에서 册을 읽다. 저녁에 政大 東語系 교수들의 저녁 식사 초대에 참석했다.
그 동안에 李鮮姬 양(誠信女 師大 → 師大 國文科 碩士班), 김원종, 유병려 氏 內外(경희大 國文科, 女子는 淑大 中文科 → 둘 다 師大 國文科 碩士班 2年)가 찾아와서 여러 이야기를 했다.
東語系 食事에는 王兆徽 主任, 陳祝三 교수, 王俊 교수, 蔡連康 교수, 吳興東 교수, 張日銘 교수, 馬辺野 교수, 阿文系 助敎(林秀琴 조교), 王明法 同門이, 또 黃啓輝 교수가 第一公司의 13층 第一酒店에서 열렬히 환영해 주었다.
씨를 뿌리고 거둔다는 생각을 했다. YMCA 6층, 7층에는 한국 中高학생이 많이 들었고, 702號室에는 李家源 교수가, 902號室에는 忠北大 趙健相 교수가 들어 있다. 말조심해야 한다.

1980年 8月 13日(水) 맑고 덥다

宋逢郎 先生이 찾아오다.

안 간다고 電話까지 했는데도 宋 先生이 또 찾아와 하는 수 없이 21日에 가기로 했다. 誠意가 고맙기 이루 말할 수 없다.

丁秀芝 양이 도와주다. 上午中 房에 있으면서 發表할 論文을 읽어보다. 丁양이 도와주었다.

YMCA 종업원들과 식사

너무 친절히 해 주어서 YMCA 종업원 두 분과 佛敎食 素菜로 점심을 대신했다.

葉二臨 先生 宅에서 저녁

下午 6時 半. 葉 先生 宅에 가서 葉太太가 山더미처럼 차린 음식을 먹고 왔다. 朱濟中 의사와 王健順 군도 同席했었다. 귀로에 台北 車站 앞에서 車표를 파는 王太太(王井泉 씨 부인)를 보고 눈물이 날 지경이었다.

이들은 왜 이렇게도 나에게 잘 하는 것일까? 고맙기 그지없다.

朴柱邦 군의 報恩

몇 주 전에 내가 이곳에 와 있을 때 조금 도와주었다고, 朴 군(成大 → 政大 碩士 → 博士班)이 그 倍로 나한테 恩惠를 갚는다. 역시 眞實한 사람임을 알았다.

살 册이 없다.

몇 번 와서 그런지 살 册이 없다. 내 눈이 어두운 탓일까? 그 동안 많이 산 탓일까?

1980年 8月 14日(木)

정든 YMCA에서 圓山으로

情들었다. 10日間이나 있었으니. 낮에 圓山大飯店으로 옮겼다.
아침에는 金錫準 氏(成大 中文科 → 師大 碩士 → 博士班)가 찾아와 함께 식사했고, 어제는 蔡瑛純 女士(경희大 → 文化大 碩士 → 師大 博士班)가 인사차 왔었다. 고향 사람이다.
YMCA에서 圓山으로 옮길 때 尹 順 女士가 도와주었다. 모두들 고맙다.

良의 편지를 받다.

柳承國 교수 편에 良의 편지를 받다. 글씨만 보아도 반갑다. 집이 無事하다니 多幸이다.
柳 교수 들과 여러 이야기를 했다. 國家의 장래가 걱정이다.

金秀勇 교수를 만나다.

이곳 文化大學 博士班 許昌武 氏가 金秀勇 교수와 찾아와서 柳承國 교수와 함께 陽明山에 가 沐浴하고 烏骨鷄를 먹고 왔다. 지금 國際經濟研究所의 首席研究員으로 있는 金 교수(서울高 14回 → 서울 商大 → 美國 博士)이 印度에 出張 갔다가 귀국하는 길이라고 한다. 客地에서의 반가움이 더했다.
저녁 後 柳正東 교수, 劉哲浩 교수도 만났다. 許昌武 氏 夫人은 中國人이다.
旅行길에 金秀勇 교수에게 돈을 많이 쓰게 해서 미안하다.
世界 各地의 學者들이 계속 모여들고 있다.

1980年 8月 15日(金) 구름

客地에서 맞는 光復節

감개가 無量하다. 우리는 언제나(어느 때에 가서야) 자랑스러운 獨立國, 또 떳떳한 나라임을 내세울 수 있을 것인가?
오직 祖國의 번영만을 빌고 싶다.

第一回 國際漢學會議
中華民國 中央硏究院 主辦 第一屆 國際漢學會議가 8月 15日 9時 中央硏究院에서 正式으로 시작되었다.
10年 前, 이곳으로 공부하러 왔던 때를 생각하니 감격이 더하다.
語言文學組는 可히 世界의 中國語學 專門家가 다 모였다.
李方桂 先生(70餘歲)께서 直接 司會하시는 모습이 印象的이었다.
周法高, 橋本萬太郎, Norman, Pulleyblank, 丁邦新 교수들이 發言을 많이 했다.
中國學者들이 英語를 自由自在로 구사한다.

光復節 記念式 參席
같은 圓山大飯店에서, 한쪽은 中央硏究院 院長 招待宴, 한쪽은 駐華 韓國大使館 主催 光復節 記念行事가 있어서, 한국학자 一行은 招待宴에 가서는 茶만 마시고 한국대사관 行事에 參席했다.
그곳에서 李元簇 法務部長(政大校長 → 敎育部長 → 司法行政部長 = 法務部長)을 만났다. 퍽 반가워 해 주었다.
모두들 姜太太(정양완)가 왜 안 왔느냐고 걱정한다.

1980年 8月 16日(土) 구름

中央硏究院 蔡元培 紀念館에서 온 종일 發表會
저녁은 이곳 行政院長 孫運璿 氏의 招待宴. 식사 後 國軍文藝活動中心에서 空軍大鵬國劇隊의 國劇을 鑑賞했다. 처음으로 直接 보는 경극이 흥미 있었다. 出

演 女子들의 손이 玉 같았다. 눈을 잘 굴리어 效果를 最大로 나타냈다.

1980年 8月 17日 (日) 下午 4時 45分

研究發表會를 마치고

15日부터 계속된 3日間의 研究發表會가 完全히 끝났다. 솔직히 말해서 英文 · 中文의 發表文 중 10% 정도를 알아들었을 뿐이다. 또 내 發表文도 너무 빨리 읽어서 알아들은 이가 別로 없다고 한다. 참으로 창피한 일이다. 아들 · 딸만이라도 大人物로 키우고 싶다. 나는 너무나도 基礎가 없다. 비록 世界의 有名한 學者들과 同席했다고 하더라도, 이런 狀態로는 창피를 自招할 뿐이다. 어느 分野고 自信 있게 깊이 研究해야 한다.

지금 感想은 오직 창피해서 빨리 집에 가고 싶은 생각뿐이다. 이 무슨 꼴이냐?

發表會席上

主로 龍宇純 교수(台大中文系 主任)와 李壬癸 교수(台大), 丁邦新 교수, 周法高 교수가 發言을 많이 했다. 中國 사람들은 自信 있게 말을 한다. 自信 있는 사람이 많다.

林尹 교수 系列이 눈에 띈다. 앉은 것도 공교롭게도 딴 줄에 앉아서 두 系列이 눈에 띈다. 기이한 일이다. 그러나 人間社會에 늘 있는 일일 것이다. 發表를 잘못한 내가 무슨 낯으로 남의 이야기를 하랴?

오직 울고 싶을 뿐이다. 이렇게 보기 좋게 失敗하다니 기가 막히다. 너무 빨리 論文을 읽었기 때문이다. 나이 51. 이 무슨 창피냐!

1980年 8月 17日(日) 밤

中國 學生들이 나를 보러 왔다.

圓山大飯店麒麟廳에서 擧行된 中央硏究院 錢思亮 院長의 晩宴(送別宴)도 參席치 않고 나를 보러 온 中國 學生들과 만났다.

杜佩華 · 賀香芝 · 莊雅萍 · 楊美珠(그의 愛人) · 楊紹君 등이 오고, 나중에 張介宗 군과 그 친구가 왔다.

모두 고맙고 아름다운 마음을 가진 사람들이다.

房에 오니 林雅曾 氏 가족들이 電話를 걸고 이제 發表도 끝났으니 自己 집으로 오라고 懇請을 한다. 21日 저녁이나 함께 먹기로 했다.

1980年 8月 18日(月) 구름 · 비 · 개임

中央硏究院 등 參觀

10年 前 공부하러 왔던 몸이 이제 손님이 되어, 中央硏究院, 中央圖書館, 中央博物館 등을 參觀하고 다니는 마음이 오히려 괴로웠다. 10年 동안의 發展이 너무 없기 때문이다.

이 다음에는 정말 名實相符한 학자가 되고 싶다.

梅祖麟 교수를 알게 되다.

中央博物館(院)에서 嚴 前 總統이 점심대접을 할 때 공교롭게도 梅 교수가 옆에 앉아 있어서, 약 2시간 半 재미있게 對話할 수 있었다. 또 여러 교수들이 내 발표에 흥미를 가져 주어서 17日 밤의 감정은 조금 사라졌다.

蔡 · 李 氏의 고마움

蔡連康, 李栢鶴, 胡啓建 이 세 분이 眞心으로 나를 대접해 준다. 고맙기 그지없다. 18日은 저녁식사 후 영화를 보았다. 재미있었다.

1980年 8月19日(火)

숙소를 옮기다.

圓山大飯店이 不便하여 19日 아침나절은 房에서 쉬고, 낮에 李栢鶴 氏 車로 YMCA 813號室로 옮겼다.

圓山의 쌀쌀함에 比하여 YMCA는 내 집에 온 것처럼 친절히 해 준다.

李栢鶴 氏 宅에서 乾兒子를 만나다.

欣衛 - 李栢鶴 氏 맏아들 - 내 乾兒子를 처음으로 안고 사진을 찍다. 5세.

李 氏 宅에서 점심을 내어, 유학생 金彦鐘 氏 內外와 함께 가서 飽食을 했다.

夫人도 여전히 貞淑했다.

賴文謙 氏 宅에서 저녁 초대

賴文謙 氏와, 일부러 新坡에서 올라온 그의 丈人 · 丈母들이 큰 床을 차려서 나를 대접했다.

報恩의 表示란다.

이 집 식구들은 台灣이 最高로 安定된, 제일 좋은 곳이라고 大滿足인 것 같았다.

알 수 없는 노릇이다.

1980年 8月 20日(水) 덥다.

몹시 집에 가고 싶다. 늙은 탓일까? 良이 보고 싶다. 시골 山川이 그립다.

張愛眞 學年의 점심 招待

王守平(教育部 근무), 朱立熙(聯合報 記者), 張愛眞 양 등 셋이 財神大楼 3층에서 中國음식 뷔페로 성대하게 대접해 주었다. 金相根 교수도 同行했었다. 情이 가면 情이 온다.

王井泉 氏 一家族 · 朱 医師 · 葉 氏 宅의 초대

저녁에는 세 집이 合同으로 忠孝東路二段 永福餐庁에서 眞心으로 접대해 주었다. 朱濟中 氏 一家族(夫人, 딸, 아들), 王井泉 氏 一家族(夫人, 祝娟, 建順) · 葉 夫人(葉二臨 先生은 出張 中)과 振疆 군이 참석했다. 이들은 정말 무엇 때문에 이토록 至誠인지, 오직 고마울 뿐이다.

1980年 8月 21日(木) 맑음 덥다

宋逢郎 先生의 誠意

시간이 없는데도 宋 氏의 强請으로 아침 8時 半에 台北를 出發하여 中壢 附近 野生動物園에 다녀왔다. 한국 華僑 曹麗華 小姐의 동생 曹善義 군도 同行했었다.

피곤했었으나 고맙기 그지없는 好意였다.

下午에 房에서 蔡連康 氏와 여러 이야기를 하고 저녁에 虎林街 林雅曾 氏 宅에 다녀왔다. 尹順, 劉병려, 李賢淑(以上 師大 博士班), 李鮮姬(師大 碩士班) 양 등도 함께 가서 飽食하고 왔다.

YMCA에 돌아오니 杜佩華 · 莊雅萍 양과 金相根 교수가 다녀갔고, 蔡連康, 黃英忠, 謝目堂 氏가 기다리고 있었다. 밤 늦게까지 兩國 形便 이야기를 하고 짐을 꾸리니 올 때보다 3倍는 되는 짐이었다. 먹을 것이 많다. 誠意들이 보통이 아니다.

8月 22日(金) 아침

집에 간다는 생각을 하니 새벽 3시 半부터 잠이 안 온다. 집이 그립다.

葉二臨 先生의 好意
새벽에 찾아와서 함께 식사하고, 3日分의 宿費까지 치르고 作別했다. 이분들의 好意를 어떻게 報答할 것인지? 오직 大學者가 되는 길 밖에 없다.

1980年 8月 22日(金) 서울은 구름

無事히 歸國
豫定보다 30分 늦게 中正機場(桃園)을 出發한 CI 824號機는 下午 5時 無事히 金浦에 도착하였다. 李家源 교수가 同行이었다.
무사히 귀국한 것을 하느님께 감사한다.
良, 네 子女, 金炳益 교수, 崔雲植 · 金時鄴 교수, 金大植 · 崔容寬 助敎가 마중 나왔다.
집이 오직 고마울 뿐이다.

政大 韓文組 3年 徐作蓉小姐 가정, 嘉義, 1978.4.6.

徐望然氏 장례식, 嘉義, 增元寺, 1980.8.10.

(3)
第2回 國際漢學會議

1986年 12月 25日(木) - 12月 31日(水) 台北

⋮

1986年 12月 25日 下午 3시 20분

良과 錫眞, 錫和, 張介宗 군의 배웅을 받으며, 中華航空 CI823號便(1등 Dynasty class)으로 台北行.

1986年 12月 25日 下午 5시 40분(台北 시간 4시 40분) 台北(中正, 桃園 空港)에 到着하다.

尹炳魯, 蔡連康, 黃俊泰 氏 등이 나오고, 담당 旅行社에서도 마중 나왔다.
貴賓으로 짐 조사도 안 받고, 中央硏究院 貴賓車로 台北驛 前 YMCA 宿所로 가다.

蔡連康 교수가 純北京 오리고기로 저녁 대접을 했다. 成大 유학생 김성민 군도 同席하다.

宿所에 오니 (609號室) 洪秀琴 양이 台中에서 電話 걸고, 밤에는 賴文謙 氏 內外가 딸을 데리고 왔다.

1986年 12月 26日(金) 비

아침 4시 半부터 잠이 깨어, 發表 걱정을 했다.

8시에 黃俊泰 군이 와서 함께 먼저 丁邦新 所長 宅에 가고, 다음에 葉二臨 선생댁에 갔다가, 丁邦新 所長을 禮訪하고, 楊時逢 선생을 찾아뵌 다음에, 房玉琳 先生과 中央研究院 構內食堂에서 식사하다. 黃 군과 셋이서 金門 陳年高粱酒 한 병을 다 마셨더니 下午에 木柵 陳祝三 교수 宅에 갔을 때에는 꽤 醉해 있었다. 政大에 교환교수로 와 있는 尹炳魯 교수 숙소에서 쉬다가 4시 반에 政大 陳治世 校長을 禮訪하고, 下午 6時 半에 政大 구내식당 3층에서 東語系 教講師 送年會 모임에 함께 참석했다. 마치 옛 직장에 온 듯이 반겨 주었다.

1986年 12月 27日(土) 비

날씨가 춥게 느껴진다. 19도인데도 비가 오니 춥다.

새벽 4시 半에 일어나 5시 20分에 집에 전화하여 良과 대화하다. 良의 목소리가 明朗했다.

아침에 台中에서 일부러 洪秀琴 양(1979년 政大 韓文組 卒)이 나를 보러 오고, 黃俊泰 군과 돈도 바꾸고 도장도 부탁했다.

外貨 保有高가 400億 弗, 換率이 35元(1970년에도 38-40元), 이래서 外貨 바꾸는 것을 몹시 싫어하고 있었다.

1986年 12月 27日(土) 비

낮에 政大 出身 韓國 成大 留學 同學會 會員들이 四川料理로 극진히 환영해 주었다.
蔡連康, 李栢鶴, 黃碧麗, 卓一平(그 딸도), 李樹渝, 林祥鴻, 張愛眞(뱃속의 아기도), 黃俊泰, 何桂玲, 徐作蓉 등이 參席했다.
참으로 올 때마다 미안한 일이다.
식사 후 李栢鶴 氏 집에 가서 양아들들 欣衛 · 秉澤이와 사진을 찍고, 그 夫人도 만났다. 모두 한 가족처럼 대해 주었다.
葉二臨 先生 宅에서 식사하러 오라는 것을 거절하니 가슴이 아프다.

1986年 12月 27日(土) 저녁

謝雲飛 교수(政大에서 成大에 가 있는 交換 교수) 招待로 楊福棉 神父(조지워싱턴大 교수)와 中國大飯店(Hotel)에서 洋食으로 저녁을 먹으며 對話를 많이 했다. 蔡 교수도 參席했다.
호텔에 오니 賴文謙, 黃碧麗 夫婦, 그 딸, 王建順 兄弟들이 선물을 가지고 와서 11시까지 이야기하고 갔다. 옛날 생각이 잊혀지지 않는다.

1986年 12月 28日(日) 새벽에

林美英, 李貞雅, 游錫義 군 등이 電話하고 찾아오겠단다. 우리 학생들이 中國 교수에게 이만치 할 수 있을까?
情이 무섭다.
發表가 걱정이 된다. 이번만은 失敗를 하지 말아야 한다.

1986年 12月 28日(日) 아침

아침 여덟 시에 蔡連康, 尹炳魯 교수와 黃俊泰 군이 YMCA 609号에 와서 蔡 교수 好意로 아침을 옆에 있는 Hilton(希爾頓大飯店)호텔에서 洋食으로 비싸게 먹었다.

蔡 교수는 나의 YMCA 숙박비까지(約 3,000元, 美弗 900) 先拂해 버려서 미안하기 그지없다.

蔡 교수(尹 교수)와 작별하고 호텔에 오니 游錫義, 王之彬, 徐作蓉, 林美英, 李貞雅 등이 기다리고 있었다. 黃俊泰 군도 함께 廣東式 餐廳에 가서 크게 대접받고, 王之彬 군이 태워다준 車로 圓山大飯店에 와서 604号에 들었다.

1986年 12月 28日(日) 下午

圓山大飯店 604號室에 혼자 있게 되니, 이제야 호랑이 굴에 들어온 것 같은 무서움과 孤獨感이 나를 사로잡는다.

中國 學生들의 일을 생각하니 눈물이 날 만큼 고맙기만 하다. 그 전(1976. 9. - 1978. 7. 政大에서)에 잘못 가르친 것이 뉘우쳐진다.

이제 공부만 더욱 열심히 하는 수밖에 없다.

下午 3時, 登錄하러 갔다가 車柱環 교수를 만나니 역시 同胞를 만난 마음에 그저 安心이 되었다.

1986年 12月 29日(月) 下午 4時 35分

於中華民國台北市中央研究院歷史語言研究所會議室 4時 25分, 論文發表 前 黃俊泰, 張介宗 군과 연습, 論文發表 때 謝雲飛 先生, 橋本萬太郎, 楊福棉 神父, 梅祖麟 교수, 또 한 분이 贊助發言. 참으로 무사히 발표 · 토론을 마치었다. 나

는 舌音系 漢字音의 변화를 기초로 해서 韓國漢字音(高麗譯音)은 中國 本土 漢音의 변천과는 상관없이 독자적으로 변화해 왔음을 강조했고, 李方桂 선생과 기념 사진도 찍었다. 하느님과 여러분, 그리고 良을 비롯한 여러 가족에게 감사할 뿐이다. 今年度는 세 번 다 잘한 셈이다. 慢心하지 말고, 정말 열심히 하여 名實相符한 學者가 되도록 努力하여야 되겠다. 橋本 先生은 여러 사람 앞에서 「你是權威」라고 해서 오직 땀이 날 뿐이었다. 등에서 흥건히 흐르다가 지금 식어서 춥다.(4時 10分)

第1回 때와는 달리 한 팀(대개 1시간 40分 乃至 2시간, 한 팀 3-4~5名)을 한자리에, 즉 앞에 앉혀서 오직 얼굴이 뜨거울 뿐이다. 내가 討論할 때 Norman 교수와 CobLin 교수가 뚫어지라고 쳐다보며 특히 Norman 교수가 웃으면서 보고 있었다. 周法高, 楊時逢 교수도 꼼짝 않고 앉아 계셨다.

1986年 12月 29日(月) 밤 11시(한국 12시)

葉二臨 先生 宅에서 저녁식사

黃俊泰 군과 함께 葉太太와 그 며느리(呂 氏)가 정성껏 마련해 준 저녁을 竹葉青酒 한 병을 비우면서 잘 먹고 왔다.

葉二臨 氏도 늙었고, 振疆 군도 大學(師大 歷史)을 다닐 정도로 세월이 흘렀으며, 振國 군도 中尉 生活을 하면서 결혼을 할 정도가 되었다.

며느리는 온순했으나 너무나도 어리고 모든 것이 작았다.

圓山大飯店에 돌아오는 길에 黃 군이 外國(美國)에 가서 더 큰 人物이 되겠다고 계획을 말하였다. 크게 되기를 빈다.

밤 11시(台北 시간 10시)에 良에게 電話하고, 오늘의 발표 결과(나는 60점, 他人은 80분 인정)를 보고했다.

韓國에서 留學 온 學生들이 많이 와서 나를 凝視하고 있어서 더욱 긴장이 되었다. 始終 도와주신 楊時逢 老師, 楊福棉 神父님께 감사드린다. Pulleyblank 교수도 바로 내 앞에 앉아 계시어, 더 긴장되었다.

1986年 12月 30日(火) 上午

於中央研究院歷史語言研究所會議室

聲調와 우리 古代音은 關聯이 없을까? 우리는 4個 聲調를 몇 聲調値로 받아들였을까?

活潑한 討論. 梅祖麟, 李壬癸 선생의 發言이 제일 많다.

사람에게는 國籍이 있어도 研究對象에는 國籍과 國境이 없다.

中國語라는 巨大한 연구대상을 가지고 音, 義, 語法, 形態 등 여러 分野에 걸쳐 世界의 여러 學者들이, 中國人 以上으로 달라 붙어가지고, 世界的으로 學問을 발전시키고 있다.

이런 現象이 곧 우리나라 學界에도 벌어지는 것이 아닐까? 벌써 AKSE에서 일을 꾸미고 있는 것처럼, 日本, 美國, 中國 등 여러 나라 학자들이 國籍을 잊어버리고 한국 語文, 文字에 달라 붙을 것이다.

1986年 12月 31日(水) 맑은 곳에서 흐린 곳으로, 零上 25度에서 零下 2度로

양력 설을 쇠기 위하여 마지막 行事를 못 보고 李光奎 교수와 먼저 귀국.

台北 漢學會議에 참가한 나를 반겨준 政大韓文組 교수 및 出身

政大韓文組졸업생들. 1980.8.5.

漢學會議에 자주 利用된 圓山大飯店

台北政大 東語系 교수들. 1978.6.30.

林雅曾 氏 一家. 1978.6. 台灣大

政大 韓文組 出身들. 1990.6.22.

政大韓文組 학생들. 台北 공항. 1978.7.1.

李栢鶴 사장 一家. 1984.12.24.

(4)
中國音韻學研究會 第8次 硏討會 暨周祖謨邢公畹先生 八十華誕祝賀會

1994年 8月 14日(日) - 8月 22日(月) 天津, 姜信沆·정양완

⋮

1994年 8月 14日(日) 역시 덥다

새벽 6시半 석희 車로 우리 內外가 金浦로. 9시 10分 → 11시 3分(中 12시간 우리보다 1시간 늦다)
天津 空港着, 3시간 소요. 아직 航空協定이 안 되어 金浦 → 濟州 → 上海 → 天津으로 迂回하고 있었다. 삭막한 天津 공항에는 中國民航機 한 대만 있었다.

손영일 支店長(현대 상선)이 휴일인데도 마중 나와 우리 內外는 便安히 天津 南開大學으로 갈 수가 있었다.
南開大경제學院中心에서 憑志白 교수, 尉遲治平 교수 등을 만나 숙소는 이웃집 天津大學 外事接待所 108號室로 정하다.
저녁 6시 碧雲天飯店에서 푸짐한 食事가 시작되었다. 열세 가지 餐은 17日 날까

지 계속되었다.

朴萬圭 교수(蔚山大) 등 여러 분도 만났다.

1994年 8月 15日(月) 34度의 더위

9시 - 11시 半

南開大學東方예술계연예청에서 開幕式과 周祖謨 · 邢公畹 八十華誕祝賀式이 거행되었다. 약 10여 분이 똑같은 內容의 축사를 했다.

이어서 점심

14:30부터 3개 會場으로 나뉘어져서 分組討論. 규정은 7분 발표, 7분 강평, 답변 2분인데 규정에 관계없이 한 사람이 30분 以上 걸리는 수도 있었다.

나는 줄곧 제2회장을 지켰다.

모두 진지하게 발표하고 듣고 싸우듯이 토론도 했다.

1994年 8月 16日(火) 역시 34度의 더위

上午 中 8:00 → 11:45 발표　　下午 2시 → 5시 半 天津 市內 참관

밤. 專題 토론(20~22시) 나는 여기에는 참석 않고 숙소에서 쉬었다.

1994年 8月 17日(水) 역시 34度

上午 中 발표와 토론

나는 제2회장에서 8시半 - 9시 발표를 하고 楊耐思 교수의 평을 들었다.

朝鮮館譯語에 나타난 特異한 音韻. 그러나 나는 발표 제목과는 관계없이 漢語史

에서 「-o와 -u」 운모가 어떻게 나타나는지 문제 제기를 했다.
中國 교수들은 모두 나를 칭찬하고 존중해 주었다.
下午는 綜合 보고와 추가 발표. 시간을 꼬박 지키는 태도는 우리도 배울만 하였다.

1994年 8月 17日(水) 19:00 → 21시

天津大學 外事接待所에서 北京으로
18시부터 개시된 송별연에서 唐作藩 會長, 尉遲治平 간사, 憑志白 大會 主辦人에게 송별 인사를 하고, 良과 함께 天津 現代 총책임자 鄭在琯 전무가 보내 준 車로 Kempinski Hotel에 와서 927號室에 투숙하다.
北京 → 天津 길이 1911년경 丈人 어른께서 徒步로 亡命하셨을 길이라면서 우리 둘은 새삼스러이 감회를 새로이 하였다.
10시半. 鄭 전무와 만나서 정 전무 집에서 꼬냑을 마시고 밤 12시 半에 취침하다.
방은 하룻밤 200불짜리인데, 우리는 105불(봉사료 15%, 計 120불)짜리 호화 숙소였다.

1994年 8月 18日(木) 개이고 덥다. 30度 以上

아침 7시 半 鄭 전무와 호텔에서 뷔페식으로 食事
낮 11시에 호텔에서 전 전무가 보내 준 56418号 소나타 車로 明神宗陵을 참관하고, 점심 후 萬里長城을 참관한 뒤 숙소에 와서 쉬다. 6시半, 서울高 同門들이 모여서 上海式 中國 음식을 들었다. 정 전무가 부담했다. 13回 한상범, 20回 해군 朴鍾元 大領(무관)이 참석했다. 夫人들이 모두 貞淑했다.

1994年 8月 19日(金) 역시 덥다. 30度 上

아침. 정 전무 집에서 韓食으로 들다.

역시 정 전무가 보내 준 車로 上午中에 頤和園을 참관하고 下午에 유리창에 가서 冊을 사 오다.

저녁을 한상범 한라 전무가 한식으로 대접해서(서라벌 한식 부) 푸짐하게 먹었다.

28回 柳東熙 한국일보 특파원이 참석했다.

1994年 8月 20日(土) 역시 덥다

아침 8시. 호텔에서 정 전무 內外와 뷔페식으로 들다. 낮. 自由로이 백화점을 구경하다.

良이 병이 나기 시작한다.

下午. 정 전무 內外와 Silk 전문 가게를 참관하고 몇 가지를 산 뒤 정 전무 內外와 오리고기로 저녁을 들었다. 저녁. 良이 점점 괴로워한다. 무사히 귀국할 수 있기를 빈다.

중국인 종업원들에게 몇 가지 선물을 하였다.

1994年 8月 21日(日) 아침, 맑다

良이 조금 기운을 내는 듯하다.

어젯밤에는 응급차로 귀국하게 되는 줄 알고 크게 떨었었다.

아침을 정재관 전무 집에서 韓式으로 들고, 정 전무가 마련해 준 乘用車로 9시 15분 호텔을 出發. 927號室도 정이 들었었다.

天津 공항 10시 40分 도착. 큰 혼란을 겪고 아시아나 3165号 便으로 귀국(13시 –

한국 17시, 한 시간 시간 차), 김포 세관원과 또 사소한 일로 是非, 하오 7시 귀가. 어머님께서 조금 좋아지신 듯하였다. 네 子女와 會食

1994年 8月 22日(月) 한국도 덥다

오늘부터 出勤

大學院長실에서 밀린 일, 집에서도 밀린 일을 처리하다.

꿈 같이 보낸 한 달이었다. 용케도 두 학술회의에 다녀왔다고 생각해 본다.

天津南開 大學. 1994.8.15.

南開 大學에서 발표. 1994.8.17.

저녁식사. 1994.8.14.

天津 碧雲天飯店, 1994.8.14.

서울고 강신항(1), 정재관(12), 한상범(13), 박종원(20), 北京. 1994.8.17.

1994.8.14.

延边大 최희수 교수. 1994.8.14. 天津

(5)
漢語音韻學 第五屆 國際學術硏討會

1998年 7月 30日(木) - 8月 10日(月) 長春, 姜信沆·정양완

⋮

1998年 7月 30日(木) 아침부터 비. 낮 큰 비. 천둥 번개, 正午부터 개고 무더위

洛陽에서 처음 맞는 큰 비, 또 停電
비가 잘 오지 않는 洛陽(우리 內外는 1998년도에 두 학기 낙양외국어학원에서 강의)에
천둥 번개, 큰 비. 來日은 無事하겠지.
上午. 김영희 교수와 그 아들이 떠나는 우리가 걱정이 되어 다녀가다.
환경 정리, 짐 정리, 빨래, 發表 준비 마무리, 楊淑琴祕書도 다녀가다.
내일 아침 3時 半 洛陽에서 長春으로 出發 예정.

1998年 7月 31日(金) 아침 짙은 안개. 낮 무더위

새벽 1시 半 起床. 3時半 出發

楊祕書가 일부러 나온 가운데 副院長 車로 우리 內外가 專家樓 出發.

2年生 하나와 김영희 교수가 同行. 6時半 鄭州 비행장 도착.

한국서 사온 票가 무효가 되어 다시 票를 사서 (2人 2,640元)

8時 半 →9時 40分 北京. 北京 10:50 →長春 12:35分

北京 비행장에서 唐作藩 會長(北京大), 蔡暎純 교수(仁荷大), 朱星一 군(北大博士班) 등을 만나 朱군이 짐을 들어 주어 無事히 長春 도착. 魯國堯 교수 등이 마중 나오다.

512号 (최고 호화 房)에서 묵다.

金永萬 교수(영남大) · 金 교수(安東大) · 洪淳睦 교수(영남大) 등과 延辺大의 李得春 · 金基石 · 최희수 교수 등을 만나다.

寧繼福(忌浮)교수 · 馮志白(南開大)교수 등과도 인사하다.

1998年 8月 1日(土) 가끔 소나기

開幕式(9시 – 10시 半)

吉林省 社會科學院 강당에서 기념사진과 개막식. 나도 主賓席에 앉다.

점심 후부터 밤까지 分任 發表, 討議.

밤에는 내가 한 팀을 主宰하여 8시 – 10시 對話. 主로 譯官業績을 中心으로 논하다.

식사는 아침 7시 半. 낮 12시. 저녁 5시 半. 每끼 11가지 반찬이 나왔다. 낮에, 또 밤에 元 氏(서울 집을 지키고 있는 黃貞子 女士 夫君)를 만나다. 夫人 月給으로 3千弗을 주다.

모두 진지하게 논문 發表, 討議를 계속했다.

내 中國語가 그런대로 通하고 있었다.

1998年 8月 2日(日) 소나기. 더위 계속.

온 종일 發表, 討議.

낮에 北京人民大 劉廣和 교수와 여러 이야기를 나누다. 학문적으로 큰 도움이 되었다.

下午. 내가 發表하고 또 司會를 보다.

여러 학자들과 의견을 나누다. 또 冊도 받다. 劉 교수, 黃坤堯 교수(香港), 寧 교수.

1日 저녁 사회과학원 大食堂 회식(5시 半 →7시) 때에는 또 主賓席에 앉다. 방을 512号(1日 360元)에서 510号室(1日 120元)로 바꾸다.

1998年 8月 3日(月) 흐림

上午中 旧皇宮(滿洲國) 參觀.

현재는 박물관으로 変한 溥儀皇帝의 一生을 보여주는 옛날 만주국 궁정을 全体가 參觀. 참으로 초라한 궁정이었다.

下午 閉幕式(下午 2시 – 5시)

다시 社會科學院에서 全体 閉幕式. 갑작스러이 내가 다시 指名되어 全會員(약 70명 殘留) 앞에서 어제 發表한 內容을 큰 소리로 약 25分 發表. 나도 간이 커진 모양이다. 서툰 中國語로 大演說을 하다니.

閉幕式 後 호텔 식당에서 會食.

會食 後 劉廣和 교수가 510号室로 찾아와서 上古音 硏究 문제에 대하여 좋은 意見을 提示해 주다. 고마운 일이다. 밤에 李得春 · 金基石 · 崔희수 교수 등이 作別 인사 오다.

1998年 8月 4日(火) 온 종일 비 오락가락

白頭山 行 우선 敦化까지

吉林省 社會科學院 車 大型 2台. 小型 1台로 100여명이 白頭山 行.

아침 4시 起床. 5時 朝食. 5時 半 호텔 出發. 下午 1時 半 敦化賓館 도착. 점심.

沿邊의 朝鮮族 마을의 초라한 모습과 廣大한 中國大陸의 크기를 다시 한 번 確認하다.

下午에 正覺寺를 구경하고 일찍 쉬다. (104号室 1日 240元)

1998年 8月 5日(水) 아침부터 비 오락가락

4時 半 食事. 5時 出發

9시 45分 白頭山 밑에 到着. 우물우물하는 사이에 12시. 빗속에 몇 사람만 짚車로 天池行. 天池 밑 150미터 아래에서 짙은 안개와 심한 비바람으로 天池 參觀을 포기.

올라가는 길에 우리 민족의 悲哀를 생각하니 뜨거운 눈물이 펑펑 쏟아져 내렸다.

여기까지 와서 天池를 못 보고 가는 것이 원통했으나 우리 內外의 健康이 이를 견딘 것이(이 긴 旅程) 多幸스러웠다.

下午 7時 25分 다시 敦化호텔로.

張某 市長 招待宴이 있어서 8명 中의 하나로 參席하여 30가지 반찬을 맛보았다.

1998年 8月 6日(木) 역시 비 오락가락

6時 半 식사. 7시 半 出發.
비가 오락가락하는 속을 다시 550km 北上. 下午 2시 25分 長春 東盛大街 333号 富民大厦로 돌아오다.
늦은 점심을 먹고 짐 정리. 약 50명만 남았다.
일찍 쉬다.(503号室) 밤에 魯國堯 교수가 作別 電話를 하다.

1998年 8月 7日(金) 흐리다. 가끔 비

洛陽에 1部 짐을 부치다.
다시 가지고 올 옷 등을 洛陽 金迎喜 교수 앞으로 부치다.

새벽에 元 氏(黃貞子 氏 夫君)이 찾아오다.
6時 半 ~ 7시. 市內 구경이 必要없다고 사양하고 일찍 귀가하게 하다. 이런 줄 알았더라면 오늘 北京으로 갈 것을 하고 後悔하다. 밤에 宁繼福 교수가 작별 인사 전화하다.
거의 出發하여 우리만 온종일 房에서 쉬다. 富民大厦 식당 주방 근무 李順得(조선족), 崔龍吉(男, 조선족), 趙岩(漢族 처녀) 세 분이 503号室로 선물을 가지고 와서 여러 이야기를 나누다. 우리가 루즈와 판츠를 선물로 준 데 대한 答禮다.

1998年 8月 8日(土) 비, 北京 갬. 32度

長春市二道正東盛大街 333号 富民大厦 出發
끝까지 남은 台湾 竺家寧 교수, 香港 余 교수 內外와 함께 關西大 郭啓熹 교수

內外가 빗속에서 잡아준 택시로 長春機場으로 가다.(8:40 ~ 9:10)

長春에서 北京으로(10:40 - 12:05)

北京 하늘은 맑았다. 空港에 張光軍 교수가 紹介한 旅行社의 張秀蓮 小姐가 마중 나와 숙소인 保利大厦(poly plaza) 926号室에 짐을 풀다. 空港 → 호텔 택시 100元.

15시 - 17시. 張 小姐와 유리창 서점에 가다. 冊 한 권도 사지 못했다. 참으로 音韻學專門冊이 없었다.

감기로 밤새 고생하다. 밤에 錫姬와 通話.

1998年 8月 9日(日) 흐리다.

감기, 조금 나았다.

10시 - 13시. 北京大 앞 서점에 張 小姐와 함께 가다. 역시 冊이 없었다. 北京大 숙소로 金英美 小姐를 찾았으나 못 만났다.

점심을 四川菜로 하고 택시로 숙소에 와서 짐을 정리하다.(15시)

張 小姐에 60弗을 수고료로 주다. 張 小姐는 洛陽外國語學院地方部(민간인)出身(96年 卒)이다.

한 시경에 朱星一 군이 우리에게 짐 하나 20kg을 맡기고 가다.

저녁(5시 半 ~ 6시 半) 蔡暎純 교수(仁荷大)가 맥주 등을 사 가지고 숙소로 찾아오다. 저녁을 함께 하자는 것을 사양하다. 蔡 교수는 내일 신랑과 딸 둘이 찾아온다고 한다. 18日 귀국 예정.

1998年 8月 10日(月) 北京 흐리고 서울은 비

귀국

새벽 4시 기상. 모든 준비 끝에 6시 50分, 張 小姐와 함께 料金을 정산하고 7시 15分 北京首都空港行. 큰 混亂을 겪고 겨우 搭乘. 예정보다 40分 늦은 10:10分 出發. 서울 12시 25分(중국 시간 11시 25分) 金浦着. 단체 손님 때문에 제일 늦게 나와 석화, 윤형식, 석란, 단비와 만나다. 下午 3시 귀가. 늦게 유럽에서 온 석진이와 合流. 4남매 9손자와 저녁 식사를 하다.

1998.8.1.–8.3. 長春

開幕式에서 인사. 徐州. 2000.8.18.

濟南에서 洛陽外大 張妍학생 父母님들. 1999.11.4.

人民大 劉廣和 교수, 姜, 廈門大 叶宝奎 교수. 徐州. 2000.8.20.

北京大 唐作藩 교수(음운학회 전 회장) 徐州. 2000.8.20.

中國 山東大學에서. 濟南. 1999.11.4.–11.6.

(6)
中國音韻學研究會 第十一屆學術討論會 暨漢語音韻學 第六屆國際學術研討會

2000年 8月 16日(水) - 8月 22日(火) 徐州

⋮

2000年 8月 16日(水) 흐리고 안개. 32度

새벽에 良과 혜화 국교(초등교)까지 散步. 7시 尹炯植 군 車로 金浦 空港行. 鄭虎聲 박사도 나오다.

나 혼자 KE 851便으로 金浦 → 北京(10:00 → 11:17 현지 시간) 鄭州행 비행기를 타려니까 자리가 없단다. 기다렸다가 겨우 마지막 자리를 얻다. (13:10 → 14:15) 정주 비행장에 岩岩이 나오다. 岩岩 父母님이 缺勤하고 나를 맞이할 청소를 하다. 40여 坪짜리 새 아파트에 가다.

저녁 外祖父까지 오셔서 잔치. 岩岩이 내 빨래를 도맡아 하다.

2000年 8月 17日(木) 흐리고 덥다. 34度

겨우 車票를 사 가지고 岩岩과 徐州에 가다. 16:50 → 21:40. 車는 (上海行) 만원이었다.
徐州 中山飯店 대회장에 겨우 도착한 것이 밤 10시 半, 숙비 320弗 기타 회비 300元 등을 내고 1203호실에 묵다. 岩岩은 딴 숙소로 가다. 시설이 나빴다. 平山 교수가 기다리고 있었다.

2000年 8月 18日(金) 맑고 덥다. 下午에 구름

上午 7시 아침 식사.
8시 → 10:40 開幕式. 10:50 → 12:40 全體 앞에서 招待 外國人만 公開 發表
平山久雄 교수부터 시작해서 내가 4番 打者. 中國韻書와 韓國韻書, 자료를 나누어 주고 25分 하라는 것을 10分에 하다.
岩岩과 한국 학생들은 내가 잘했다고 하고 平山교수는 不滿足인 듯
점심 후 午後 發表會
저녁 會食(徐州師大黨委書記 朱淮沂 교수 초대연), 40여 가지 찬이 나오다.
식후, 良에게 전화. 여러 분께 冊과 함께 선물을 돌리다.
魯國堯 교수(會長 꼬냑, 冊), 寧繼福 교수(冊과 넥타이), 唐作藩 교수(前會長 冊과 홍삼), 平山 교수(홍삼), 楊耐思 교수(冊과 넥타이), 楊亦鳴 교수(양주 두 병), 劉廣和 교수(冊과 넥타이)
오늘도 빨래는 岩岩이 가져가다. 岩岩과 시간이 있을 때마다 將來 문제와 학문 연구 문제를 의논하다.
저녁 會食 때 독한 술을 먹은 것이 역시 좋지 않다. 平山 교수가 양산과 과자를 선물로 주다.
發表者의 發言을 못 알아들으니 나의 漢語 實力이 寒心하다. 언제 귀가 뚫릴 것

인가!

2000年 8月 19日(土) 흐리다.

새벽 4시부터 짐정리, 아침에 良과 通話
陳燕교수: 300073 天津師範대학 중문系 古漢語敎硏室에 자료를 요구하다.
上午中에는 발표회를 계속하고 下午에는 시내 고적과 박물관 등 단체 참관
밤에 임효려 교수, 조신건 조교, 채영순 교수가 전화
魯國堯 회장, 唐作藩 전회장이 선물을, 香港의 余迺永 교수가 큰 冊(校本 廣韻)을 주다.
魯 회장이 2002年에도 오라고 했다. 石家莊으로

2000年 8月 20日(日) 맑고 덥다.

새벽 두 시에 두 눈이 떠져서 잠이 안 오다
새벽 4시 (한국 5시) 良에게 전화. 김영희 교수와 그 동생, 그 조카가 18日부터 와 있다고
上午 두 곳 발표장에 가다. 岩岩이 연일 내 빨래를 하다.
下午 폐막식. 밤 시내 야경 구경, 호수가 있어서 경치가 좋았다. 야경 구경(밤 7:40 ~ 10:00)
임효려 교수가 10시 半에 전화

날마다 강행군이다. 여러 교수들이 나더러 한국의 중진이라고 해서 부끄럽다.
岩岩과 또 여러 이야기. 愛人이 생겼으니 잘 되기를 빈다.

2000年 8月 21日(月) 맑고 덥다.

한 쪽은 曲阜로, 한 쪽은 連云港으로. 나는 연운항에 갔다. 22일(火) 새벽 3시에 中山飯店에 오다. 平山 선생은 아침에 청도로 떠나다.

경도대 모 교수와 이야기를 나누다. 자기 祖父도 密陽人 李氏라고.

2000年 8月22日(火) 맑다. 北京은 비가 와서 선선하다.

岩岩이 새벽 5時 半에 떠나다. 밤새 여러 이야기를 나누다. 애인, 학문, 논문, 進路 등

새벽에 良에게 전화. 어제 連云港 花果山 구경이 너무 늦었다.

上午 11시. 徐州師大 楊亦鳴 교수 好意로 乘用車를 타고 徐州 觀音 空港에 가다.

약 100km나 되는 듯했다. 냉방이 없어서 땀을 흘리다.

北京 空港에 조신건 조교가 나오다. 北大 外賓接待所에는 인하대 金泳 교수가 기다리고 있었다.

民族大 金春仙 교수와 저녁을 하며 여러 이야기를 나누다. 金泳 교수와 셋이 46元 들다.

밤에 武建偉 군(중위)과 조신건 조교가 찾아오다. 北京地方 部隊에 근무 중이라고. 중국대학의 조교는 우리나라 전임강사.

저녁에 良과 岩岩에게 北大에서 전화

2000年 8月 23日(水) 맑고 덥다.

아침 조신건 조교와 공항에 나가 일찍 수속하고 良과 岩岩에게 전화

空港에서 기다리면서 日記를 정리하다. 9月부터 근무할 民族大에서 기대하고 있는 바가 너무 큰 듯하여 두렵다.

30分 늦게 北京 空港을 出發하여 18시에 귀가하다. 吳 서방과 한결, 어진이가 마중 나왔다.

祖妣, 막내 고모님 祭祀(18~20시)

큰 고모님, 大川 고모님, 叔父님 內外, 信澤 內外, 석진, 석화 온 가족

익상 아들, 우리 內外가 參詣하다.

第8回 國際 漢字研討會(中國敎育部主催)
中國 北京 傳媒大學 國際交流中心. 2007.10.30.-11.1.

(7)
國際漢字 심포지엄

1986年 5月 15日(木) - 5月 25日(日) 東京

⋮

主催者 日本大修館, 朝日新聞社

題目 漢字文化의 歷史와 將來(情報化社會における新しい漢字文化の創造 정보화 사회에서의 새로운 한자문화의 창조)

期日 1986年 5月 17日-23日(昭61年)

場所 東京 帝國호텔(숙소), 有樂町 마리온 11층

1986年 5月 15日(木) 흐리다

11시에 집을 나와 1시 半 出發 JAL(日本航空)로 15:35分 東京에 오다. 日本東京外國語大 宿舍에 到着하니 朝日新聞社 記者가 인터뷰를 한다고 하고 NHK 放送에도 나간다 하여, 갑자기 집에 가고 싶어졌다. 나는 누구를 만나는 것이 그렇게 能한 便이 아니다.

저녁은 菅野裕臣 교수가 巢鴨(스가모)역 앞 金剛苑에서 불갈비로 대접해 주었다. 약식 · 인삼차를 선사했다. 밤 8시에 귀실하여 세탁하고 일찍 잤다.

1986年 5月 16日(金) 흐리다

東京大에서 하루를 보내다.
새벽에 梅田博之 教授가 찾아와서, 良이 만든 약식과 다식, 약과를 술 한 병과 함께 선물하고, 梅田 교수 車로 駒込에 가서, 岡村政雄 氏 宅을 訪問했다. 岡村 氏는 연전에 別世하고, 그 夫人도 病이었다. 다식과 약과를 선물하다.

東洋文庫에 들러서, 小山 勳 氏에게 약식을 선물하고, 松前義弘 氏에게 인사하다.
9시 半에 東京大 中文科에 가서 平山久雄 교수를 만나서, 인삼 · 도자기 등을 선물하고, 中文科 主催 발표회에 參席하였다.

1986年 5月 17日(土) 맑다

새벽부터 發表 준비
낮에 점심을 東京外大 근방에서 菅野 교수와 간단히 하고, 東京外大에서 橋本萬太郎 교수 등과 만난 다음, 菅野 교수 연구실에서 朝日新聞 記者와 만나, 발표 내용에 관해서 이야기했다.

下午 4시 東京 帝國호텔에 到着하여 하루 밤 150달러 以上짜리 방에 들어오니, 정신이 얼떨떨했다.

저녁에 梅田博之 교수, 菅野 교수와 셋이서 椿山莊(大規模 日式 식당)에서 日式으로 먹었다. 옛날 山縣有朋 元帥의 大邸宅이었다고 한다.
밤에만 언제나 이가 아파 (잇몸인가) 고생이다.

1986年 5月 18日(日) 맑다

바쁜 하루
새벽에 良에게 두 번째로 電話하고, 아침에 河野六郎 교수 宅을 禮訪했다. 막 外出하려는 참이어서, 선물만 傳하고 왔다.
正午에 中國側 周有光, 李榮 代表와 베트남 側 阮才謹(궨·다이·칸) 氏 등과 함께 大修館 社長이 초대한 점심을 洋式으로 호텔 內 식당에서 먹었다.

下午 4시 →9시. 모든 參加者들과 朝日新聞社會議室에서 豫備 會談을 하고, 東天紅에서 中國式으로 저녁을 먹었다.
10시에 귀실하여 發表할 全文을 읽어 보았다.
뉴스 시간에 자주 光州의 일이 報道된다. 언제까지 계속될 것인가? 안타까운 일이다.
여러 학자들과 주고 받고 이야기를 자주 하고 나니 조금 마음이 가라앉는다.
밤에는 역시 이(齒)가 아프다. 18日 새벽에는 코피까지 나왔다.

シンポジウム 「漢字文化の歷史と将来」 - 開催方式 -

☆主催　大修館,　朝日新聞社

☆後援　國立國語研究所,　國際交流基金, 文化廳, 外務省, 中國大使館, 韓國大使館, ベトナム大使館

☆會場　有樂町朝日ホール(有樂町マリオン 11階)

☆期日　1986(昭和61)年 5月 19, 20日

☆パネラー	日本	橋本萬太郎(東京外國語大學 敎授)
(順不同)		鈴木孝夫(慶応義塾大學 敎授)
		川本邦衛(慶応義塾大學 敎授)
		山田尚勇(東京大學 敎授)
		井上ひさし(作家)
		大矢マルグリット(埼玉大學 講師´在日フランス人)
		ハルペン / ジャック(漢英辭典編纂者´在日美國人)
	中國	周有光(語言文字應用研究所所長)
		李　榮(社會科學院 語言硏究所 所長)
	韓國	姜信沆(成均館大學 敎授)
	ベトナム	グェン·タイカン(ハノイ社會科學委員會言語學院)

☆聽講者	招待者(學者, 文化人, 報道關係者)	約 200名
(630名)	一般聽講者(公募, 抽選)	約 400名

1986年 5月 19日(月) 맑음

「漢字文化의 歷史와 將來」

上午 10時, 東京 阪急建物內 朝日新聞社홀(有樂町 11층)에서 개시

10시, 三浦朱門 文化廳長官의 인사에 이어, 李榮 先生의 基調演說.
점심 뒤, 周有光 先生의 基調演說, 이어서 姜信沆의 한국말에 의한 기조연설(교포 2世가 내 日本語原稿를 읽는 形式으로 同時通譯) 제목: 韓國의 文字政策과 漢字敎育
온몸에 땀이 났으나 잘 읽었다. 침착하게. 그리고 떨지 않고, 시간을 딱 대어서 읽었다.

유학생인 南根祐 석사(成大 國文科 卒, 筑波大에서 日本文學 연구 中)가 온종일 잘 도와주었다.

밤에는 6시 半부터 귀실하여 來日의 討論에 관하여 밤새워 준비하였다.

청중은 6百名, 한 사람도 자리를 안 뜨는 것이 특색이다.
東北大 中村 完 교수가 일부러 나를 만나러 왔었다. 고마운 일이다.

1986年 5月 20日(火) 비

共同討論會
主로 각국의 한자교육 및 사용 문제, 繁体字와 簡化字 문제, 漢字의 難易度, 略字 문제에 관한 것이었고, 나는 언어생활상 必要하면 難易에 관계없이 가르쳐야 한다고 力說했다. 또 敎育이 普遍化된 오늘날 中國의 簡化字에 대하여 사용도 반대한다고 했다. 臺灣에서는 초등학교에서 3,500字의 繁体字를 가르치고 簡化字는 사용 않는다고 했다.
時間 관계로 日語로 말을 하였다.
NHK에서 錄畫를 하고 記者들이 많이 왔었다. NHK 라디오에서도 인터뷰를 했다.

저녁 만찬회에서는 혼자 두 가지 말로 즉 한국어로 하고, 한국어를 日語로 번역하여 인사말을 하였다.

진지하게 이야기했으나, 가끔 딴 학자들이 잘못 알아들은 일도 있고, 내가 좀 지나치게 국수주의적으로 한 것 같은 面 도 있는 것 같다.

청중은 다 나를 좋아하는 듯했다. 그러나 좀 더 침착하게 할 必要도 있다. 자칫 잘못하면 농담으로 들리기도 할 것이다. 조심해야 한다.

6시 半 에 귀실하여 긴장을 풀고, 주변 정리를 시작했다.
村上常隆 先生(山口 거주, 소학교 때 담임)에게도 電話했다.

1986年 5月 21日(水) 비, 흐림

바쁜 하루
下午에 新宿 西口 경찰서 부근 ラボビルディン(兵庫相互銀行 건물) 8층으로 服部四郎 선생을 예방하고(不在), 神保町에 와서 良의 책을 샀다.(杜甫)
下午 2時 大修館 山本茂男 氏와 다시 神保町에 가서 책을 사고, 또 다시 大修館에 들러 책을 사고 幹部들과 씨름을 보러 갔다.(최고석)
저녁에 大修館에서 招待한 宴席에서, 慶應大 川本 교수(베트남語)와 베트남 代表와 함께 會食했다.
내가 조금 過飮한 듯, 유쾌했으나 골치가 아팠다.

밤 11시 숙소에 (帝國호텔 1184號室) 와서 정신없이 쓰러져 잤다.

항상 조심해야 한다. 한국에서는 또 釜山美文化院을 학생들이 점거한 모양이다.

언제까지 이런 일이 계속 될 것인지?

1986年 5月 22日(木) 맑다

피로하다. 집에 가고 싶다.

筑波大 參觀

具兌勳 석사(成大 史學科 → 筑波大 日本歷史)가 車를 가지고 와서 새벽에(6시 30分) 東京을 出發하여, 筑波大에 가서 下午 2시까지 冊을 보고 資料를 찾았다.

筑波大 校園과 도서관, 강당, 모든 시설이 最尖端을 걷고 있었다.

具 석사와 南根祐 석사가 資料를 찾는 데 크게 도와주었다.

귀로에는 기차(電車)를 타고 帝國호텔에 3시 도착, 4시까지 쉬고, 다시 菅野 교수와 함께, 惠比壽에서 中野區의 平山 교수 댁에 가서 밤 늦게까지 셋이서 이야기했다.

귀실하니 子正이 넘었다. 집에는 每日 電話한다.

자료를 찾다 보니 李方桂 先生까지 北京에 다녀오셨다. 中華民國은 어떻게 되는 것인가? 모든 학자들이 北京만 찾아가고 있으니…

1986年 5月 23日(金) 맑다

호텔에서 마지막 날

아침에 中國學者들을 餞送하고 (호텔에서) 회의 관계 직원을 만나니 내가 씨름판에서 응원하는 모습이 TV 中繼에 나왔었다고 한다.

내 모습이 어떻게 비추이는 것일까?

10시 10分, 吉洁 군(서울고 1회 申潤植 형의 아들)이 마중 와서, 다시 東京外大 宿舍 洋室 1號(지난 번은 2호)로 돌아왔다.
해방된 기분이다. 나올 때 계산서를 보니 20만 8千 엔이었다. (한국 돈 약 120만 원) 내가 내는 것은 아니지만 호텔 비용이 너무 비싼 것 같아 아까웠다.

1986年 5月 24日(土)

上午 10時, 東洋文庫에 가서 小山勳 氏를 만나고, 資料를 찾다가 小山 氏한테 점심 대접을 받고, 澁谷으로 갔다. 東洋文庫에는 old miss들이 그대로 우굴거리고 있었고, 옆에 있는 文房具집도 그대로 있어서 몇 가지를 샀다. 그 집 딸은 美人인데 31세가 되도록 未婚이었다. 아침 9시에 訪問한 岡村 氏 宅도, 岡村 氏는 3年前에 別世했으나 45세나 된 長男은 혼자 살고 있었다.

1986年 5月 25日(日) 맑다

歸國
새벽에 申吉洁 군이, 그 慈堂과 함께 宿所에 와서 吉洁 군 차로 成田 空港에 와서 (所要 시간 1시간 半) 無事히 귀국길에 올랐다. 고마운 일이다.
榮光과 자랑으로 가득찬 旅行이었는데 金浦 空港에서 내 짐을 뒤진다.
不快하다기보다 분노를 느낀다. 나도 국가 代表인데 너무들 하는 것 같다.

金浦 空港에는, 東京에서 10시 出發, 12시 到着, 良과 錫和, 며느리(洵)가 나왔었다.

집에 와 점심 먹고, 下午에 聖堂에 가서 무사히 귀국한 것을 감사드렸다. 총장 宅에 가서도 귀국인사를 했다.

저녁에 어머님께 귀국 인사 전화를 했다.

前列 左로부터 두 번째 姜, 하나 건너 李 榮, 周有光, 橋本萬太郎 교수. 1986.5.19

國際漢字심포지움 日本東京
1986年 5月 19日 - 5月 20日

大矢 말그리뜨 女士(在日 프랑스人) 1986.5.19.

国際漢字シンポジューム開催
主催　大修館書店　朝

歴史と将来
情報化社会における
新しい漢字文化の創造
協賛　富士通・写研

(8)

第7回 國際漢字會議

2003年 10月 30日(木) - 11月 3日(月) 東京

⋮

2003年 10月 29日(水)맑음 서울 → 東京

새벽(7:20-8:40) 공항行 리무진으로 仁川空港着

良과 석희, 한결이 집과 정거장에서 인사

아침 9:30 ~ 10:10 一行과 合流, 이응백 선생, 김언종 교수, 한기식 선생

上午 ~ 下午(11:40 ~ 13:37) 仁川 → 成田空港에 日本관계자들이 마중 나옴

上午(16:10) 東京市內港區六本木1-5-2 Villa Fontaine 호텔 到着

5日分을 先拂하고 519号室에 投宿, 独房. 17시. 討論者 문제로 主催側 淸原純平 氏(協和協會전무)와 얼굴을 붉힘

저녁(18:00 → 23:00)

저녁 6시 半 良과 통화. 平山 교수 內外분과 통화.(11月 1日 10시 ~ 13시 宅에서 식

사하기로)

杉並區 西荻北3-42-18 汐彩 복요리 집에 가서, 理事長 深見東州 氏의 歡迎宴(日本 제1의 高級料理라고). 정말로 먹을 것이 없었다.

우리나라 錦湖 會長 朴晟容 氏가 옆에 앉아서, 여러 이야기를 나누다. 나는 深見氏와 朴 會長 中間이었다. 밤에 짐 정리. 더워서 못 견딜 지경.

2003年 10月 30日(木) 맑다. 東京 14 ~ 22

새벽까지(23:30 ~ 5:01) 잘 자다. 아침 良과 通話

아침 식사 후 엄기주 교수와도 통화(8:00) 11月 2日(日) 9시에 만나기로 예약

2003年 10月 30日(木) 맑다

泉ガーデン・ギャラリーホール, 청중 약 250名, 發表・討論者 18名, 9시부터 接受, 入場 9시 30分 시작

上午 中 축사 基調講演 계속

11시 ~ 11시 半 도시락으로 점심 11시 50 ~ 12시 40分 513号室에서 휴식

下午(13:00 → 18:00) 発表 계속. 청중은 上午 中과 변화 없음.

제 밥 먹고도 대단한 熱意에 놀라다.

發表內容은 상당히 學問的, 發表者도 眞摯·誠實

中間(15:27~15:45) 休息, 커피. 나머지 發表者도 성실, 다만 問題는 深刻

밤(18:30 ~ 20:00) 간친회

接收者, 案內者들의 은근한・친절한 근무 태도는 본받을 만했다.

發表場 옆 房에서 참가자들만의 뷔페식 저녁, 20:01에 51号에 와서 환경 정리, 세수

梅田 교수께 11月 2日(日) 10시에 찾아간다고 전화

2003年 10月 31日(金) 맑다

새벽(6:20) 良과 通話(한국에서 걸다)

上午(8:00) 숙소 호텔에서 松岡洋志 교수에게 내 저서(韓漢音韻史연구)선사.

松岡 교수는 답례로 中日사전을 주다.

上午(9:00 → 11:30) 泉ガーデン, 21층 회의室에서 토론會

學者 14名, 일반참석者 약 20名. 筑波大 高橋進 명예교수가 司會

끝내 나에게는 發言 기회를 안 주다. 내가 大怒, 이응백 교수, 한기식 氏에게 항의

점심 때부터 기분이 상하여 밥맛이 없다. 모두들 나를 말리다.

下午(14:00 ~ 16:00) 同一 장소에서 共同發表文 검토, 나더러 추가로 發言하라고 해서 거절

台灣학자들이 文案에 同意하지 않아 共同發表文 作成에 시간이 너무 많이 걸리다.

밤(17:00 → 21:00) Hato Bus로 市內 夜景 구경과 新宿 住友ビル 51층에서 식사하고 숙소에서 짐 정리. 아직도 분이 풀리지 않는다. 밤 10시 半에 잠자리에 들다.

2003年 11月 1日(土) 새벽 가랑비, 흐리다 14 → 20

새벽 5시 기상, 환경 정리. 6:20 良과 通話, 3日에 석화가 마중 나온다고

아침 食事 후부터 설사. 어제 낮 돼지고기 샤브샤브가 탈 난 모양인 듯

아침 松岡교수 內外, 李大淳 교수 內外와 식당에서 인사

9시 半에 귀국하는 한기식 씨 등에게 항의. 낮 정병학 교수가 사과, 나는 大怒

(10:00 ~ 13:00) 平山久雄 교수가 찾아와서 함께 宅으로 가 점심. 홍삼, 烏龍茶, 鐵觀音, 책을 선사. 생선 초밥으로 점심. 아들과 손녀도 만남

13:00 → 14:00 택시로 大東文化大로 가 정광, 菅野裕臣, 中嶋幹起 교수 발표(老

乞大관계)를 듣고 나도 發言(14:00 →17:00)

大學 앞에서 몇 교수(平山, 中嶋, 鄭光, 金丸, 大嶋 女士, 村上 교수, 菅野 교수) 등과 유쾌하게 담소, 술, 저녁(17:10~20:00)

밤(20:30 →21:30) 平山 교수가 가르쳐주어서 호텔로 와 良에게 진화, 석희하고도 전화

내일은 中嶋 교수와 만나기로 함

2003年 11月 2日(日) 맑다 18 →22

새벽(6:15 ~ 25) 良과 긴 通話

上午 下午 (9:00 ~ 16:15) 엄기주 교수와 하루를 보냄

10:20 戸山二丁目 27-1312.102 梅田博之 교수 댁 방문, 선물(영지, 책, 문배주) 전달

곧 駒込 → 東洋文庫 → 神保町 책 구입→ 점심→ 御徒町 多慶屋에 가서 선물 구입 → 駒込역에서 작별

16:30 →18:00 大塚驛 前 山水屋에서 中嶋幹起 교수 內外가 나와 鄭光 교수 대접

갈비, 곱창, 천엽, 맥주, 나는 참기름과 책도 받다.

19:00 호텔에 와서 짐 정리 목욕 22:00 취침, 독서

2003年 11月 3日(月) 흐리고 비

새벽 4시 짐 정리. 梁見東州 氏 선전 책은 보류, 아침(09:15) 良과 통화, 식사 후 산보

2003年 11月 3日(月) 가랑비, 갬

아침(8:00) 長谷川修平 · 和美 內外께 전화로만 인사

平山久雄 교수 內外께도 Hotel에서 인사 전화

上午(9:00 → 11:30) Hotel(Villa Fomtain Roppong) → 地下鐵 → 山手線(駒込 → 日暮里) → 京成電車(日暮里 → 成田空港 千円) → 제1터미널→ 제2터미널(수속 후 우동 900円)

下午(15:00 → 18:10) 成田 → 仁川(Asiana OZ 103号) 錫和가 마중 나오다.

한기식 氏에게 전화

저녁(20:00 → 22:00) 錫眞 一家, 석희 一家, 석화와 저녁, 丁海順 女士도 선물을 나누어 주고.

4일 새벽 2시에야 취침. 允求가 外國語高校 入試시험을 잘 치렀다고. 文求도 건강이 좋고

秀仁이도 공부를 잘한다고.

2003年 11月 4日(火) 흐림 4 → 20, 한국어문회에 가서 東京회의 경과 설명.

(9)

第八屆 國際漢字硏討會

(國際漢字學會, 國際漢字振興會-中國, 社會科學院主管)

2007年 10月 29日(月) - 11月 1日(木) 北京

⋮

10月 29日(月) 새벽 04:00 기상

아침 06:00 → 07:00 成大入口정류장에서 空港버스를 타고 仁川空港行.

上午 08:00 Asiana D line 앞에서 李大淳 會長, 李應白, 姜信沆, 陳泰夏, 金彦鐘, 文洪植, 俞碩在(조선일보 기자) 1等席 자리에서 搭乘수속

上午 (09:50, 실지로는 10:10 → 北京 11:07分 도착)

마중 나온 科學院 張書岩 女士 등과 함께 華潤飯店(北京市朝陽區建國路35号, CHINA Resources Hotel) 도착

下午 入室수속 1시간 以上, 느릿느릿, 2009号室 配定, 洛陽에서 일부러 온 趙新建 교수를 만나 밤까지 함께 지냄. 良과 공중전화로 通話, 李元吉 교수와 통화

下午 (15:00 → 16:00) 徐永燮 교수 內外분이 다녀감

2007年 10月 29日 계속

徐 교수 內外분께 冊과 콤팩트 선사. 茶를 받음. 趙 교수에게 화장품 선사. 冊(사전)과 술을 받음. 저녁(18:15) 한결과 통화. 밤에 良과 통화

밤 (18:30 → 21:30)

Hotel 2층에서 參加者 紹介. 23층 식당에서 歡迎 만찬회. 술 한 방울도 안 마심

李應白 선생과 語文會에 관하여 긴 이야기.

10月 30日(火)

새벽 (04:00) 일어나서 日記정리

아침 (06:40) 서울 良과 통화. 조신건 교수가 몸조심하라고 전화

아침 (07:00 → 07:40) 1층 뷔페식당에서 한국서 온 사람이 전부 모여 식사

上午 (08:20 → 12:30) 北京傳媒大學國際交流館 405号室에서 開幕式. 몇 사람 발표

낮 (12:30 → 13:30) 1층 식당에서 오리고기 점심

下午 (15:00 → 21:30) 市內 관광. 京劇 구경, 호텔에 오니 中央民族大學 出身 金春玉 그 약혼자, 李海英, 손경란, 金성혜가 와 있었다. 여러 이야기를 하다

2007年 10月 30日(火) 계속 흐리다 온도 3 → 13

밤에 洛陽의 趙岩과 긴 전화. 밤 12:30에 자다.

2007年 10月 31日(水) 맑다 3 → 13

새벽 (04:00) 일어나 짐 정리, 아침 (05:45) 良과 통화, 발표 준비

아침 (07:00 → 07:35) 1층에서 식사.

上午 (08:20 → 17:30) 발표, 협의 계속. 나는 (09:40 → 10:00)에 발표. 조신건 교수가 통역을 맡아주다.

조신건 교수는 온종일 李大淳 회장 통역을 맡았다.

下午 (17:30 → 19:20) 閉幕式. 주최자 측의 말이 길다. 그래도 교육부 사람들이 내가 발표를 잘했다고 칭찬을 해 주었다. 나는 文盲時代에 必要했던 簡化(体)字가 교육이 보급된 오늘날에는 必要없다고 力說했음

밤 (19:20 → 20:30) 終結 晩餐

밤 (20:40 → 21:00) 호텔로 李元吉 교수 內外가 다녀가다. 良, 岩岩과 통화

밤 (0:30) 짐을 정리하고 겨우 잠들다.

짐이 자꾸 늘어나 하나가 더 많아졌다. 책, 대추, 호두, 茶, 술이다.

2007年 11月 1日(木) 맑음 北京 3 → 13

새벽 (03:00) 에 깨다. (05:30) 良과 통화

아침 (07:30) 아침 식사 후 李大淳 이사장이 먼저 귀국

上午 (08:00 → 12:00 → 13:30) 李應白, 조신건 교수와 兪碩在 기자, 나는 瑠璃廠에 가서 良의 붓과 내 冊 구입, 文洪植 氏와 金彦鐘 교수는 紫禁城 參觀. 空港에 모여 出國手續, 조신건 교수와 이별

下午 (현지 시간 15:45 → 仁川시간 18:40 귀국)

밤 (18:50) 석희가 마중 나왔다. 밤 (21:40) 짐 정리하고 곧 취침

(10)
譯學書學會 國際學術會議, 京都

2011年 7月 29日(金) - 8月 4日(木)

⋮

2011年 7月 29日(金)

下午(14:30 - 17:00) 預定보다 約 1시간 늦게 仁川을 떠나 大阪關西空港着. 1行 11名 京都大淸風會館 到着. 211号室 投宿 二人用을 혼자씀. 그 사이 양과 어진, 한결과 通話(H.P로) 仁川空港에서 朴在淵 교수와 긴 이야기.

밤 숙소 근방 日式식당에서 저녁. 金文京 교수에게 良이 쓴 부채 선사. 석진과 통화(H.P 22:10) 211号室에서 혼자 자다. 大阪 - 京都 사이 車中에서 金周弼 교수와 긴 이야기를 나누다.

2011年 7月 30日(土)

京都大人文科學硏究所 4층 발표장에서 藤本幸夫 교수가 日本茶를. 中國 浙江大 汪維輝 교수가 冊 두 卷을 주다. 京都大中文科 早田昌司 교수도 만나다. 黃文

煥 교수 등이 發表를 잘하다. 점심때 玄幸子 교수와 여러 이야기를 하다. 이번 發表會의 特徵은 中間에 나가는 사람이 하나도 없다는 점이다. 約60명 參席

학회 日程은 다음과 같다.

第3回 譯學書學會 國際學術會議 プログラム
역학서학회 국제학술회의 프로그램

主題: 譯學と譯學書硏究及び朝鮮時代の外國語敎育
역학과 역학서연구 및 조선시대의 외국어교육

日時: 2011年 7月 30日(土) ~ 7月 31日(日)
場所: 日本京都大學 人文科學硏究所 大會議室

2011. 7. 30(土)

開會式 - 9:00 ~ 9:30

司會: 遠藤光曉(青山學院大學)

祝　辭　姜信沆(譯學書學會 顧問)
開會辭　鄭　光(譯學書學會會長)

基調講演 9:30 ~ 10:30

姜信沆(成均館大名譽敎授): 對譯資料 檢討의 어려움(金文京 교수 통역)
鄭　光(高麗大名譽敎授): 『몽고자운』의 파스파 韻尾字와 훈민정음의 終聲〈蒙古

字韻〉のパスパ韻尾字と訓民正音の終聲

第1部 漢學(1) - 10:30 ~ 12:00

司會: 遠藤光曉(青山學院大學)

1. 10:30 ~ 11:00 汪維輝(中國, 浙江大學)

: 〈語錄解〉箚記

2. 11:00 ~ 11:30 朴在淵(韓國, 鮮文大)

: 朝鮮後期筆寫本 漢語會話書 六堂文庫《騎着匹》에 보이는 稀貴語와 借用語에 對하여

3. 11:30 ~ 12:00 金亮鎭(韓國, 高麗大) · 張香實(韓國, 尙志大)

: 〈飜譯朴通事〉의 難解語 —用言類의 唯一例를 中心으로

以下 略

밤(20:00) 석희와 通話
밤(20:30 - 21:00) 간담회(懇親會)가 끝난 뒤 京都大 → 清風會館까지 玄幸子 교수와 同行. 약과와 화장품을 주다. 일찍 就寢

2011年 7月 30日(土) 흐림 20 → 30

새벽(03:00) 일찍 잠이 깨어 06:00 샤워. 施設이 좋다.
아침(06:30) 길에 나가 街路 風景 구경
아침(07:30) 金周弼 교수와 清風會館 근처 빵집에서 빵을 구입해다가 숙소 1층 휴게실에서 세 개씩 먹음
上午(08:30 - 09:00) 金周弼 교수와 걸어서 숙소에서 京都大 人文科學研究所 4층까지 와서 祝辭. 基調 강연.

上午(09:30 – 10:30) 鄭光 교수 등의 發表를 듣다.

森博達 교수, 遠藤光曉 교수, 玄幸子 교수, 藤本幸夫 교수, 金文京 교수, 伊藤英人 교수 등을 만남.

2011年 7月 31日(日)

上午(06:00 – 07:00) 새벽(02:30) 눈이 떠서 여러 생각.

샤워 後 宿舍 근처 한 시간 散策, 고기 덮밥으로 식사(270円)

上午(09:10 ~) 京都大 人文科學硏究所에서 개최된 發表會 參席.

京都産業大 矢放昭文 교수와 인사.

2011年 7月 31日(日) 10:30 – 50

曹瑞炯(中國社會科學院) 氏가 發表한 '老乞大' 관련 論文에 관하여 討論이 많음

7月 31日(日) 11:00 學會 鄭丞惠 교수가 旅費(39,000円)을 주다.

藤本幸夫 · 森博達 교수들과 老乞大 談話者(實際 口述者 問題) 討議

7月 31日(日) 13:00 → 14:00 점심시간을 利用하여 森博達 교수와 古韓音의 正體에 대하여 긴 이야기 交換

7月 31日(日) 15:30 → 16:00 → 18:00

權仁瀚 교수가 제일 充實하게 發表했다.

7月 31日(日) 18:30 → 21:30

저녁 會食(旬彩ダイニング, 602-0822

京都市上京区青龍町218 田辺宗藏跡 Tel. 075-213-3559 (葵匠)

金文京, 福井玲, 森博達 교수들과 긴 이야기.

밤(21:40) 良과 긴 通話, 22:00

2011年 8月 1日(月)

새벽(02:00) 잠이 깨어 身邊 정리. 아직 건강

아침(07:00 – 07:20) 金周弼 교수와 京大 앞 牛丼 집에서 소고기 덮밥 식사

上午(09:00 – 12:00) 玄幸子 교수 車로 天理大 行. 圖書館에서 藤本幸夫 교수를 만나 도서관 참관

낮(12:00 – 13:30) 天理市內에서 玄幸子 교수 부담으로 뱀장어 덮밥, 日本술 등 飽食(淡水店)

2011年 8月 1日(月) 下午

13:30 – 16:00 藤本 교수와 作別하고 셋이서 奈良 法隆寺 參觀, 前처럼 感興이 안 일어나 신기했다.

梁旲淵 교수는 夫人 病患으로 電話로만 인사.

下午(18:00) 玄幸子 교수 車로 清風會館에 도착하여 玄 교수와 作別.

반(19:00) 良과 通話

2011年 8月 2日(火)

새벽(02::30 – 03:30) 잠이 깨어 책을 읽다.

새벽(04:50) 김주필 교수가 준 약을 먹고 겨우 大便(少量) 성공, 짐 정리.

아침(05:30) 메모 정리, 샤워.

2011年 8月 2日(火) 흐림 가끔 비, 덥다. 30度

上午(07:20 - 07:50) 090-8825-4796 豫約한 택시로 宿所 → 京都驛八條口 停留所

洛東 택시 Tel. 592-1112 (1,940円)

玄幸子 교수와 만나 構內식당에서 아침

上午(08:22 → 10:45) Nozomi(ノゾミ)号, 5号間에서 京都 → 東京, 玄 교수와 여러 이야기

上午(11:00) 東京驛八重洲中央口에서 長谷川修平・和美 女士와 會同, 玄 교수와 作別

낮(11:30 - 13:00) 日本橋 皆美에서 셋이 점심, 中央区日本橋1-4-1 コレド日本橋4階, 松江の味 皆美, 또 飽食.

下午(13:30) 셋이 K.K.R에 와서 체크인. 1347號室

8月 3日 아침 식사비까지 13,300円

下午(13:40) 長谷川 氏 內外와 作別. 平山 교수가 전화(17:30에 만나자고)

下午(14:00 - 15:00) 세수하고 혼자 神田까지 갔으나 CD 구매 失敗.

2011年 8月 2日(火) 17:30 - 19:40

저녁 平山久雄 선생, 古屋昭弘 교수, 萱野裕臣 교수와 神田神保町 오래된 맥줏집에서 회식, 談話. 有益한 회식이었다.

2011年 8月 2日(火) 19:50, 良・한결과 通話

2011年 8月 3日(水) 새벽 12:30에 잠이 깨다.

새벽 05:00 다시 기상, 짐을 정리

05:30 – 06:00 호텔 근처 산책

2011年 8月 3日(水) 10:00 → 12:00 너무 더워 KKR 호텔 로비에서 平山久雄 교수를 기다려 紅蔘(600g)을 전달하고 호텔에 짐을 맡기다.

8月 3日 正午. 平山 교수內外와 점심 뒤 셋이서 電鐵로 湯河原溫泉行(上野屋旅館 333號室 0465-62-2155)

저녁 후 海邊가에서 불꽃놀이 참관(이 자리에서 良과 平山 교수 內外가 H·P로 통화)

2011年 8月 4日(木) 새벽 5시 半 목욕

上午(08:00) 아침식사 뒤 東京行. 有樂町 山野樂器(中央区銀座4-5-6, 03-3562-5051)에서 CD 구입.

三越 12층 中食집에서 점심, 맞은 便 서점에서 良 冊(李商隱) 구입. 택시로 셋이 KKR行, 작별. 15:00 野間秀樹 교수와 羽田行. 15:50 → 18:00 긴 이야기

밤(20:15 – 22:15 – 23:50) Asiana(oz 1035)로 귀국. 金浦에서 良·석희·한결과 귀가

2011年 8월 5日(金) 05:00 기상. 上午中 여행짐 등 정리.

二.

AKSE(在歐韓國學會)

(1)

AKSE(在歐韓國學會), Bochum, 西獨

1986年 4月 4日(金) - 4月 21日(月)

⋮

招請者 同上學會

被招請者 姜信沆(국어학) 成大, 李成茂(국사) 精神硏, 韓基斗(佛敎) 圓光大

其他 參加者 成耆說(仁荷大 국문학), 康宇哲(梨大 敎育學)

朴日在(韓國學術振興財團 理事長), 同 隨行員

日程

1986年 4月 4日(金) KAL 서울 發(金浦) 19:40 모든 一行이 함께 出發함

旅程

金浦 19:40 발(發) KAL 747 잠보(300餘名 乘)

7時間 半만에 美國 앵커레지 國際空港着(現地 시간, 4日 8時 半) 1時間 休息 後 현지

시간 9時 半(한국 시간 5日 아침 5時) 出發, 巴里 空港 出發. 一行은 巴里에서 헤어짐.
1時間後 西獨 Düsseldorf 空港着. 1時間 가량 休息後 9時 25分(伯林 時間)에 空港着.
마중나온 사위 尹炯植과 次女 석란, 둘째 外孫女 다솜과 相逢. 3年여만임
次女들 숙소인 Tirschenreuther Ring 20, 1000 Berlin 48, W- Germany에서 쉬다.
방 둘, 부엌, 응접실, 욕실이 갖추어진, 한국이면 中流級 Apart, 이곳에서는 庶民用

1986年 4月 6日(日) 새벽에

伯林은 쓸쓸한 도시다. 기운이 없고 老人과 他國人들만이 득실거리는 都市다.

1986年 4月 7日(月) 낮에 날씨 흐리고 바람이 차다.

西伯林이라는 특수지역인 탓도 있겠지만 이곳에서 生氣없이 살고 있는 사람들에 관해서 깊이 생각해 보았다.
古物市場에 모여든 群衆들, 人種展示場 같은 各種 人種들, 여러 民族으로 形成되어 있는 불쌍한 서커스 團員들, 그 속의 動物들(코끼리, 호랑이), 텅텅 빈 地下鐵, 할머니 驛務員들, 젊은이라고는 없는 길거리, 水準이 높아 보이지 않는 주민들, 모든 것이 우리를 깊은 생각에 잠기게 한다.
亡命者, 勞務者 出身인 듯한 中東人들, 옆에 있기에도 무섭다.
그런데도 이곳에서 공부하고 있는 우리집 딸들, 사위 外孫女, 그리고 잠시 硏究하러 와 있는 아우 信澤, 이곳에서 往年의 大伯林의 학문을 傳受 받을 수 있는 것인가?
앞으로도 5年, 이곳과 인연을 맺고 살아야 될 우리 가정으로서는 모든 일이 예사일로 보이지 않는다.
伯林이 安全하고 영광된 곳이 되기를 빌 뿐이다. 이곳에서는 우리는 두 外孫女

를 보았다.

歷史的으로 유서 깊은 이 古都에서, 나는 여러 가시를 생각해 본다.

人類의 平和만이 우리의 소망이요 살 길이다. 불쌍한 亡命者, 流浪人들에게 자비를 베푸소서!

한인 성당에 가서 미사를 올리며 꿈인지 생시인지 모르는 현실을 생각하면서 기도를 드렸다.

1986年 4月 8日(火) 흐림

사위(尹炯植)와 Berlin에서 Bochum으로 오다.

錫姬와 셋이서 Berlin 驛으로 와서, 근처에 있는 Berlin 예술大學 Organ科에 들려 記念 사진을 찍고, 사위와 둘이서 驛 근처를 구경한 다음 Berlin 驛發 10時 53分 特急車로 Bochum으로 왔다. Bochum 驛着 下午 5時 20分. 車費 往復이 25% 割引하여 152마르크(約 6万 원)

驛 앞의 ARCADE 호텔 226號室에서 짐을 풀고 마중 나온 金鎭權 석사들과 談笑 後 在歐韓國學會 리셉션 장으로 가, 술과 저녁 그리고 여러 學者를 만나다.

새벽에 良에게 電話하고, 아침에 成大 교무처장 趙寬洙 교수에게 인사 電話를 했더니 校內가 한참 데모 中이라고 해서 온종일 우울했다. 어느 때에 가서야 마음 놓고 外國學會에 나갈 수 있을 것인지?

巴里의 李玉 교수, 美國의 朴異汶 교수, 成大의 兪萬根 교수, 서울大의 李相億 교수 등을 만났으며, 미국의 Henderson(하버드大), 김성하 氏 內外 분, 기타 여러 분을 만났다.

SASSE 교수에게 선물하고 高永根 교수의 冊도 전달했다.

하필이면 내가 1번 發表者가 되고 계속 여러 차례의 討論者로 지정되어 잠을 잘 수 없게 되었다.

1986年 4月 8日(火) 下午

등록

여러 곳에서 모여든 한국학 학자들이 Bochum 市 역전 Arcade 호텔 로비에서 등록들을 했다. 80여명이 모였다. 나는 226호실에 짐을 풀었다.

회장 아이케마이어 교수(역사 · 민족)의 개회선언에 이어, 주최 측 Bochum 대학교 부총장의 환영사가 있었고, 한국대사의 인사말(대독), 한국 한술진흥재단 박일재 이사장의 축사가 있었다. 계속해서 칵테일 파티와 저녁식사가 있었으나, 다음날 행사를 생각하니 좀처럼 먹을 수가 없었다.

빨리 저녁을 끝내고 방에 돌아가, 다음날 발표나 토론 때 말할 준비를 하였다. 하필이면 구라파에서 개최되는 학회에 처음 참가하는 나를 제 일번 발표자, 그리고 다음 발표자들의 토론자로 지정하여, 첫날부터 잔뜩 긴장하게 만들었다.

밤늦게 잠자리에 들었으나, 새벽 3시에는 벌써 잠이 깨었다. 다시 한 번 발표 내용을 복습하고, 여섯 시가 되자 목욕을 깨끗이 한 다음 모든 옷을 완전히 새 옷으로 갈아입고, 무사히 오늘 하루를 보낼 수 있도록 기도를 하였으나 가슴이 뛰기 시작했다.

발표 시간이 가까워 오니 더욱 가슴이 뛰었다. 호텔 안의 집회실에 마련된 발표석에 앉아 눈을 지그시 감고 기도를 드리고 있는데, 사회자가 소개를 하고 드디어 내가 일어서게 되었다.

8시 50分까지 가슴이 울렁거린다. 유럽 70名의 학자들 앞에서 창피를 당하지 말아야 한다.

9時 10分부터 發表要旨는 英文으로 나누어 주고, 발표는 우리말로 하였다.

10여 개국에서 온 한국학 학자들이, 제 일번 발표자를 궁금한 눈으로 바라보고 있는 것을 느끼면서, 우리말로 대학에서 강의하듯 천천히, 그리고 소리 높여 40分간의 발표를 끝냈다.

내 논문에 대한 토론자로 지정된 영국의 Skillend 교수가 점잖게 내 발표 내용에 대한 자기 의견을 영어로 말하고 내가 우리말로 대답을 하였다. 청중석에서는

SASSE 교수와 朴異汶 교수가 큰 호응을 해 주었다.

한 시간 반만큼 갖게 된 휴식 시간에, 여러 학자들이 내 주위에 모여들어, 처음으로 재미있는 이야기를 잘 들었다고 칭찬들을 해 주었다. 특히 동구권 학자들이 국경을 넘어 학문에 관한 말을 해 주었다.

5박 6일 동안 새벽부터 밤늦게까지 계속적으로 진행되는 행사에서 서로 자주 만나게 되니 저절로 情들이 들게 되었다.

저녁 행사가 끝나면, 누가 권한 것도 아닌데 저절로 호텔 내 휴게실에 학자들이 모여 앉아 잡담을 나누게 되었는데, 화제는 자연히 「우리 것」에 관한 연구 현황을 많이 이야기하게 되었다. 그러다가 각자가 가지고 온 제 나라 술과 담배로 밤늦게까지 즉석 파티를 하게 되어, 여러 나라 술을 맛볼 수가 있었고 나는 우리 홍삼차를 나누어 주었다. 그런데 한결같은 소원이 김치를 맛보고 싶다는 것이었다. 그래서 하루 밤은 유학생(성대 국문과 졸, 보쿰대에서 언어학 연구중인 김진권 석사) 집에 있는 김치를 총동원하여 내가 마련한 술을 가지고 다음날 새벽 2시까지 30여 명의 학자들이 김치파티를 즐겼다.

발표 제 3일째인 11일에는 시내의 Bochum 大學校를 참관하고, 밤에는 延邊지구(延吉市)에 유학중인 독일 학생의 보고와 슬라이드를 감상하였다.

서양 사람은 한국어로 발표하고, 한국 사람은 英語로 발표하고,

한국어가 共通語로 쓰이고 유럽 사람의 모임에 한국어로 토론하고 신기한 학회다.

발표 시간은 발표와 토론을 합해도 한 사람 45分이었다.

여러 한국 학자들도 잘했다고 평하여 주었고, 미국의 Henderson 교수들도 칭찬했다. Tschechoslowakei의 Pucek 교수도 좋게 말하며 自己도 노어로 된 자료를 주겠다고 말했다. 나의 發表 제목은 **현대한국어의 변화**

내가 맡은 討論도 잘 끝났다. 그러나 12日의 다섯 차례 討論이 남아 있다.

尹烔植 군과 金鎭權 군이 잘 도와주고 있다. 밤 12시 25分에 良에게 電話하러 내려갔다가 로비에서 各國 학자들한테 붙들리어, 밤늦도록까지 이야기하다 왔다. 실로 이상한 인연으로 해서 국제적인 학자들과 사귀게 되었다.

1986年 4月 11日(金) 아침에

어제도 無事히 보냈다.
우연히 나이도 전공도 같은 꼰체비치(소련) 교수를 만나 온종일 훈민정음, 漢字音 관계 이야기를 나누었다.
저녁에는 外國학자들이 하도 김치를 소원하기에 金鎭權 군 집에 있는 김치를 총동원하여, 20여명의 학자들이 새벽 2시까지 술자리를 함께 하였다. 김치, 멸치가 최고로 人氣가 좋았고, 러시아 술을 비롯하여 체코의 과자, 헝가리 술, 소련의 과자, 돼지고기 등 여러 나라의 술과 안주가 나오고 이야기는 끝이 없었다.
이 학회에 온 학자들은 모두 순진하였고, 모두들 「우리 것」을 좋아하였고, 서로 조심들을 하였다.
내가 가지고 간 冊과 논문을 꼰체비치 교수, 부첵(체코) 교수, 오스트리아 교수, FABREG(佛), Skillend 교수(英)들에게 나누어 주었다. 冊을 조금가지고 간 것이 뉘우쳐질 뿐이다.
Heidelberg 市에 살고 있고 吳光祐 교수(成大 통계학과 교수, 서울고 8回)가 일부러 4시간이나 걸리는 이 곳 Bochum으로 나를 보러 왔다가 갔다. 참으로 고마운 일이다. 우리 담배 아리랑 몇 각을 주었다. 형식이와 이야기를 많이 나누었다.

〈참고〉

Association for Korean Studies in Europe

10th Conference, Bochum/FRG, 8-13. 4. 1986.

PROGRAM

Tuesday, 8th

18:30 reception hosted by His Excellency the Ambassador of the Republic of Korea

Wednesday, 9th

6:30-9:00 BREAKFAST

9:00-10:30 Chair: Lewin, Discussant: Skillend

Kang Sinhang(강신항): 현대국어의 변화에 대하여

Yi Hyŏnbok(이현복): On the speech Rhythm of standard Korean(표준한국어의 리듬)

10:30-11:00 COFFEE BREAK

11:00-12:30 Chair: Lewin, Discussant: Kang Sinhang

Hansa yu Mahn Gunn(유만근): Phonetic/Prosodic Transcription of Korean in the Roman Alphabet

Lee Sang-Oak(이상옥): Vowel Harmony in Hyangga?(향가의 모음조화에 대하여)

13:00 LUNCH

14:30-16:00 Chair: Vos, Discussant: Walraven

Coyaud: Le Conte de Khongcwi et Pathcwi et sa place parmi les diverses histoires de cendrillons (민속 역사 콩쥐와 팥쥐)

Melanowicz: spiritual Forces and Reality.

Han Malsuk and her Novel Hymn of the Spirit(韓末淑 小說)

16:00-16:30 COFFEE BREAK

Friday, 11th

6:30-9:00 BREAKFAST

9:00-10:30 Chair: Provien, Discussant: Rentner

Ogarek-Czoj: the Autobiographical Elements in the Novel "Pom"(이기녕의 '봄'에 대하여)

Kim Chung Sil(김정실): 한, 영, 불 역사소설의 비교문학적 고찰

10:30-11:00 COFFEE BREAK

11:00-12:40 Chair: Provien, Discussant: Vos

Rentner, 동독: 朴仁老 太平詞의 平和와 전쟁 문제에 대하여

Pucek: New Editions of Korean Traditional Style Popular Novels(kodae sosŏl) in the DPRK(북한에서의 고대소설 신 편집)

Fendler: Korean Literature published in Hungary after 1945(1945년 이후 헝가리에서 출판된 한국 문학 작품)

13:00 LUNCH

14:40-20:00

上午의 發表에 이어, 下午에는 Bochum大 참관, 한국학부 도서실도 구경, 모두들 열심히 하고 있는 듯이 보였다. 그러나 國力이 어디를 가나 實感나게 느껴졌다.

저녁에는 金鎭權 군 집에 가서 成耆說 교수와 함께 김군이 지은 밥을 잘 먹고 왔다.

1986年 4月 11日(金)

뒤이어 8시부터 다시 속개된 발표에 참석, 延吉市에 다녀온 Hoffman 氏 슬라이드 上映도 있었다.

20:00 Henderson: Korea's Traditional Military: Old Territory – New Hypothesis

(한국의 古代 軍制에 대하여)

Hoffmann: The Korean Minority in China and the their cultural Life(中國 內 韓國 少數 民族과 그들의 文化生活)

Saturday, 12th

6:30-9:00 BREAKFAST

9:00-9:45 Guillemoz: Une adolescente chamane: Chang Hyoggyŏng(下月谷洞 무당 장효경에 대하여)

제단에 바쳐진 洋酒와 洋煙이 인상적이었다. 슬라이드 사용.

Nikitina: The Myth of the Archer(神話) - Sun and two Masters(of the water and of the Earth) 소련人

점잖고 品位가 있어 보인다. 천천히 영어 논문을 읽다.

11:00-12:30 Chair: Rosén, Discussant: Kang Woo-chol

Dzoj, mia za: 조선 폴란드인들의 접촉 관계

Hagenhoff: Deutsch-Koreanische Beziehungen 1887-1936(1881-1936 사이의 한독 관계)

韓基斗 교수: Anti-Buddism at the End of Konyŏ Dydasty(麗末의 抑佛에 대하여)

要點이 必要? 청중이 半으로 줄다.

W.S. Roske-Cho Heiderberg의 獨人 夫人, 한국의 연군시(戀君詩), 요약은 獨文, 發表는 英文

13:00 LUNCH

CHANGES IN THE PROGRAM

Wednesday, 9th

16:30-18:00 Chair: Vos,

Yi Song-Mu(이성무): 韓鮮 初期 奴婢 從母法과 從父法

Bouchez: Kim Manjung et le Sanguo zhi(金萬重과 三國志)

Thursday, 11th

11:00-11:45 Chair: Provine, Discussant: Vos

Fabre: Expressing Cause in Korean: Sō, nikka, nūnde, nūrago ttaemun-e(-서, -니까, -는데, -느라고, - 때문에, -에 대하여)

Saturday, 12th

9:45-10:30 Chair: Dege

16:30-18:10 Chair: Cherry, Discussant: Kang Sinhang

Skillend: Korean language Teaching and Korean Studies(한국어 교육 및 한국학 연구의 문제점)

Zhi, Mirije: Perception of Korean Plosives(한국어의 파열음에 대한 음향실험학적연구)

내일을 위하여 조용히 공부했다.

내일 下午에는 내가 줄곧 4시간 동안이나 토론을 하게 되어 준비를 단단히 해야 한다.

국내학자들 가운데, 외국인에게 失望을 주는 학자들도 있는듯했다.

다음 해에는 Sweden에서 Rosen 교수 主催(간사)로 이 학회를 연다고 한다.

1986年 4月 12日(土)

드디어 無事히 마친 학회

上午 中의 發表에 이어, 下午에는 내가 다섯 논문 발표에 대한 토론자로 指定되어 있어서, 여러 학자들의 발표에 참여하였다.

먼저 꼰체비치(소) 교수의 훈민정음 內 用語 해설을 가지고 큰 意見 對立이 있었는데, 彼此의 誤解도 있었던 것 같다.

그런데 한참 토론을 하고 있는데 스웨덴의 조성복 氏가 고만 中斷하라고 해서 몹시도 不快했었다.

英國의 Skillend 교수의 발표에서는 한국어 교육의 어려움을 말하고, 우리나라 학계가 정비되지 않은 듯이 말해서, 80年 이후 지금 추진하고 있는 5大 어문정책에 관해 여러 학자들에게 자세히 설명해 주었다.

저녁에는 弱小 국가(폴란드, 체코, 동독 등)와 기타 영국 등 몇 나라 학자들 17명이 丘冀星 교수(在 Bonn 한국문화연구소소장)의 주선으로 맥줏집에 가서 밤늦게까지 민요를 부르며 하룻밤을 즐겼다.

새벽 3시(13日)에나 잠자리에 들 수 있었다.

이곳 主催側에서 자기네들끼리 저녁 만찬에 간 것에 대한 일부 교수들의 분풀이가 있었으나 나는 하나도 介意치 않는다.

1986年 4月 13日(日) 오래간만에 맑다. 눈

학회 미지막 날

아침 식사 때 독일의 SASSE 氏(현 간사), 佛의 Bouches 씨(다음 회장) 등이 와서 어제 저녁 초대 못한 것을 사과한다. 오히려 멋쩍게 일이 벌어지고 말았다.

11시가 되어 車 시간 관계로 우리가 떠나는데 소련, 헝가리, 체코 학자들이 이별을 몹시도 서운해 했다. 그러면서 다시 만나기를 다짐했다.
학문에는 국경과 사상이 없는 것인가?

어제 下午에는 서독에 공부하러 와 있는 盧夏德 군 內外(成大 국문과 졸)가 기차를 네 시간이나 타고 일부러 찾아 왔었다. 그러나 시간 관계로 내가 자주 만나지 못하고, 몇 10분만에 헤어진 것이 아쉽다.

13日 11시, Bochum Arcade Hotel을 나와, 형식 군, 成 교수와 함께 다시 Berlin에 와서, 석란이 집에서 묵었다. 이곳에 연구하러 온 信澤이도 만나 밤늦게까지 이야기했다.

Bochum에서 Berlin까지 6시간 半, 경치는 平野와 森林(平地林)의 연속으로, 퍽 단조로웠다. 사람 모습을 볼 수 없었고, 民家는 터를 넓게, 대지 속에 자리를 잡고 있었다. 이 中에서도 동독의 음울한 경치를 잊을 수가 없다.

1986年 4月 14日(月) 맑다 但 쌀쌀

伯林市 관광
새벽에 良에게 전화하고(사실은 이곳 시간 13日 밤 9시 半, 한국 14日 새벽 4시 半), 아침을 먹은 後 伯林市를 구경하였다.
一行은 成 교수, 信澤, 형식, 석란, 석희, 나. 이렇게 여섯이었다. 한국인 여섯이 Berlin市 한복판을 함께 걷는 일은 극히 드문 일일 것이다.
먼저 驛 근처 敎會를 참관하고, 東西獨 경계인 「건너오지 않는 다리」를 보고, 이어서 前 독일 국회의사당과 東西Berlin 경계선의 담을 참관하였다. 望樓에서 바라보는 東西Berlin市街의 모습이 음울하였으나, 東. 西歐內에서 英國보다 더 잘 산다고 하니, 독일人들의 意志를 보는 듯하였다. 鐵道·地下鐵도 共營하는 것이 있었고, 西獨이 東獨에다 경제 원조를 하는 민족들이다.

점심을 驛前 泰東(中國 음식집)에서 푸짐하게 먹고(150마르크 – 한국 돈 약 6만 원), 근처의 백화점을 구경한 다음 석란이네 집으로 돌아왔다. 세계 제일 규모의 百貨店이었다는데, 사람은 별로 없었으나 물건들은 모두 高價品인 데다가 값이 엄청나게 비쌌었다.

아이 둘을 키우면서 공부하겠다고 발버둥치고 있는 석란이가 가엾기 그지없다. 꽃방실이 怜悧하고, 다솜이도 귀여워서 多幸이다. 모두 잘 되기만을 빌 뿐이다.

1986年 4月 15日(火) 아침에 가랑비, 낮에는 햇볕

여러 博物館 참관

먼저 Berlin 自由대학을 참관하였다. 自己 하고 싶은 대로 하고, 학생들도 공부를 자기가 골라서 하는 方式이었다. 규제가 없으니 좋지만 또 放縱에 흐를 수 있는 餘地도 많은 制度다.

大學 근방의 國立中央博物館을 참관하였을 때 世界 到處에서 무지하게 收集해 온 것을 알 수 있었는데, 한국 것은 극히 적었고, 中國, 인도, 아프리카, 인도네시아 것들이 수없이 많았다. 民俗 박물관도 겸하고 있었다.

점심을 成 교수 好意로 伊太利 음식점에서 포식들을 하고, 공부하러 갈 사람은 공부하러 보내고, 석희와 信澤, 成 교수, 나 이렇게 넷이서, Egypt 박물관과 Berlin 郊外의 옛 城(지금은 박물관)을 구경하였다. 규모가 컸었고 庭園이 넓고 아름다웠다.

귀로에 Berlin 역전에서 中東人들의 데모와 이를 후원하는 학생들의 데모를 보았다. 사전에 계출하고, 경찰은 삼엄하게 경계하는 데모였다. 기관단총을 멘 수많은 경찰이 인상적이었다.

1986年 4月 16日(水) 맑다

눈물로 헤어진 Berlin 공항

자식들을 떼 놓고 떠나야 하는 아비의 가슴이 찢어질 듯이 아팠다. 특히 석희를 혼자 두고 오는 아비의 가슴은 미어질 뿐이었다.

血肉이 무엇인지 外孫女들과 헤어지기 싫어 일부러 外面만 해야 하는 外祖父.

信澤이, 형식, 석란이, 꽃방실, 다솜, 석희의 餞送을 받으며 成 교수와 함께 Berlin을 떠나, zürich를 거쳐 Rome로 왔다.

下午 4시 出發, 5시 25分에 zürich着, 6시 50分에 zürich 出發, 8時 15分에 Rome着, 한군데에서도 짐 조사가 없었고, Rome에서만 旅券 조사가 있었다. 요새 美國과 리비아가 충돌을 해서 몸수색은 요란했다. 安全한 것은 좋은 것이다.

Rome 空港에 김종수 神父님이 나오셔서, 숙소를 교황청 근방에 잡아 주시고, 밤길 안내까지 해 주셨다. 제일 먼저 교황청 광장으로 안내해 주셔서 하느님께 감사한다.

修女院에서 경영하는 숙소가 너무나도 깨끗하다. 모든 것이 고맙다.

숙소 이름은 Procura Generale

Suore Missionavie Pallottine 00165 ROMA

Viale Delle Mura Aurelie 7/B

Telef 63.56.97. 63.74.679

1986年 4月 18日 새벽에

巨大한 古蹟의 都市 ROMA

새벽에 석희·석란에게 눈물 젖은 편지를 썼다. 이별이란 이렇게도 괴로운 것인가!

아침 食事를 숙소에서 하다. 이곳 아가씨들이 모두 美人이다.

9시부터 김종수 神父님 車와 案內로 Roma 古蹟을 온 종일 參觀했다.

교황청 박물관, 교황청 피에로 聖堂(총 本部 聖堂), 역대 교황의 무덤을 참관하고, milano行 기차를 침대차(18日 저녁 23시 出發, milano 19일 아침 8時 15分 도착)로 예약한 다음 伊太利 점심, HOSTARIA ROMANA TRASTEVRINA Capo de Fero(Telf, 58,18,038, Roma via .S..(Cosimato 16)에서 3人分 7萬 5千 리라(한국 돈 6만 원)로 하다. 박물관 入場料는 7千 리라(한화 4천 원 가까움)였다. 주차료는 2千 리라.

식당 근방의 로마市 뒷골목을 구경하고 다시 여러 巨大한 遺蹟들을 참관했다.

몇 千年 前부터 이곳 사람들은 豐富한 大理石을 가지고 雄壯한 建物을 높고 크게 數萬, 數千 채 建立해 놓고, 서로 죽이고 물어뜯는 生活을 계속해 온 듯이 보였다.

이것을 보려고 수백만의 관광객이, 이곳 市民들과 뒤섞이어 정신을 잃고, 모두들 들뜬 生活들을 누리고 있는 듯하다. 거리마다 人波로 뒤덮여 있어서 죽음의 都市인 Berlin과는 대조적이다.

17日 下午에 석희, 석란이와 電話하고, 世界 最古의 아이스크림 本鋪에서 아이스크림도 먹고, 저녁은 「레스또랑 한이, RISTORANTE COREANO HANI, ROMA, BORGO ANGELICO 26. TEL 6547551/316268」에서 육계장을 비싸게(1人분 14,000리라, 맥주 한 병, 물 한 병 총계 58,000리라) 먹고 9시에 숙소로 돌아왔다.

모든 物價가 비싸고(우산 하나에 28,000리라) 百貨店이 없는 市街가 기이했다.

古蹟이 모든 分野에서 그대로 保存되어 있고, 軍警들이 君臨하지 않는 것은 독일과 마찬가지였다. 길거리 교통순경은 한 군데에서만 춤추듯 즐겁게 손을 놀리고 있었다.

경치는 台灣의 3月頃 風景이었고, 南國에 속하는 듯, 사람들은 人情이 있어 보였다.

남을 보면 우리 생각을 하게 된다. 이 巨大한 大理石 文化 앞에, 우리의 木材文化를 어떻게 保存시킬 것인지!

밤마다 어머님, 아버님께서 돌아가신 꿈을 자주 꾼다. 웬일일까? 하루가 급하게 良이 보고 싶고 그립다.
良이라는 훌륭한 女人을 만나 一生을 福에 넘쳐 살고 있는 나는 果然 그만큼 훌륭한 남편인지, 여러 성당, 유적을 보면서 깊이 생각해 보았다. 良과 함께 못 온 것이 아쉽다.

1986年 4月 19日(土) 낮 3시 20分 Milano에서 zürich行 急行 一等칸 96号席에서 씀.

오늘이 4月 19日(土)
4月 18日 밤 11시 40分發 ROMA → Milano行 寢台車에서(33号칸 82号席 6人用 침대 中 1) 새벽(한국시간 19日 午後 2시경)에 꿈을 꾸니, 良과 함께 惠化洞을 가는데 成大 학생들이 마구 붙잡는다. 多幸히 옆에 戰警이 있어서 소리 질렀더니 꿈이었다.
2年生들(理2系)이 전방경계 훈련이 갔다가 귀곳길에 데모를 한 것인가?

4月 18日 上午 中에 바오로 聖堂, 바오로 使徒의 殉敎地 등을 방문하고 바로 옆에 있는 「작은 姉妹의 修女會」 총본부에 가서 한국에서 오신 분 네 분과, 한국에 다녀오신 西洋 修女님들을 만나 뵈었다. 또 그곳 生活相도 설명들었다.
가장 聖스럽게 사는 분들이다.
下午에 韓宮樓에서 中國 음식으로 점심하고, 金종수 神父님 숙소에서 쉰 다음 저녁을 純伊太利식으로 하고 11시 40分에 야간 列車로 ROMA를 떠나 Milano에 왔다.
저녁식사 때 무엇인지 잘못 깨물어 밤새도록 이가 쑤시고 골이 쑤셔서 밤을 그대로 새웠다.

19日 아침, 車中에서 바라다본 伊太利 北部 大平野 地域의 농가 風景은 독일과

는 달리 정리가 안 된 것은 그대로 농가답게 놔두고 있는 것이 눈에 띄었다.
독일 농가는 농가답지 않게 너무나도 잘 정리되어 있다.
伊太利 농촌도 완전히 기계化되어 있다. 아마도 밭을 平地化했을 것이다.
아침 8시 15分, Milano 驛에 조철오 氏(成大 국문과 조만호 군 季氏, 제노바에서 漢醫 개업 中) 內外가 우리 둘을 맞이하여 주었다.
조 氏 車로 市內와 Milano 성당을 참관하고 때마침 平和的으로 進行되고 있는 反美 학생 데모(이곳은 허가 받고, 허가 받은 시간과 장소에서만 데모를 한단다)도 구경하였다.
점심을 中國집에서 北京式으로 하고, zürich行 特急 國際線 안에서 이 글을 쓰고 있다.

西歐에서는 모든 車에 改札 · 集札이 없다. 17分 늦게 15시 40分에 車가 出發하였다. Berlin 市內버스만 들어갈 때 사거나 보여주거나 하였는데, 票 하나 가지고 2시간 以內면 地下鐵과 市內버스 표가 그대로 通用될 수 있었다. 伊太利도 타고 오를 때 보는 사람이 없다. 다만 不時 검문에 걸리면 1個月分을 벌금으로 내야 한다고 한다.
믿는 사회, 自律的으로 움직이는 사회. 그리고 老人 노동자가 운송기관에 많이 근무하는 것이 西歐 社會다.

1986年 4月 20日(日) 아침에 비, Zürich NOVA-Park Hotel 2210号室에서

19日저녁 zürich 驛에 8시 10分에 到着하여 趙萬鎬 군의 兄(外交官, 세네갈 근무 中에서 本部로 轉補中) 가족 一行 4名과, 조철호 氏 內外, 成 교수와 市內 한식점 고려정에서 저녁식사 대접을 받고, 그때 호텔을 알선해 준 여행업자 김씨가 놓고 간 볼펜으로 이 글을 20日 아침에 쓰고 있다.
모든 것이 無事히 끝나서 多幸이나 늘 학교와 故國 소식이 걱정이다. 成 교수가

모두 잊어버리라고 하나 꿈자리가 늘 뒤숭숭하다.
歐洲 旅行 17日 동안에 늘어난 것은 連日 고기와 빠다를 먹어서 아랫배가 불어난 것뿐이다. 귀국하거들랑 빨리 살을 빼야 되겠다.
스위스 식당에서 서울고 出身을 만났다. 어디를 가나 한국 사람들이 뛰고 있다. 극성스럽게 잘 되어갈 것이다. 정치만 더 명랑해진다면.
남의 볼펜으로 쓰는 글씨가 좋지 않다. 그림으로 보는 各國의 名勝地가 實地로 와보면 별것이 아니다. 우리도 잘 가꾸고 잘 살아보아야 한다. 열심히 살 수밖에 없다.
歐洲의 地方都市는 고르게 발달되어 있다. 우리 시골도 잘 가꾸어야 한다.
이제부터는 日本에서 발표할 內容을 준비해야 한다. 1986年은 긴장의 한해다.

1986年 4月 20日(日) 下午 7시 45分(제다 出發 離陸) 유럽 시간.

한국 시간 1986年 4月 21日(月) 새벽 1시 45分, 몹시 흔들린다.

4月 20日 11시 55分, zürich 洪 支店長의 好意로 2等席(Business class) 5H号 자리로 옮겨 앉고, 비가 오락가락 하는 zürich를 떠났다.
4시간여만에 제다 도착.
1시간 45分을 앉혀놓고, 청소하다.
뒷자리에 앉은 두 독일인이 줄곧 떠들며 오더니 이륙시간을 안 지켰다고 승무원에게 덤벼들다.
유럽人은 모두 그런 것이다.
祖父母 덕에 잘 먹고 잘 사는 현재의 30, 40代들이 무책임하게 살면서 제멋대로 떠드는 것이 西歐다.
우리가 정신차려야 한다.
가는 곳마다 당하는 無視 · 蔑視! 이가 갈린다.
우리도 잘 할 수 있다.

우리 것을 잘 지켜야 한다. 그리고 世界 속에서 놀아야 한다.

이번에 良과 함께 못 온 것이 뉘우쳐진다. 내가 어리석었던 것이다. 꾀를 못 내었던 것이다. 어리석은 者다. 나는 良에게 미안하다. 보고 싶다. 10여 시간 남았다.

1986年 4月 21日(月) 아침 5時 24分(태국 시간 3시 24分)

제나 → 방콕行機上에서

2등(Business class)과 3등(Economy class) 화장실이 초만원이어서, 남들이 하는 대로 1등칸 화장실에 갔다가, 아니나 다를까 여자 승무원에게 핀잔을 듣고 보니 17日간 무사히 보내온 旅行이, 끝판에 와서 完全히 기분을 잡치고 말았다.

그 사이 KAL 승무원들에 품고 있던 감사와 호감이 이 일로 해서 와르르 무너지고 말았다. 勿論 내가 잘못이지만, 사람이란 正色을 한 女人에게 무안을 당하고 보니, 제 잘못은 덮어 주고, 규정 위반도 잊어버린 채 화부터 나는 것이다.

이번 여행은 정말로 한 번도 무안을 당하지 않고 영광스럽게 지내온 여행이었다. 그런 일이 이 일로 해서 무참히 무너지고 말았다.

男子 승무원과 2등칸 女승무원이 상냥하게 해 주어서 多幸이다마는 決코 유쾌한 추억거리가 될 수는 없다.

機上에서 李成茂 교수와 여러 이야기를 했다. 이 교수와는 zürich에서 合流했었다.

국제학술회의도 參席에 의의가 있는 것이 아니라, 국내에서의 학문 向上이 우선 앞서야 한다.

때가 늦었지만 우리는 努力해야 한다.

1986年 4月 21日(月) 下午 2시 5分(한국 시간)

Bangkok 寄着

21日 아침 9시着(현지 시간 7시) 10시 半 出發(한국 시간 12시 半)
보통 때보다 한 시간 늦다.
김포 공항에서 大統領 西歐 巡訪 귀국(3시 半 도착) 행사로 늦는다.

방콕에 到着하기 前에 機內에서 영화가 있었는데, 영화가 끝난 뒤 일등 칸 아가씨가 와서 영화를 잘 보았느냐고 한다.
이 한마디에 모든 화가 풀려서 내릴 때 기상 근무원들이 巴里 갈 때와 제다 → 방콕 간에서 잘해 주어서 고맙다고 편지를 써 주었다.
모두 고마운 일이다.

방콕 空港은 무덥고 從業員들이 矮小하여 더 빈곤하고 빈약하게 보였다. 가는 方向이 反對였더라면 이렇게 느끼지는 않았을 것이다.
後進國과 弱小國은 왜 이렇게도 늘 서러운 것인가?
국가라고 세워놓고 사람들이 살고 있는 것이 꼭 장난하는 것 같이만 느껴진다.

4月 4日 以後 旅行中 건강에 이상은 없었으나 連日 好食에 배가 나오고 머리가 늘 띵하여 공포증에 사로잡혀 있고, 이(齒)는 아직도 아프다.

1986年 4月 21日(月) 下午 4시 23分(한국 시간)

귀국 시간이 다가오니
귀국 시간이 다가오니 서울의 가족을 만난다는 기쁨보다도 자꾸 눈물이 나는 것은 무슨 이유일까?
Berlin에 놓고 온 식구들, 특히 석희의 외로움을 생각하니 가슴이 찢어질 듯이 아프다. 그 음침한 숙소에서 혼자 잠을 자려니 얼마나 외롭고 무섭고 쓸쓸할까?
음악을 위하여 굳세게 살고 있고, 여러 사람의 사랑을 받고 있지만, 정말 외로울 것이다.

외로움을 못 이기는 꽃방실도 잊을 수가 없다. 不滿을 말할 수 없어서 고릴라처럼 소리만 지르던 다솜이도 잊을 수 없다.
모두 다 잘 되기만을 빈다. 석란이 고생은 말이 아니나 훌륭하게 살고 있어 마음이 든든하다.

가슴이 가끔 답답하고 아프다. 너무 아랫배가 살이 쪄서 그런 것이다. 우선 살을 빼야 한다.

이번에 生活습관이 다른 사람과 여행한다는 것이 얼마나 힘든 일인가 하는 것을 다시 느꼈다. 그러나 나도 이제는 잘도 참는 편이다.

旅行하면서도 못 잊는 잔 걱정
國內 일을 잊으려고 해도 이 일 저 일이 連日 나를 괴롭힌다.
데모, 그리고 정치, 또 집안일, 시골 일, 어머님, 良의 건강, 대학의 일 등등…
이제 大凡해져야 한다. 白南休 課長이 나에게 長壽의 祕訣로 한 말이다.
그러면 머리가 띵하는 것도 나을 것인가!
來日부터 벌어질 일들이 또 걱정이다. 귀국 인사! 강의! 日本 갈 준비! 旅券!
人生의 이 잔 걱정은 언제 없어질 것인가! 바오로 使徒가 목 잘리는 모습을 그린 벽화가 인상에 남는다.
西洋은 결국 죽이고 잘리고 찢고 하면서 살아온 世上이다.
어느 그림 하나 平和와 기쁨을 주는 그림이 없었다. 이름 난 그림은 또 너무 貴族的이었고…

在歐韓國學會(AKSE) 참석

姜 발표, 보쿰대. 1986.4.9.

바르샤바, 옆은 첵코학자. 1990.4.20.

보쿰, 姜 발표 후 Skilland교수 강평. 1986.4.9.

브레멘 시청앞, 姜 발표 후 토론. 1990.4.21.

스톡홀름. 1987.4.24.

독일 Götel 교수. 바르샤바. 옆은 이현복, 유만근 교수. 1990.4.21.

▲ 바르샤바에서. 李玉 교수.
1990.4.23.

◀ 바르샤바에서. 1990.4.23.

(2)
AKSE(在歐韓國學會) Stockholm, SWEDEN

1987年 4月 23日(木) - 4月 27日(月)

⋮

23日 저녁 開會 食事, 60名

會長 부쉐 氏 인사, 文홍주 한국정신문화연구원장, 한국학술진흥재단 朴日在 理事長 인사, 大使 招待宴(한국학자만)

24日 아침 9시 - 9시 50분, 男, 60名(참석자)

미카엘 朴 氏(USSR) - 19世紀末의 러시아의 對韓政策

조승복 氏 - 당시의 러시아의 野心 有無 質問

경제적인 - 資本主義對共産主義 -

9시 50分 - 10시 半 - 40分간

Martina Deuchler(스위스), 女, 60名(참석자)

朝鮮時代의 妾子 · 庶子硏究, 社會的 政治的 地位 – 歷史的 변천

와그너 氏, 핸더슨 氏 비평. 기타 손드는 사람 多

11시

와그너 氏, 男, 美

朝鮮時代의 中人 – 雜科, 中人

族譜硏究結果 – 忠州 崔, 陜川 李氏, 江陵 崔氏, 기타 여러 姓氏 열거, 靑陽縣 – 主로 家系로 論證

조성복 씨, Deuchler 씨와 討論, 핸더슨 씨도.

24日 11시 45分 – 12시 15분

Gina L. Barnes, 女, 英

Koguryo: Subsistence of an early korean state

中國 資料에 의한 고구려 故土推定, 수렵 습관

고구려 역사에 관한 漢人 · 北方人(고구려 北方)과의 관계 究明

李玉 氏가 批評 – 고구려인의 생활면을 中心으로 – 魏志東夷傳記事가 빠졌다.

15万名中 3万 戶가 武人 노릇. 外國捕虜는 고구려 生産人, 領土 문제 – 요동半島는 고구려 영토

– 조성복 氏도 批評

고구려가 東進을 주로 했느냐, 西進을 꾀했느냐?

24日 12시 15분 – 12시 40分

Ingenborg Göthel, 女, 東伯林大, 東獨

19世紀中葉의 韓國獨立運動, 東學乱을 例로 들며 漢文 논문 낭독. 東學專門家 Deuchler 씨 등이 비평

昨年에 比하여 離席者 數名 有, 거리 관계로 不參者도 相當數 有, 지난해에 比하

여 在歐韓國學者의 參席者도 減少 (全無라고 할 만함, 居住者는 有 - 西獨, 英, 핀란드)

24日 14:30 - 15:15

Alexander Guillemoz, 男, 파리 제7大學

民俗學. 佛語로 한국어 섞어가며 샤머니즘의 分類, 占卦에 대하여, 슬라이드 上映

정장에 服裝이 노타이, 맨발, 시커먼 손발, 이불도 안 개고. 萬神 洪仁順(1920년 黃海生)

佛語하는 몇 학자가 質問하니 신나게 佛語로 음악하듯이 答辯 - 춤추듯, 手話者 같이

핸더슨 氏가 또 질문

24日 15:16 - 15:45

李玉 氏, 男, 歷史, 佛7大學

단군신화에 관한 몇 가지 고찰 - 한국어로, 北扶餘 建國神話가 檀君神話보다 먼저. 天帝가 직접 地界에 내려와 建國, 嫡子 · 庶子 관념 無 - 조선시대의 관념과 다름

檀君은 天帝의 여러 아들의 하나

祀靈星, 桓雄이 假化, 宗敎的 對象을 神格化에서 人間性別로 對立化

1 → 3 → 7　天 - 地 - 地下 = 四方, 五方世界, 100은 完全 숫자

1 = 3 = 7

檀君神話가 된 시기 - 新石器說 批判, 人間과 여러 動物과의 交涉 開始

3층 아니면 7층, 벽화에도 7星, 七支刀 百濟 → 日本, 數字 硏究 必要

꼰체비치 씨가 質問, 조성복 씨도 비평, 질문.

24日 16:10 - 16:40

Nikitina, 女, USSR, 佛教와 民俗, 英語로

Buddhism and the myth of the female sun and her parents.

英語 發音은 나쁘나 沈着하게 읽고 답변

박용숙 씨 등이 질문하고 답변 - 吐含山 얘기

24日 16:40 - 17:00

L. R. Koncevich, 男, USSR, 영어로

Translation of the critical text of the Tangun's myth, 檀君神話에 대한 言語學的 接近

原題 - Onomastics in the Ancient Korean Myth of Tangun

李玉 씨 評 - 字句 分析 方法은 좋은 着想, 國內外 資料 蒐集 分析 必要 - 地名 研究 重要, 言語學的 研究 必要

1987年 4月 24日 18:00 - 20:00

駐瑞典韓國大使館會館에서 저녁 會食,

參席者 거의 全員이 즐겁게 식사하고 이정빈 대사가 앞장서서 대사관 관저가 떠나가라고 우리나라 民謠들을 합창했다. 숙소로 돌아오는 길에 스톡홀름 車內 관광. 北쪽 대사관과는 300m 거리라고 함.

1987년 4월 25일 9:12 - 9:52

鄭良婉, 女, 約 30名(나중에 50名)

四家詩에 대하여

알아듣지 못하기 때문? 흥미가 없어서? 지도를 보고 있는 이, 딴 글 보는 이 有, 다음 준비를 하는 이, 沈着하게 잘 進行하고 있고, 說明도 하나 누가 듣나?

부세 씨가 論評

중국시와 한국시를 比較한 論文 有, 漢字를 Chinese characters라고 한 것은 잘못

丘冀星 교수도 論評 - 왜 한글 시로 안 썼나. 보쿰의 박씨가 論評 - 補完

李用熙 교수가 補充, 漢族도 四家詩人과 同一 心情, 四家詩人의 心情을 背景으로 說明

25日(土) 9:53 - 10:30

Halina Ogarek-Czoj, 女, 폴란드, Warsaw Univ

Yuhwajŏn by Sin Chaeho(申采浩) 英語로 읽다

Nikitina 씨가 論評

서툰 英語지만 조용히 논평 - 補充, 金貞培 교수가 論評

申采浩 씨의 小說을 論한 論文 - 原始宗敎가 기본이라는 것

Guillemoz 씨(佛)가 解釋을 잘해야 한다고 補完, 東獨 Picht, Helga 씨가 補完

李用熙 교수가 補完, 부첵 씨(체코)가 당시의 背景이 더 중요하다고 補完

25일(토) 11:00 - 12:00

Vladimir Pucek, Praha 남, 체코, 文學

Ch'oe Sō-hae(崔鶴松) 英語로 읽다

A representative of the "New Trend Group" Literature / the middle of 20's

崔曙海 씨 作品이 8年間에 33篇. 이 中의 相當數가 北韓에서 出刊, 소련과 체코에서 번역 出版됨

Ogarek - Czoj 女士가 論評, 최서해는 수필도 있음. 소련. 英國文學도 소개

KAPF 작가가 平壤에서 活動, 但北韓作家에 어떤 영향을 주었는지는 未詳.

Nellen 씨가 論評, 기독교와의 관계 如何, Helga Picht 씨가 論評 - 補完과 批評

金允植 교수 것도 言及, 한설야 이야기도 나옴

25일(토) 12:00 – 12:40

Helga Picht, 女, 東獨, 文學

"作家修業"(1959, 평양) 要約은 獨文, 英語로 읽음

프롤레타리아 作家들의 自己評價, 한설야, 이기영, 송영 등

한국에서는 左翼作家作品硏究가 없다고 誤解, 이미 高校國文學史 책에도 나오는 사실을.

구기성, Ogarek – Czoj 씨가 論評, 9人會, 海外文學派 연구도 必要하다고.

65 – 80年까지 암흑기 – 북한 실정, 80년대에 변화. 부첵 씨가 논평, 어느 나라 영향을 받았는지 究明할 것.

25일(토) 14:30 – 15:10 40名

Henrik H. Sorensen, 男, 丁抹　佛敎

Buddha Sōn and Patriarch Sōn, 英語 原文 要約 읽음

禪佛敎의 두 흐름을 말하는데 佛敎 이야기라 모르겠음

다른 論文도 英語로 읽을 때는 거의 귀머거리

恨스러운 일이다. - 거저 앉아 있는 거다.

한국 중처럼 생긴 이가 웃지도 않고 엄숙하게 읽다. 두 발은 갈 곳이 없어 헤매고 있고...

姓名未詳人이 論評 기타 數名

25일(토) 15:15 - 15:40, 男, 폴란드, 한국어 要約 읽음

Czoj Mio Zo (최명종) 佛敎

歐洲中心 폴란드에서 코리아 불교 발전, 1978년에 이행원 선사가 傳敎, 폴란드에 5個 선종 사원 有

오계수계자 95명, 법사 36명, 보살 3, 중 1, 信從 1000名, 大學卒業生이 信者 - 心理人(?)이 信者, 年中大會도 有, 폴란드 종교 - 30개 종교 許容, 日本, 티베트, 한국 등 4개 선종

Sorensen 씨, Mickahel Pak 씨 등이 論評, 폴란드는 95%가 가톨릭

25日(土) 15:40 - 16:10

고성무, 남, 핀란드, 한국어로 說明

1930年代 중부유럽의 두 한국 유학생 도정호(도유호)와 한흥수 = 둘 다 고고학자 슬라이드 上映, 한 공산주의자, 두 공산주의자의 行蹟, 都正浩, 都貞浩, 都有浩, 都寬浩 - 咸興

한흥수 - 체코의 한국학 개척자, 아동문학 등도 개척

체코말을 몰라 독일어로 조선에 대하여 쓴 것을 번역 出版

부첵 교수가 補充 說明. 조선 소개를 구주에서 처음 한 것 - 역사적으로 6.25까지

25日(土) 16:36 - 17:10, 35名

Fendler, 男, 헝거리, 영어논문을 읽음. 歷史

The Image of Korea in Hungary before 1945 / 19~20century /

다른 사람에게는 reprint가 없음.

1936年 Berlin Olimpic 때 헝가리 신문에 난 손기정 씨 얘기까지. 한말 고종 사진까지.

連日 신문에 大書特筆된 것 보임.

핸더슨 씨 부첵 씨 등이 補完

체코에서 安重根 義士 사건을 조사한 결과 說明 - 各國의 反響을 얘기함

25日(土) 17:10 – 17:45

Grayson, 男, 美, 英語로 읽음

The Rev. Dr, John Ross and the Translation of the New Testament into Korean

要約 없음

아무도 흥미를 안 갖는 문제를 길고도 길게 끈질기게 읽고(이야기하고) 있다. 그 끈기에 感歎할 뿐이다. 끝날 듯 끝날 듯 사람의 애만 태우고 있다.

첫 한글 성경이냐고 스톡홀름대 학장(?)이 질문, 또 한사람 질문.

내일 나의 發表와 論評이 걱정이다.

1987年 4月 25日(土) 20:00 – 21:40

Howard 씨 夫妻에 의한 한국음악 소개, 於 Star hotel 강당(소극장)

26日(日) 9:05 – 9:55, 45 – 50名

金貞培 교수, 男, 한국, 역사, 한국어

슬라이드 上映 1986年度 6월 16일 – 3個月 동안 조사. 慶州 龍江洞 古蹟發掘 報告 8~9c A.D.

土俑 28 - 統一新羅時代의 人間形態 十二支神像, 果下馬

英國女學者가 質問(Barnes 女士), Grayson, 핸더슨 씨가 質問, 기타 부쉐 씨, M.朴 씨 在瑞韓人會長 등

26日(日) 9:55 – 10:15, 45名

Genzor, 男, 체코, 영어로 읽다. 국어 수사

On the Category of Number in Korean 한국어사, 添詞, 疊詞(語), 副詞, 代名詞
영국 젊은 학자가 論評(Huszcza 氏도, Poland), Nikolsky 氏도 補完

26日(日) 10:18 – 10:30

L. B. Nikolsky, 男, 쏘, 영어로, 국어학

Mobility of affixes in Modern Korean

質問, 論評者 無

Huszcza, 男, Poland, 10:06 – 11:48 英語로, 국어학

The Semantics of Coming and Going in Korean

要約 無, 蔡琓 論文을 주다. 더듬더듬 영어로 題目도 變更 - 한국인 다 나가다.

The problem of Personal in East-Asia Languages and the Category of Honorifics

Lehonkoski 女士가 質問, 꼰제비치 씨가 서툰 영어로 질문

Ritva Lehonkoski, 女, Finland, 英語로, 국어학, 11:48 – 12:30

Topic Continuity in Korean

Discourse 이야기

솔거얘기를 가지고, 삼일정신, 이/가 → 은/는 이야기 展開, 슬라이드 가지고 要領 있게 說明, 英語와 比較

Huszcza 氏가 論評, Nikolsky 氏도 論評 기타

※ 다음과 같이 나누어 주다.

규합총서 - 朴영숙 女士, 와그너 先生. 朴勝允 교수 논문 – Lehonkoski 女士 (Finland), 꼰제비치 교수에게 고영근 교수 冊 등

26日(日) 14:40 → 15:15

Howard Keith D. 男, 英, 英文 요약 읽음, 民俗(농악)

Rythmic Modelling in Korean Farmers' Bands

농악을 理論的으로 紹介, 녹음해다가 실지로 들려주며 說明

採譜 - 사물놀이 分析(김덕수), 굿거리 김병섭

英國 Hoare ? 氏 補完 - 全國的인 규모로 硏究 必要

와그너 氏 夫人, 핸더슨 氏 補完. 왜 珍島냐? ← 蒙古侵攻 때 그곳으로 간 것

26日(日) 15:!5 → 15:30

Inok Paek-Howard, 女, 英, 영어 읽음, 國樂

Nationalism as a concept on the music of Korea

Provine 氏(英) 質問, 핸더슨 氏 論評, 기타 여러 사람 논평, Sorensen(丁抹) 등

26日(日) 15:45 - 16:15, 英語로 읽음, 美術史?

Libuše Boháčková, 女, 체코, Prague, 할머니

Yanagi Sōetsu(柳宗悅) and his Relation to Korean

핸더슨 氏 補完(10分 以上 연설)

休息 시간에 大宇支店 사람들을 만남 - 우리가 出超라고, 일하기도 쉬워졌다고

26日(日) 16:38 - 17:32

Gregory Henderson, 男, 美, 英語 읽음, 美術

The Question of Korean Aesthetics

李用熙 교수가 司會, 朴용숙 氏가 論評(논평을 30分 演說), 李東洲 氏(李用熙)가 論評

26日(日) 17:32 - 18:17

Youngsook Park(朴용숙), 女, 英, 英語로 說明, 美術

슬라이드. A Korean Envoy Scroll at SOAS

1987年 4月 27日(月) 9:04 – 9:45

李用熙 교수, 男, 한국, 한국어로 說明, 歷史

茶山研究의 現況, 천천히 茶山學의 줄기, 특히 爲堂 業績 讚揚 – 獨立運動의 一環 – 與猶堂全書 出刊 등

1955年 최익환 氏, 以北에서 茶山研究 큰 冊 出刊, 1959年 洪以燮 교수가 업적 出版, 1986年에 茶山研究(詩, 社會) 등 出刊 개시 – 宋載邵 교수 등, 李乙浩 · 姜在彦 씨 등 업적

爭點 – 北 – 封建後期 옹호자, 南 – 改革主義者(歷史的 進展으로)

크리스챤이냐? 귀양 간 原因, 校勘作業 必要

M.朴 氏 등 質問

1987年 4月 27日(月) 9:45 – 10:30

姜信沆, 男, 한국, 국어학

韓國의 韻書와 中國의 韻書

꼰쩨비치, 박 씨, 李用熙 先生 등이 言及, 金晶 氏도 論評, 청중은 약(30명)

1987年 4月 27日(月) 11:15 – 11:35

Totten, 男, 瑞, 역사, 영어 읽음, 約 40名 体面치레로? 한국 사람은 우리 內外뿐

Reflections on Studying Korean History and Political Thought : How to Incorporate Korea in a Course on East Asian Political Thought.

1987年 4月 27日(月) 11:35 – 12:00

Eckart Dege, 男, 西獨, 英文 읽음, 歷史

South Korea's Industrialization and it's Geographical Implications

경제발전을 너무 칭찬

在歐韓國學會(AKSE) 참석기

학회에 참석한 남북 학자들, 바르샤바. 1990.4.20.
左로부터 류만(북), 정양완, 정기호, 성기열, 강신항

道高에서 체코 프체크 교수. 1992.6.6.

AKSE 학자들, 바르샤바. 1990.4.20.

바르샤바에서 南北 학자들. 1990.4.23.

서울 정릉집에 온 AKSE 교수들

발표장의 北쪽 학자 정홍교. 1990.4.20.

항가리 Fendler 교수, 바르샤바. 1990.4.23.

좌로부터 Mazur(쏘), 심병호(北), Nikolsky(쏘), 강, 하나건너 꼰체비치(쏘). 1990.4.20.

바르샤바. 姜信沆 발표. 1990.4.21.

스톡홀름, 꼰체비치 교수와. 1987.4.24.

스톡홀름. 1987.4.24.

바르샤바에서 발표. 정양완. 1990.4.21.

(3)

제14차 AKSE 참석기 WARSAW, Poland

1990年 4月 19日(木) - 4月 23日(月)

⋮

1990年 4月 19日

12:10 바르샤바 공항 도착

기관단총을 든 경비병들이 많이 눈에 뜨임.

Lufuthansa 1070기. Frankfurt → WARSAW 10:45分 着

一行 中에 朴日在, 홍사명, 강우철, 김정배, 정기호, 성기열, 한말숙, 황병기, 훠스 교수 內外, 백응진, 이성무 교수 등이 同行하다.

13:00 一部만 Novotel 投宿, 우리는 122號室.

15:00 바르샤바大에 가서 AKSE 등록

가기 전에 이웃 방에 투숙 중인 이북의 정성철 교수 등 一行과 만나다. 적극적으로 접근하여 서로 10年 知己처럼 대화를 나누다. (저쪽에서)

17:00 바르샤바大 총장의 환영 리셉션. Rectorate Building, Golden Hall 2층

에서.

19:30까지 AKSE 會員들과 실로 많은 이야기를 나누다. 콘쩨비치 교수가 크게 반김.

1990年 4月 19日

19:30　　Pod Retmanew 식당에서 저녁 식사.

21:00　　Novotel에 와서 휴식.

14次 AKSE 바르샤바大 강의실. 會長 Fabre(佛) 開會 宣言

1990年 4月 20日 Jahyun Kim Haboush(USA) 司會

① 鄭玉子(한국) 곧 발표 시작. 9:00 → 9:32　120명 정도 참석.

※ 17세기(思想界의 再編과 禮論)

事前 前提 없이 급히 本論을 읽어서 모두 어리둥절. 마이크 시설도 없음. 역시 說明이 重要한 듯.

西人과 南人의 禮論의 차이, 臣權 강화, 王權 강화

② Andrei N. LanKov(USSR)　9:33 → 9:50

※ Ritual Conflict in Yi Korea

- A case study of partisan Struggle -

英文 원고를 아무 감정 없이 읽다. 發表 복사물도 없다. 모두 멍하니 앉아 있다. 老少論 이야기인 듯.

③ 成耆說(한국)　9:54 → 10:07

※ [AT 301]의 한국 폴란드 비교

Arane-Thomson 301로 다루어지는 說話

序論을 천천히 말하고 한국, 폴란드, 몽골, 日本 4국 비교.

Motif Index에 수록된 모티브를 찾아 68개 추출. 몽골의 西方征服의 說話를 헝가리, 폴란드에 영향. 차분하게 설명을 잘함. 說得力이 있음.

세 사람 발표 후 토론.

Deuchler 女士(스위스)가 英어로 질문 - 감상을 이야기.

10:07 → 11:00 휴식 담화 시간, 사전 티타임

11:00 부세 교수가 한국학 연구 희망자 설문지 설명

1990年 4月 20日(金) 司會 金允植 교수

④ Reta Rentner(GDR 동독) 11:06 → 11:24 約 100명 참석

※ 秋風感別曲 가사와 고대소설 彩鳳感別曲의 (의식) 기능에 대하여(Function)

발표 요지는 獨文, 발표는 英文, 차분하게 읽다.

⑤ Phil Young Kim(프랑스大 한국인) 11:25 → 11:44

※ 六堂 崔南善 文學 - 海에게서 少年에게 - 에 대하여

佛文으로 요약 발표

다들 귀머거리. 佛人 몇만 이해하는 듯.

앞자리에 체코 女교수 2人 同席, 17개국 참석

英, 美, 獨, 東獨, 波, 체코, 澳, 쏘, 핀란드, 和, 白, 佛, 노르웨이, 스위스, 헝가리, 加, 북한, 韓國(나중에 불가리아 국도 있음을 알다 → 18개국)

⑥ 정흥교 Chong Hung-gyo(북한 主體文化연구소장) 11:45 → 12:05

※ 平民詩人 조수상의 문학적 위치

차분히 나지막한 목소리로 발표文을 낭독. 설득력 있음. 漢詩였으나 平民文學 발전에 기여했다.

그러나 우리나라 석사반 학생도 다 아는 이야기.

12:05부터 12:45까지 발표장 건물 앞에서 서로 談話, 사진.

Pod Ritmanem 식당에서 점심.

1990年 4月 20日(金) 司會 Fendler(헝가리)

⑦ 趙英烈(국사편 연구관)　15:05 → 15:35 약 50명(푹 줄다)

※ 在韓宣教師와 韓國獨立運動

작은 목소리(不分明한 목소리)로 논문을 읽다. 15:42까지 토론

준비물이 너무 길어서 건너뛰면서 읽다.

⑧ 정성철(사회과학원 철학연구소 소장) 北韓　15:43 → 16:05 → 16:11

※ 조선에서 철학사상의 발생과 발전

토론, 미하헬 朴氏가 질문

神話도 唯物論사상 발전, 封建期에도 唯物論 발전 - 文化유산. 李奎報도 唯物論사상을 독자적으로 발전, 金時習도 유물론 발전, 徐敬德도 독창주의 有

氣一元論이 유물론, 지배계급이 도입한 儒佛이 조선化. 鄭道傳 - 근대사상은 東學사상에서 시작

◎ 黃秉冀 교수 가야금 독주　18:30 → 19:40

Royal Castle of Warsaw

大韓民國 駐波大使館 초청 만찬회　20:00 → 21:00 Hotel Victoria

술과 간단한 과자뿐. 모두 저녁을 굶다. 북쪽 사람은 不參

1990年 4月 21日(土) 司會 Leonid B. Nikolsky(USSR)

⑨ Yuriy N.(유엔) 마주르 Mazur(모스크바大) 9:05 → 9:31

※ 한국어 대역사전을 편찬하는 데서 상징어와 변종어휘를 다루는 몇 가지 경험

한국어, 조선어 → 우리말. 줄곧 이 술어를 씀

흉내말, 올림말. 한국어에서 의태 · 의성어가 가장 풍부

소련 학자들은 꼭 한국어(우리말)로 發表함

반작 · · · 번적

큰말 〉 센말 〉 된소리 · ·

빤짝 · · · 뻔쩍

洪起文 선생 – 87세(1990年)라는 사실도 밝힘

⑩ Eung-Jin Back(university of Toronto) 9:32 → 10:00

※ Korean Language & Linguistics in North Korea

170年 前 수립 캐나다 동양학과 한국어 100명이 공부

※ 북한에서의 사전 편찬 - 宗敎觀이 어떤가? → 이것이 딴 이야기로 발전

양쪽의 차이 – 표준어 규정 休止 井

(前提) 文法體系 - 文化語 文法도 참고, 철자법 – 맞춤법

사이시옷 (되였다 → 되었다 / 하시오)

主體사상 소개 노 대통령 7·7선언 이후의 변화

사람 中心, 위태로운 이야기 많이 함 – 끝까지 北韓이라 칭호

文化語 사전 – 단어 선정이 다름, 당성이 강한 이론으로 설명.

⑪ Oleg Kim(USSR) Kazak 10:00 → 10:15

※ Antinomy 'Language' in Soviet Korean's Life

英語(잘 못알아 듣는)로 읽음 – 노어식 발음, 要旨 - 무슨 말인지?

잘 안되는 영어로 自己 뜻을 표현하려고 크게 노력. 언어가 民族과 관계가 있

다, 없다 두 見解

10:15 → 10:30 → 10:32

질의 토론, 나도 發言, 백응진 교수의 발표에 대하여 정성철 교수가 反論 - 以北에서도 宗教 인정한다는 것.

主體思想 설명 - 강조 - 人間, 기술, 自然 개조에 力點. 창조적 욕구, 자주적 욕구에 의한 개조.

10:32 → 11:13 휴식, 커피 타임

1990年 4月 21日(土) 司會 李玉 교수

⑫ Martima Deuchler(G. Britain) SOAS 런던大, 約 70名 참석 11:14 → 11:36

※ The Role of class and Gender in the Formation of Early chŏsŏn Society

英文 要旨를 빨리 읽음, 모두 어리둥절. 아무런 前提도 없이 급히 읽음.

⑬ 이성무 교수(정신연) 11:37 → 12:02

※ The Adoption of the Great Ming Code(大明律) in the Compilation of the national code(經國大典) → 刑典

律, 令, 格, 式

已然, 未然, 律令補充 - 實行 施行令 → 憲法

⑭ Jolanta Tubielewiez(Univ of Warsaw) 12:03 → 12:36

※ Japanese Attitudes toward Korean Immigration reflected in the Oldest extant Literary works

AKSE 會員이 아님, 發表 要旨 英文은 한 장.

차분히 딴 글을 읽음, 北쪽의 김석형 說을 많이 이야기함. 古事記, 日本書記, 風土記 資料를 근거로 說明. 日本學 교수인 듯.

風土記가 가장 real life를 反映한 듯하다고.

시간이 가거나 말거나 비교적 正確한 發音으로 읽다.

점심 12:45 → 15:00 Sofia Restaurant

1990年 4月 21日(土) 司會 Boudewijn Walraven(The Nether Lands)

⑮ 金貞培(고려大) 15:05 → 15:35, 약 80명
※ "A Study on Tahori Site in Yichanggun" (경남 의창군)
슬라이드 上映 現在 發掘 中인 유적, 三國 성립 과정 再검토

⑯ 최태형(DPRK), 사회과학원 역사연구소 연구사 (15:36 → 16:00)
※ 발해 동경 룡원부 - 훈춘 팔련성 설 재검토

⑰ 朴永錫(국사편찬위, 위원장) 16:00 → 16:50
※ 在滿 鮮人의 歸化權 問題(二重國籍 문제)

1990年 4月 21日(土) 17:20 → 18:00 사회 이현복 교수

이 사이에 AKSE 이사회

⑱ 鄭良婉(정신연) 17:29 → 17:45
※ 북한 학자들이 크나큰 반응을 보임. 남쪽의 민족주의에 감동된 듯. 梅泉 黃玹의 詩에 대하여

⑲ 姜信沆(성균관大) 17:46 → 18:00
※ 古代국어의 音節末 子音에 대하여
백응진 교수, 콘체비치 교수가 질문.

발표 후 북쪽 학자들이 큰 관심을 보임. 독일 Sasse 교수도 문제가 많다고 함.

1990年 4月 21日(土)

영화감상(물레야 물레야), 창피해서 볼 수가 없었다. 市內 극장.
그러나 외국 학자들은 한국의 전통의상과 양반 사회를 이해하는 데 큰 도움이 되었다고 함.

저녁 20:30 → 21:30
음식 맛이 너무 없다. 양념 관계다. 간장, 후추, 소스가 전연 없다.
모임 22:00 → 24:00
한국에서 가지고 간 소주로 파티(호텔 숙소에서)
바르샤바大 한국어과 학생들이 슬라이드로 북한 여행 기록 소개

1990年 4月 22日(日) 사회 Frits Vos(네덜란드)

⑳ Robert Provine(G. Britain) 약 100명 참석 9:07 → 9:40
※ State Sacrificial Rites(chesa) and Ritual music(Aak) in the Early Choson Dynasty
제사와 아악
成均館 釋典 음악을 슬라이드로 上映, 음악도 英語로 世宗실록 內容 등 아악 설명
李玉 교수 등이 市內 구경 가자는 것을 예의上 그럴 수 없다고 사양.
靈星壇 등 平面圖 說明, 獻酒와 음악 관계, 줄곧 슬라이드와 說明文 낭독.

㉑ Hwang Byung Ki(황병기, 梨大) 9:43 → 10:12
※ The mode and Melodic Pattern of Korean chŏngak(正樂)

界面調, 平調, 羽調 15세기부터 15세기 末까지 音階 이론이 確立 됨

당시의 平調 - 표준 음계 – 중국 속악 = 唐樂 sol la do re mi fa‘

界面 - 한국 향토적 악학궤범 설명 1 2 3 4 5 1‘

羽調 - 위 調 la do re mi sol la

18c–20c - 上층 계층의 음악이 크게 変化.

界面調 - 슬프다. 향토색이 짙어짐. 음과 음 사이에 딴 음이 삽入. 풍부해짐.

平調 - 平和로운 것, 羽調 - 壯快하다. 시김새 - 弄音, 끝에 가서 너무 專門的이 되어서 알아듣는 이 드문 듯.

㉒ Frank Nellen(건국대, 한국) 10:14 → 10:33 → (질의)10:40

※ 한국어와 한국 음악(서양 작곡 방식의) 간에 생기는 강세 두기의 어긋남. 젊은 학자 獨文 要約을 獨文으로 읽음. 獨語는 低音, 英語는 까불까불. “나는 그런 女子가 좋더라” 녹음으로 들려 줌

이현복 교수 질문.

휴식

1990年 4月 22日(日) 司會 부세 교수

㉓ Libuse Boháčková, Prague(체코) 11:10 → 11:36

※ Traditional Patterns of Korea 約 70명

英文 要旨를 60以上은 되어 보이는 老女子 교수가 차분히 읽음.

日本美術品과의 비교 – 도자기 등 - 英語로 說明.

슬라이드 上映 - 금관 등. 板刻品, 금속공예品 등

한국 사람을 除外하고 大部分의 회원이 경청.

日本 가다가미, 보자기 등과 비교. 한국 벽지 무늬 등 소개

㉔ 마히힐 朴 교수(레닌 그라드)　　　11:40 → 11:56
※ 三國史記와 金富軾, 英文 원고를 읽음. 정재훈 대신(文化財 관리국 不參) 三國史記의 內容 가치 說明

㉕ 박영숙(Youngsook Park), SOAS　　　11:57 → 12:38
※ Buddhist Themes in Koguro Murals(고구려 고분의 佛敎 요소)
英文 요지를 한국어로 說明. 슬라이드 上映하면서 說明. 참으로 똑똑하고 分明하다. 論旨도 明確하고.

1990年 4月 22日(日) 司會 푸체크 교수

㉖ 류만(사회과학원 주체문학연구소 실장, 부교수, 준박사)　17:43 → 18:02
※ 1920년대 조선 시문학에 형상된 조국애, 碩士 수준　약 60명

㉗ 李炫復 교수(서울大)　18:03 → 18:40
※ Standard and non-standard yhythmic patterns in spoken Korean
논문 요지 준비 無. 한국어로 말했다가 영어로 했다가 웃기다가 웃다가. 음향 실험 결과를 슬라이드로 보이면서 설명.
南北통일 리듬을 가르쳐야 한다고 力說.

㉘ 심병호(사회과학원 언어학 연구소 연구사, DPRK)　18:40 → 19:00
※ 조선 민주주의 인민 공화국에서의 어휘 정리 사업에 대하여

칙면, 호상간, 외래어, 한자어도 살렸다. 家內 작업반 외래어도 인정, 우리말로 소화된 것은 한자어도 인정, 학교 교육을 통하여 보급
한국의 우리말 도로 찾기 운동과 거의 비슷한 내용의 이야기를 하다.

1990年 4月 23日(月) 9:10 → 0:35 사회

㉙ Halina Ogarek – Czoj(Warsaw University)

※ Korean Solar Myth and some Problems of Its Tranference to Japan 약70

조용한 목소리로 英文 요약을 읽음(本文 8page ~ 10page나 되는 것을)

남이야 듣거나 말거나 빠른 속도로 읽어 내려감.

두 나라 신화의 차이를 말함.

㉚ Herman Kim(카자크 태생) 9:36 → 9:55

※ 소련 거주 한국인 후예들의 언어 문화의 갈등 등 설명

소련 태생 한국인이 독일어로 발표

※ 레닌 기치 등 소개

우리 一行(內外, 나와 정양완)은 비행기 시간 관계로 10시 半의 폐회식을 못 보고 발표장을 떠나 바르샤바 비행장으로 옴.

휴식 시간 후에 閉會式

韓, 朝, 오스트리아, 西獨, 東獨, 佛, 白, 和, 첵, 불, 항, 쏘(모스코 레닌 그라드), 瑞, Fin, 美, 英, 스위스, 波, 加.

페텔스부르그대 Vasilyev 學科長 환영. 1997.10.16.

姜信沆 답사 옆은 Fendler 교수(헝거리). 1997.10.16.

불국사, 석굴암, 니키티나 교수. 1995. 여름

페텔스부르그大 학생들. 1997.10.18.

Nikitina 교수와 작별인사. 1997.10.17.

우라지 보스톡 極東大 한국어과 교수. 페테르스부르크大에서 1997.10.16.

(4)

St. Petersburg
東洋學硏究所成立 百周年記念學術會議

1997年 10月 12日(日) - 10月 20日(月)

⋮

10月 12日(日) 날씨 서늘, 서울 5度. 反對로 Petersburg 11度

새벽 아침을 간단히 들고 석희 車로 明洞성당에 가서 새벽 미사 參詣.

8시 - 8시 35分 석희 車로 明洞 → 金浦 空港

空港에서 우리 내외는 延大 김명재 교수, 精神文化硏 文玉杓 교수와 合流. 배웅 나온 金光億 교수도 만나다.

9시 - 10시 出國 수속. 사람이 너무 많다. 10시 50分 出發이 12시에야 離陸.

우리 內外는 31 F, G席에 앉다.

日氣 順調. 비행기 安定. 下午 현지 시간 3시 25분 Moscow 空港 도착.

延大 出 현지 국제법 전공 학생의 도움을 받아 國內線 공항으로.

현지 시간 7시 35分 Moscow 出發, 8시경 St. Petersburg 공항 도착. 延大 露文科 김진영 교수(현재 1년 연구 中, 석진이 Yale大 同門) 등의 안내로 무사히 숙소 도착. 모든 일은 Aktine 교수(쏘련 내 소수민족, 한국어가 유창)가 主管하고 있었다.

1997年 10月 12日(日) 밤. 현지 가랑비. 흐림

Pribaltiyskaya Hotel 5011실 투숙.

Twin 침대. 한국 시간과 5시간 차(한국 10시, 현지 5시). 그래서 밤을 거의 새우다.

1997年 10月 13日(月) 날씨 몇 개월만에 맑다고 한다. 4도 - 8도

아침 5시 起床. 8시 식사. 發表論文 검토.

아침식사 때 훠크를 물어서 앞니가 부러지다.

上午 中 名勝地 참관. 一行은 우리 內外, 文 교수 姉妹, 전 교수, 송 교수 內外.

박종수 外交官(현재 박사반) 內外(부인 신효숙, 정신연 박사반)가 온종일 案內.

下午. 치과에 가서 예약하고 다시 성당 참관.

나만 朴 氏와 치과에 가서 앞니 빼고 응급치료(4시 半 - 6시 半).

저녁 民俗舞 연출장(主로 노래) 참관(7시 - 9시)

밤 11시 취침.

이(齒)는 겨우 一旦 安定되다(치료비 19,000루불. 약 120달러).

International Conference on Korean Studies.(100years of Korean Studies)

St. Petersburg, October 14-16, 1997(St. Petersburg University)

1997年 10月 14日(火) 흐림

上午 9시 - 10시 등록. 환영사(노어로 그리고 통역)

上午 10시 Petersburg大 총장 환영 인사. 여자 교수, 학생 약 100명 참석.

St. Petersburg State University,

Prof. Lyudmila A. Verbiskaya 러시아 과학원 회원

수교 후의 양국 관계 발전상 등

上午 10시 15分 →10시 35分

東洋學部長 Ivan H. Steblin-Kamemsky 교수

동양학부 역사. 앞으로의 전망. 한국학과 학생들의 우수성, 진출상. 한국국제교류재단에 감사.

上午 10시 26分 →10시 45分

중국학부 Eugene A. Serebryakov 학과장 환영사.

(동남아학과?) 세계평화에 기여. 한국 이해 위해 한국학 설립, 전공. 한국미 찬양. 역시 한국 찬양.

자주 유명한 작가 언급. 그 나라 말을 통하여 그 나라 이해. 통역자도 아주 능통한 한국어 구사. 발표 내용 성실, 모든 학자들의 자세. 우리가 본받을 점이다.

학회 성공을 빌다.

上午 10시 45分 →58分

한국대사관 공보관 인사(이정빈 大使 대신), 한국학과 독립 요청

Plenary Sessnom(Peter the Great Hall, 7/9 University, Emb. Main Bldg, of the University, 2nd fl.)

10시 51分 - 12시

Anatbly G. Vasilyev.

Petersburg大에서의 한국어 교육 연구, 역사.

노어로 발표를 60분가량 그리고 한국어로 통역. 발표자는 착 가라앉은 목소리로 조용히 원고를 읽음. 약 100명의 청중, 조용히 경청.

11시 16分 한국공보관 퇴장. 아직도 원고 낭독 계속. 끈질기게 긴 말을 좋아하는 민족 같다.

11시 27分 한국대사관 공보관 再入場. 강연 中에 용비어천가 나오다. 용비어천가까지 아는 한국학 권위자?

11시 30分이 지났는데도 아직도 강연 계속.

AKSE에서 넓게 100명이 앉아 있었던 광경과 똑같이 100명이 빡빡히 앉아 있는 것이 대조적.

다만 참가 국가 학자들이 적은 것이 유감. 거의가 러시아 사람인 듯. 러시아어는 차분한 언어다.

어제 치과의사들도 말들을 조용히 했다.

11시 36分인데도 조용한 獨白 비슷한 이야기는 계속 아니 44分에도 계속. 60分 이상 이야기하려는 듯.

꼬박 60分 동안 이야기를 하고 안경을 벗다. 더 계속? 이야기는 끝나지 않았다.

드디어 12시가 다 되어 끝나다.

1997年 10月 14日(火) 12시 – 12시 30分

휴식

여러 학자들과 인사.

※ 鄭良婉은 다른 발표장에서 발표

1997年 10月 14日(火) 12시 40分

下午 발표 시작

발표 전에 공보관이 선물(고려자기 모조품) 선사.

Lyubov V. Zenina A sketch of Biography Nikola.

Vasilyevieh Kyuner. Russian Koreanologist

12시 40分 → 下午 1시(한국과 時差 5시간, 한국 下午 6시)

누군지 모르는 사람이 발표인지 무엇인지 分明치 않은 이야기를 러시아어로 조용히 이야기

拱手하고 공손히 이야기하는 것으로 노타이지만 교수인 듯

청중 약 80명으로 줄다. 발표하러 나간 사람들이 머쓱하게 앉아 있다.

휴식 시간에 英國 런던大 朴容淑 교수가 우리 內外의 '나이테'를 극찬. 니키티나 교수, 또 다른 女子 교수들이 良을 안으며 반기다. 나에게도 친절히 인사.

良이 여러 학자들(러시아 居住)과 학문 이야기 나누다.

나이 값을 해라. 내가 어느새 68세(만 67세) 끝이란 말인가? 世界 학계의 元老가 되어야 하는데, 아직도 30代 中年의 학자 행세. 마음은 젊고 나이는 먹고. 20·30代를 虛送한 것이 안타깝다.

무슨 학회 進行이 이럴까? 中間 侵入者가 이렇게 여러 사람의 시간을 뺏다니.

알고 보니 첫 번째 발표자이었던 듯. 발표가 끝난 뒤 두 질문자(여자, 남자 노교수) 있음.

13시 3分 → 13시 14分 - 끈질긴 발표자들이다.

누군가 또 발표하는데, (여자다) 누군지?

러시아人은 끈질긴 民族이다. 말도 잘하고 듣기도 잘한다.

Staffan Rosen: 13시 45分 → 14시 8分

Lorenz Lang, an Early Russian-Korean contact. 영어로 18세기 초 조선, 러 외교 관계.

이때 北京 駐在 스웨덴 外交官의 공헌 言及.

Adekaude H. Trotsevich: 14시 9分 → 14시 30分

Western Influence on Korean Press.

Kavoly Fendler: 14시 8分 → 14시 30分

Autro-Hungarian Archives on the Events and Situation in Korea, 1885-1912

영어로 서서 이야기하는 듯하나 혹시 러시아어인지도.

정말 러시아어인 듯하다. 옛날 동구권 Hungary 학자니까. 청중 60명으로 줄다.

14:35 - 16:15

Dinner(Cafe "Polyustyovo", Oriental Faculty)

점심을 잘 먹고 화장실에 갔다가 길을 잃어 약 30分 돌아 땀을 흘리다.(감기 기운 약간)

16:15 - 16:32

Chairman: Gennady E. Rachkov

Jun Byong-Jae(연세대 교수 전병재)

The Problems of Traditional and Modernity in Contemporary Korea.

한국어로 발표, 청중 약 50명, 새 얼굴도 있다. 알아듣지 못하는 사람 中 잡담하는 이도 있음.

전통과 현재 문제, 和而不同. 아주 간단히 끝남. 질의 없음. 內容은?

16시 33분 → 16시 45분

Boris D. Pak(재러 한국학자)

Russia and Korea's Samil Undong.

이 분이 길을 헤매는 나를 이끌어 주다(딴 분?)

개요를 노어로 먼저, 중간에 내가 저서를 사회자에 기증. 한국어 발표: 생략 (?)

Nikolai A. Samilov는 不參?

1997年 10月 14日(火) 17시 - 19시

관광버스로 Petersburg 市內 名勝地 一周. 바다를 끼고 古都가 아름답게 자리잡고 있었는데, 住民들도 安定된 生活을 누리고 있는 것 같았다.

古蹟은 主로 Peter 大帝와 관련이 있는 것, 또는 宗教 관계 寺院이 많았다.

19시 - 21시, 환영 파티.

동양학부 식당에서 칵테일 파티식으로 진행되었다. 주로 외국에서 온, 즉 한국인들만의 잔치였다. 과(아직은 독립된 과가 아님)에서는 책임자와 기타 교수들이 자리를 함께 하여 유쾌하게 마시고 먹었으나 내일의 발표를 위하여 모두 술을 삼갔다.

1997年 10月 14日 밤 9시半에 Hotel에 와서 11시에 취침.

1997年 10月 15日(水) 아침에 비, 늘 음산하다.

아침 5시 기상

환경을 정리하고 발표 내용 구상. 이(齒)도 안 아프고 건강 상태도 양호하다. 左足首(지난해 부러진 곳)은 아직도 不便하다.

전화 걸기가 不便하여 집(석희 등)에 한 번도 못 걸었다. 아주 궁금하다. 약 7,500원 들여 20초 걸다. (Hotel에 부탁하여) Petersburg → Seoul.

Oriental Faculty 11, Universitetskaya Emb, rm, 178

1997年 10月 15日(水) 흐림, Section 1, Korean

Phylogy(Center for Korean Language and Culture)

Chum Young Soon: Modal words in Korean

10:45 → 11:03 토론 11시 15分 이후까지 계속.

역시 노어로. 모스크바 동양학연구소 연구원

고려인? 2세인 듯. 모국어가 노어. 신어 또는 한자어? 잘 모르겠다.

발표 후 이곳 학과장과 토론. Victor D. Atknie 교수도 가담

또 다른 교수도 질문. '아마' 등 논의. 토론 내용으로 보아 假定法인 듯. '아마'.

Alexei A. Burykin: Korean and New Perspectires of Altaic Studies. 노어로.

10:07 → 10:34 23명 앉아 있음

發表도 러시아어, 要旨도 노문. 완전히 귀머거리, 까막눈. 러시아어 발표는 물이 흐르듯 거침이 없고, 중간에 끊는 일이 없다. 청중은 노교수가 많은 것이 특징. 털부리 검은 쉐터, 허름한 옷, 오직 자기 말만 계속 떠들다. 실로 多辯人種이다.

Altaic어학 이야기를 한다는데 한마디도 모르겠다.

발표가 끝나자 어떤 노교수가 역시 빠른 노어로 의견 제시, 토론. 학생 청중 거의 퇴장 16명 남았음

발표장이 한국어 및 문학 연구센터라는데 책 몇 백 권, 정신연 민족문화대사전, 기타 한국학 대사전 등 강의 탁자와 의자 몇 개.

발표자와 토론자 논쟁 계속.

1997年 10月 15日(水)

11시 20分 → 11시 50分 동양학도서관 한국어부문실 특별참관 – 한국어 잘하는 학생이 안내.

여러 노교수 同行.

12:00 → 12:30 커피 타임.

12:30 → 12:55 발표, 1시 3分 끝.

Chairman: Staffən Rosen

Adelaide F. Trotsevich: Western Influence on Korean Prose

霧津紀行, 청중 17명. 무슨 이야기인지 조용히 전개. 다들 가만히 앉아 있다. 셋 追加 入場. 또 전병재 교수 入場

발표 후 몇 사람 질문, 토론

12:56 → 13:33

Larissa V. Zhdanova: Ch'oe Chiwom's Cycle of Poems "Singing the wind and the Moon" as the Model of the Universe and the Model of the Man. 최치원(851-?)

嘯月吟風, 中和, 甲辰, 季冬

이곳에서 받은 볼펜으로 쓰고 있는데 잘 안 써진다.

英語로 더듬더듬 발표. 大珠山, 潮浪, 中間에서 노어로 전환, 信臥龍風.

또 다시 영어로 더듬더듬.

梁父 = 梁甫.

(이곳 住民, 학생, 모두가 무슨 內容인지 모르나 비닐 한 봉지씩 갖고 다님)

玉龍門, 鱗甲, 放慵 慵字에 동그라미, 鍛, 信.

Sonja Hassler: 13:35 → 13:55 발표

Disscussions about Chong Mongju's Loyalty during the Yi dynasty.

유창한 영어로 발표, 발표장에 학생들이 옷을 벗어놓고 쉴 새 없이 들락날락

Kongminwang(1352 - 1374)

동백림大 렌트너 교수의 제자로 몇 年 전에 우리 집에 왔던 듯.

Lyudmila V. Golkina: 13:55 → 14:07

Romanticism in Korean Literature.

역시 노어로 원고를 읽다. 장애자인 듯.

중국에서도 경험했듯 사회주의 국가의 발표법이 모두 이러한 듯. 질문 있음. 토의 시작.

Chairman: Gennady E. Rachkov

15:45 → 16시 15分

KANG SINHANG

The Characteristics of the Phonological System of Tong-Guk-Chong-Um

한국말로 약 20명의 청중 앞에서 강의하듯이 하다.

16시 15分 → 16시 50分

Lee Hyung Geum: Problems of Korean Teaching Programs in Russia.

在모스크바 선교사로서 三一文化院 원장. 우리 책 몇 권을 선사하다.

러시아에서의 한국어교육의 어려움과 전망 설명, 문제는 교재와 교사

16시 50分 → 17시 3分

Kim Sung Il: Eugeny Zamyatin in South Korea, 고려인인 듯.

유창한 러시아어로 논문을 읽어 나가다. 이것이 이곳 풍토인 모양이다.

이곳에 고급 한국 관계 책을 보낸들 누가 학술적으로 읽을 것인가? 한국어 학원 수준인 것을!

17시 3分 → 17시 36分

Alexei A. Vasilyev: Semantics of affix -ga in Model Korean Construction. (이곳 교수)

무슨 내용인지 자리에 서자마자 속사포로 쏘아댄다. 접미사 -가 가 어떻다는 것인가! 한국어 예를 안 들고 떠들어대니 무슨 이야기인지!

어디가 아픕니까? 의문어미 이야기? 아니다.

왜 저렇게 말을 빨리 할까?

누군지(박사반) 나가서 보충 발표?(털부리, 인상이 나쁘다. 내 발표는 들었다)

하나의 발표? 17시 38分 → 18시

민우는 약속을 지킬 수 없습니다.

병원에 있으까요.

18시 → 21:30 Cultural Program

Ballet Performance at Mariinsky [Kirov]

Opera and Ballet Theatre: "Bayadaire" 너무나도 꿈같이 아름다운 仙女들의 춤이었다.

1997年 10月 16日(木) 흐림, 날씨 음산

Plenary session(Conference-Hall 70, Main Building, 7/9, Universitetskaya Emb, 2nd fl.)

벌써 3日째다. 이곳에 온지 5日째. 4日 後면 집에 간다. 良과 함께 있으니 安心이지만 이곳에 있어도 집 걱정뿐이다. 집이 아니라 나라 정세 걱정이다.

1997年 10月 16日(木) 10:05 → 10:25. 이어서 영어로 요약文

Chairman: Gennady E. Rachkov(동양학부 교수)

못 보던 얼굴 또 있음 약 50명

논문 초고도 없으니 모두 멍하니 앉아 있음.

누구인지 모르지만 역시 빠른 말로 읽음.

Nikola: A. Samiolov라고. (Petersburg大)

Korean and Chinese Immigration into Russia at the turn of the 20th century.

다 끝나 영어로 읽은 동안 오직 잠만 오니 한중 양국관계

이곳을 쓰다가 잠깐 졸다

여자가 質問하다(여기는 졸다 쓴 글씨도 춤추다.)

Serguei kourkanov:

10:40 → 11:15

한국어를 잘못하는 것이 …… 또 졸다

(* 여기가 한 시간 졸며 쓴 기록)

Elemonts of Traditional Coufucian Thought in the North Korea Juche Ideas: 또 졸다

영어로 읽느라고 큰 고난을 겪고 있다. 발표가 끝나자, Karoly Fendler 氏가 길게 노어로 질문. 질문이 발표 시간과 비슷하다. (또 졸다) 완전히 실수.

11시 1分 또 졸다. 主体이야기를 많이 하다. Fendler 교수 얘기 계속 중.

앞에 앉은 이들이 나의 꼴을 웃는 듯 11시 6분 질문 끝나다.

11시 6분, 유학생(서강大 出)이 영어로 自己의견 제시, 원고를 써 온 듯.

11시 9分 딴 질문자. 自己 의견을 또 열변으로 제시(노어로). 못 보던 얼굴. 11시 11分 끝나니 발표자 또 더듬더듬 영어로 15분까지.

Kim Jean Yong: 11:16 → 11:35

Literature and Identity on Yoon Hoo Myong's "White Steamer" and "Fox Hunting"

빠른 우리말 노어식으로 빨리 하다.

作品 内容 소개. 무슨 소리를 하는 것인지? 너무 러시아에 心醉하고 있는 것 같다. 우리말도 정확하지 않고.

운동권의 見解 反省文? 러시아가 과거 우리를 전부 사로잡고 있었다는 뜻?

러시아가 우리 將來를 左右한다고? 정신면에서?

질문 시작. 러시아人, 이 목사

Valentin N. Li: 11:39 → 11:46

Literature of Koryo Saram

노어로 발표. 러시아 모스크바 거주 연구자. 실물은 代理人이라고.

12:00 → 12:30 휴식

여러 이야기를 나누다. 사무이야기

12:30 → 12:33

국제교류재단 김종원 이사장 인사말 대독

Chairman: Anatoly G. Vasilyev

Mamoru Nakamura: 12:35 → 13:06

Korean Infuence on Molding the Manyoshu.

영어로 발표. 스웨덴 거주. 나쁜 發音이지만 성실히 천천히 읽다. 夫人은 한국인, 이두이야기도 나옴.

김사엽 교수 등 여러 사람의 萬葉集 解讀者 이름을 列擧하고(日本側, 기타), 한국어의 영향을 강조하다. 이영희 女士까지도 포함한 것은 걱정.

Alexander M. Pevnov: 13:07 – 13:26

Presymably Koguryo Lexicon in Jurchen and manchu: 원고도 안 보고 自信 있게 속사포로 떠들다. 한 다리가 不便한 데도 학문적인 정열에 놀랐다.

(누구 논문인지 영어로 다른 사람이 요약)

Chong Hyun-Jong: 13:28 → 13:56

Why is Poetry our Destiny? Concerning Today's Korean Poetry.

잡담으로 생각했기 때문에 좀 김이 빠진 느낌. 복장도 회색, 머리도 회색, 목소리도 센 소리.

發表도 要領인 듯, 동료로서 진땀난다. 너무나도 散漫, 모두 지루한 表情을 끝으로 自作詩를 러시아 교수에게 代讀, 개막식 때 느낀 것

Bella B. Pak: 13:56 – 14:10

Min Young Whan's Mission, 1896.

The story of one Photograph.

우리말로 민영환 공사 사건 설명하는 줄 알았더니 역시 노어로 하다.

귀중한 사진 공개. 민영환, 민치호 사진 등

※ 발표가 끝나자 기념 사진을 찍다.

14:10 – 14:30

Closing Ceremony.

학과장이 길게 인사말을 하다.

"그 나라 언어를 공부하면 그 나라를 사랑하게 된다."고. 감명 깊은 말이었다.

※ 가끔 가슴이 뛴다. 不吉한 病兆? 病兆라는 말은 내가 만든 말이다.

16:00 – 18:00

Cultural program: State Hermitage Museum 참관

옛 宮殿을 利用해서 만든 거대한 박물관이었다. 세계 三大 박물관의 하나라고 했다.

主로 宗敎畵와 大理石文化 그리고 宮殿遺物들이었다.

19:00 – 22:00

Farewall party(restaurant "Arirang", 20, 8th, Sovetskaya, St.)

姜信沆, 정양완을 위한 밤이었다.

학과장이 또 인사를 하고, 延大 전병재 교수와 내가 답사를 했다.

이어서 또 여러 분(朴 교수 – 모스크바)이 良을 칭찬하고

학과장은 우리 內外에게 꽃다발까지 증정했다. 참으로 눈부시게 우리 內外만 부각시킨 밤이었다. 학과장은 자기와 전공이 같다고 반가워했다.

1997年 10月 17日(金) 흐리다 약간의 눈

새벽부터 귀국 준비
公式 행사가 끝났으므로 차분히 귀국 준비를 시작하다.
아침 8시 식사
Petersburg大로. Nikitina 교수 禮訪. Aktine 교수 차로 대학에.

10시 - 12시 10分
Nikitina 교수 안내로 東方學 연구소와 헬밋박물관 특별실 참관. 귀중한 고서가 많이 보존되어 있었다. 건물은 옛날 귀족들이 쓰던 호화스러운 건물이었다.

12시 10分
Nikitina 교수와 눈물의 이별을 하고 박 氏들의 案內로 한 시간 거리에 있는 여름 宮殿을 참관하다.

17시 다시 서울회관(한식집)에서 식사를 하고 극장에 가서 오페라를 감상하다.

21시에 방에 돌아와 휴식
극장에서 Nikitina 교수한테서 받은 포도주 병이 깨져서 약간 소란을 피웠다.
저녁을 먹으면서 이곳 한인 및 유학생 이야기를 듣다. 또 러시아인의 生活이야기도 들었다. 교수 월급이 200달러 미만이라는 이야기에 충격을 받았다.
朴 氏는 한 분이 박종수 씨, 한 분은 박현봉 씨

1997年 10月 18日(土) 흐림. 개었다가 비

이곳에 온지 7日째.

來日이면 이곳도 이별이다. 언제 또 이곳에 올 수 있을 것인지?

이곳의 넓은 벌판, 人情, 정돈된 市街地 모습을 영원히 잊지 못할 것이다.

나는 외쪽 발목이(지난해 10月 3日에 부러진 곳) 良은 오른쪽 무릎이 아프다.

連日 强行軍을 한 탓이다.

上午 10시, 러시아 여학생이 찾아오다.

런닝과 양말을 선사하다. 良의 논문을 받으러 온 것이다. 아주 예쁜 학생이다

10시 半 朴현봉 氏 車로 다시 박물관(헬밋타쉐?) 참관(10시 半 →2시 半)

송 교수 內外와 朴 氏 夫人은 샌드위치 점심 후 다시 러시아 박물관에, 朴 氏와 우리 內外는 이곳 체육대학에 가서 교포 학생들의 체육大會를 참관하고, 격려사를 할 예정이었으나 분위기가 조성되지 않아 백화점을 구경한 뒤 러시아박물관에 가서 一行과 合流.

7시 박종수 氏 宅에 가서 성의껏 차린 저녁을 즐겁게 들다.

송 교수 內外, 우리 內外, 朴현봉 씨 內外, 朴종수 氏 內外, 그 子女 둘. 반찬이 너무 많았다.

1997年 10月 18日 밤. 비 오는 속을 콜택시로 호텔(9시 – 9시 半) 9:58분에 도착.

러시아 여학생 둘(나타샤와 기타)이 기다리고 있었다.

밤 10시 →11시 半

호텔 6층 커피숍에서 Aktine 교수, 박영숙 교수, 송 교수 內外, 우리 內外, 러시아 여학생 둘이 학문 이야기를 진지하게 나누었다. Aktine 교수가 한국에는 퉁구스

어학이 없다고 지적에 우리들은 모두 反省해야 된다고 여겼다.

밤 11시 半. Aktine 교수에게 '하나로' 한 보루를 선물로 주고 Nikitina 교수에게 夫君 치료비로 보태 써 달라고 300불을 傳하도록 부탁했다.

우리는 이번에 2,800달러를 가지고 와서 1,800달러를 쓰고 가는 셈이다.

一流호텔에서는 160달러짜리 방을 70달러로 혜택을 받았다. (주최측에서)

1,800달러 가운데 500달러는 기증용(박종수 氏 子女에게 200, 니키티나 교수에게 300달러)

교포 학생에게 홍삼차도 주었다.

1997年 10月 19日(日) 밤새 오던 비가 개다. 흐린 날씨

아침(새벽) 4시부터 귀국 준비

드디어 학회 참석을 有益하게 보내고 무사히 귀국하게 되었다.

우리 학문이 아직 未熟함을 反省한다.

아침 8시 45分 호텔 出發 예정. 비행장에서 10:10分 모스크바 비행장으로 갈 예정. KAL은 저녁 5시 出發 예정.

모든 여행이 無事히 이루어지기를 빈다. 오늘은 主日. 호텔 房에서 아침 기도를 하다.

아침 8시 호텔에서 급히 아침 식사를 하고 데리러 온 朴종수 氏 車로 9시에 호텔을 떠나 비행장으로 향하였다.

가로수를 보고 있으니, 왜 그런지 눈물이 난다.

北國 경치 탓인가? 이곳에 정이 들었던 까닭인가?

7泊 8日의 旅程이 나를 슬프게 한다.

9시 半 Petersburg 국내 공항에 도착하여 10시 20分 모스크바行 비행기(에어로후로트)에 오르다. 朴 氏가 비행기 앞까지 우리를 배웅했다. 노 대통령 이후 처음이라고 했다.

10시 50分 出國. 11시 50分 모스크바 국내 비행장 도착, 버스로 12시 40分 모스크바 국제 공항 제2청사에 와서 17시 50分까지 기다리다.

17시 50分 KAL 924号便에 올라 1997年 10月 20日(月) 아침 6시 33分에 김포에 무사히 착륙하다. 좌석 번호는 46 H, J이었다.
줄곧 同行한 西江大 송봉호 교수 內外와는 KAL기에서 작별 인사를 하였다.
비행장에는 석희가 한결을 데리고 마중 나왔다.
잠시 쉬었다가 成大에 가서 체코에서 온 푸체크 교수를 만나 연구계획서에 서명을 해 주고 대외협력처장(김영규) 오호탁 학과장과 함께 三淸洞 용수산에서 점심을 함께 하였다.

三.
韓中文化關係 國際學術會議

(1)

第六屆 中韓歷史文化關係 國際學術會議, 台北

1990年 6月 22日(金) - 6月28日(木)

⋮

1990年 6月 22日(金)

석진이가 태워다 주어서 무사히 出國.

下午 3시 10分 金浦 出發

下午 5시 20分(현지 시간 4시 20分) 中正 도착. 蔡連康, 張介宗 교수가 마중 나오다.

台北驛前 YMCA 709号에서 一泊, 비가 오다.

저녁을 이곳 政治大學 出身 成大 大學院 유학생들이 回甲축하연으로 크게 개최하다.

程哲國, 蔡連康, 張介宗, 朱立熙, 黃碧麗, 黃俊泰, 程崇義, 卓一平, 李明, 林美英, 李貞雅, 李樹渝

큰 선물도 받고, 祝賀 케이크도 자르고, 정말 무슨 榮光인지 모르겠다.

집에 電話를 하니 석진이가 받고, 이어서 良이 받다. 白樂濬 박사 師母님께서 別世하셨다는 소식을 들으니 우울하다.
이번 旅行은 처음부터 즐겁지가 않다. 또 良과 함께 오지도 못하고.

1990年 6月 23日(土) 南部地方을 颱風이 휩쓸고 가다.

아침을 蔡連康 교수와 함께 하고, 三民書局을 구경한 뒤 낮에 中央研究院學術活動中心 客房部 4117号室로 옮기다. 施設이 좋다. 日本에서 온 菅野裕臣 교수도 만나다.
下午에 조용히 發表 準備를 하다.
저녁에 다른 一行들이 다 와서 客房部 식당에서 胡春惠 理事長이 歡迎宴을 盛大히 베풀었다.
李基文 교수 內外, 梨大 洪淳鎬 교수 內外, 釜山大 林鐘贊 교수, 서울大 신용하 교수, 誠信女大 許英恒 교수 등이 參席했다.

1990年 6月 24日(日) 개다. 덥다 30여도

金華街 政大 公共行政中心暨企業管理中心(行政大學院과 경영대학원)에서 会議 개최
上午 中 盛大한 開幕式
下午에 発表会, 討論会, 제1分科 청중은 38名 나는 現代韓語의 俗語 및 隐語의 造語法에 관하여 說明하다.
저녁에 市內 식당(卞歐徍 레스토랑)에서 西洋식 뷔페로 식사
밤에 張介宗, 菅野, 房玉琳 先生과 中央研究院 앞 小吃店에서 술. 房 先生(77세) 夫人은 다시 大陸으로 갔다고 했다.

쓸쓸한 人生이다.

1990年 6月 25日(月) 개다. 덥다 35度예상

어제 저녁 술로 배탈이 났다. 다시 発表会와 討論会. 뒤이어 綜合討論会. 나는 壇上에 올라앉다.

저녁은 廣興樓식당에서 大大的인 宴会.
9시에 숙소에 와, 李國辰 小姐(國中 老師, 두 아들 어머니, 師大 出)를 만나다.
다리를 다쳤는데도 목발을 짚고 선물까지 가지고 왔었다.
여러 가지 消息을 들었다. 李忠堂 先生 内外(國辰 小姐 父母)께서 美國으로 移民을 가신다고 했다. 슬픈 일이다. 어째서 이번 여행은 이렇게 슬프기만 할까?
葉二臨 先生은 24日 새벽에 바나나를 사들고 숙소로 오셨었다. 27日 下午 5시에 다시 만나기로 했다. 夫人은 큰 아들 内外와, 葉先生은 작은 아들과 산다고 하였다. 不幸한 일들이다.

1990年 6月 26日(火) 덥다

陽明山 참관
故 蔣介石 總統의 執務室도 보고 史料保管室에서 丈人어른(정인보) 글씨로 李承晩 大統領이 蔣 總統에게 보낸 公文도 보았다.
점심 후 一行은 故宮博物館參觀.
나는 따로 黃碧麗 女士와 論文 문제를 의논하다. 큰 선물도 받았다.
저녁 다섯 시. 林明德, 王俊 교수 共同主催 만찬회에 李基文 교수 内外, 菅野 先生과 참석하여 泗川料理도 먹고, KTV(KARAOKE, 聽, 看) 집에 가서 여러 노래를

들었다. 괴상한 形態의 스트레스 解消法이 건전하게 發達되어 있었다.

1990年 6月 27日(水) 맑다.

새벽 5시에 일어나 환경정리

낮에 YMCA로 다시 옮겼다. 또 그곳에서 여러 사람을 만나고 이곳에서 여러 교수, 학생들을 만나서 의견을 많이 교환하고 助言도 했다. 피곤하지는 않으나 왜 그런지 모든 것이 슬프다. 다시 오지 말아야 되는 것이 아닐까?

1990年 6月 27日(水)

上午 9시, 李基文 교수와 一時 귀국 中인 丁邦新 교수를 中央研究院 歷史語言研究所 研究室로 訪問하다. 趙元任, 張琨 교수의 뒤를 이어 버클리大 교수로 在任 中이라고 했다. 夫人이 그린 그림 한 点을 나에게만 기증해 주었다.

10시 반. 中央研究院學術活動中心을 떠나 YMCA로 가다. YMCA 614号室 投宿.

李基文 교수 內外, 나 蔡連康, 菅野 교수와 함께 湖南料理로 점심을 飽食하다.

食後에 李基文 교수 內外는 관광을 가고, 菅野 교수는 귀국하였다. 나는 黃碧麗 女士에게 論文 內容을 지도하고 三民書局에 가서 良의 冊을 사서 부쳤다.

下午 5시. 葉二臨 先生과 牛肉麵으로 저녁을 함께 하다.

5시 半에 致理商專 周玉惠 교수가 자기 저서와 그림을 가지고 왔다가 곧 갔다.

1990年 6月 27日(水) 20시

文化大 박사반 김성기 석사가 와서 두 시간 동안 학문이야기를 하고 갔다. 金門高粱酒도 두 병을 가져왔다. 나는 런닝, 팬츠, 양말을 주었다.

1990年 6月 28日(木)

다시 颱風이 온다.

아침 6시. 이기문 교수 內外가 먼저 香港으로 가다.

나는 6시에 李玉曼 小姐(成大 碩士班)를 만나서 함께 豆漿을 먹고 혼자 房에서 電視만 보다.

8시 半에 蔡連康 교수가 李基文 교수를 中正비행장에서 배웅하고 다시 찾아왔다.

9시에 葉二臨 先生이 高粱酒와 참기름을 가지고 왔다.

9시 半에 張介宗 교수가, 10시 半에 金聖基 석사가 다시 YMCA 614号室에 찾아와서, 11시 半까지 여러 이야기를 나누었다.

交換교수 문제, 학생 지도, 입학 문제, 相互訪問團 문제, 學會 문제 등등, 참으로 問題가 山積해 있으나 責任질 사람이 없는 것이 안타까웠다.

11시 半에 모두 中正 비행장에 왔다. 태풍 관계로 下午 2시 半 비행기가 6시 50分에야 離陸했다. 누가 주선했는지 2等席(12A)에 자리가 마련되어 있었다.

1990年 6月 28日(木) 크게 흔들리고 中華航空 663号에서 下午 6시 31分

이번 旅行은 왜 이렇게 슬프기만 할까? 良과 안 온 것이 큰 原因의 하나다.

꼭 淸代末期처럼 느껴져서 그러는 것일까? 다시는 안 오겠다고 決心해서 이런 느낌이 드는 것일까? 말할 수 없이 슬프기만 하다.

1990年 6月 28日(木)

下午 8시 30분. 비행기가 延發, 延着해서 이정복 군(成大 국문과 卒, 한국기업의 香港지사 근무) 內外에게 큰 고생을 시켰다.

이 군 內外가 예약해 준 Harbor View International House(YMCA) 1706号室에 묵다.

시설이 참으로 깨끗하다. 숙박비도 70弗 정도.
이 군 가족들과 純子食堂이라는 곳에서 한식으로 푸짐하게 먹다. 이기문 교수 內外가 묵고 있는 호텔과 徒步로 3分 거리였다.

1990年 6月 29日(金) 큰 비. 무덥다.

이기문 교수 內外와 三聯書店에 가서 冊을 사고, 점심을 함께한 뒤, 이정복 대리 부인 안내로 해안 公園을 구경하고 中國食堂에서 飽食하다.

1990年6月30日(土) 흐리다

아침 6시 出發
中華航空으로 香港에서 다시 台北에 와서 또 中華航空 130号便으로 서울에 왔다.
28日 下午. 中正機場에서 떠날 때에는 다시 오지 않으려던 곳이었는데, 비행기 관계로 또 中正기장에 앉아 있으면서 여러 생각을 했다.
모든 것이 實力이 제일이라는 것을 다시 느꼈다. 學者는 實力이 제일이다.
下午 2시 半에 김포비행장에 내리니 良과 석진, 석화가 車를 가지고 마중 나와 있었다.

개회식인사 1990.6.24.

숙소. 1995.12.16.

논문발표. 1995.12.17.

강신항, 논문발표. 1995.12.17.

左로부터 정양완, 林明德, 王俊, 姜 환영회. 1995.12.16.

左로부터 菅野裕臣 교수, 신용하 교수, 胡春惠 교수, 강신항. 1990.6.23.

정양완 논문발표. 1995.12.17.

政大 총장 예방. 1986.12.29.

(2)

中韓文化關係與展望國際學術會議, 台北

1995年 12月 16日(土) - 12月 21日(木)

⋮

1995年 12月 16日(土) 맑음 서울→台北

CS(Continental micronesia)가 925号로 서울 13:30 中正(桃園)機場 16:00 着. 날씨, 하늘에서는 흐렸으나 흔들리는 일도 없이 무사히 到着.

蔡連康 교수, 張介宗 교수가 큰 車로 마중 나와 一行이 무사히 台北市金山南路1段 儂來(long life)호텔에 投宿하다. 우리 內外는 720号, 석희 內外는 615号. 程哲國 會長 內外도 同行.

저녁 6시. 환영만찬회. 紹興酒를 많이 마시다.

金浦비행장에 석진이가 允求도 데리고 오고, 석란 內外도 단비와 나왔었다.

台北에서는 王俊. 陳捷先, 李明, 劉德海, 曾天富, 蔡茂松 교수 등이 축하연에 참석하고, 우리 一行(한국측)은 李成茂, 閔斗基, 黃元九, 柳承國, 安炳周, 宋載卲, 金學主 교수 등이었다. (유·金·安 교수는 환영宴 不參)

밤에 在台北 成大 출신 유학생 一行이 찾아와서 우리 소주 한 병을 주었다.

1995年 12月 16日(土) 저녁

謝鳳嬌를 만난 일

나의 中國 딸 사봉교(1979年 政大韓文組 卒, 내가 76~78. 2年간 가르치다)가, 16日 下午 숙소에서 기다리고 있다가 만나고, 저녁 宴會 뒤에 다시 찾아와서 밤 12시에 떠나다. 떠나면서 우리 內外를 아버지, 어머니라고 부르면서 껴안고 인사하고 가다. 딸도 함께 왔었다. 양말 한 상자를 주었다. 平生토록 돌보아 주어야 할 딸이다.

徐作蓉과 李栢鶴

우리 乾兒子 李欣衛와 李秉澤의 父親 李栢鶴 氏(76年代 成大 유학생)가 玉器와 果實을 한아름 안고 와서 우리 內外를 기다리고 있다가 만났다. 의리가 있는 사나이다. 紅蔘과 버섯, 사과 등을 주었다.

徐作蓉은 도장을 새겨 가지고 왔다. 모두 고마운 사람들이다. 그린 소주와 양말을 주었다.

1995年 12月 17日(日) 비 오락가락

研究 發表會

上午 中에 形式的인 행사가 있었고 이어서 程哲國 會長의 韓,台兩國 경제 관계 보고.

1番打者 발표자로 良이 발표하고 質問과 討論이 많았다. 言語·文學組에는 약 35명이 참석하여 과거 두 번 참가한 때에 비하면 大成功이었다.

숙소 台北市金山南路1段71号 Tel. 396 - 9321, Fax. 397 - 2958 儂來大飯店 (long life Hotel)

발표장 台北市金華街 政大別館. 日程 上午 9時 半 → 下午 6時 발표. 言語, 文化, 경제, 정치, 역사 등 3分科로 나누어서 하다.
저녁 Hotel 에서 洋食으로 식사. 일찍부터 房에서 쉬다.
발표장에서 충남大 도수희 교수의 따님과 서랑을 만났다. 둘 다 박사반이다.

1995年 12月 18日(月) 가랑비 오락가락

花蓮 여행
새벽 다섯 時 기상. 謝目堂 氏 案內로 6시 半에 松山비행장 行. 一行은 우리 內外, 석희 內外, 鄭丙壽 교수 內外 등 여섯이다. 7시 20分에 비행기(프로펠러)로 松山 출발 8시 花蓮 着.
25年 前에 良과 함께 처음으로 台北에 왔을 때, 松山에 내렸던 감회가 새로웠다.
8시 半에 旅行社 車로 太魯閣, 大理石 공장. 天祥을 참관하고 山地舞(지금은 필리핀人 등이라고 한다)를 참관하고 下午 3시 半, 花蓮에서 高雄으로 비행기로 가다. 손님이 너무 없었다.
高雄비행장에는 黃英忠 교수, 李慧珠 교수, 朱素眞(양딸)이 나왔다. 우리 一行은 高雄 제1級 華王大飯店, 高雄市五橋 4路 42号. Tel. 551 - 1515 (07) 561 - 5155) 2821号室, 2820号室(석희), 2822号(정 교수)에 묵었다.
저녁은 黃 교수가 高雄 제1이라는 海物집에서 台灣式 음식으로 陳年 紹興酒와 함께 잘 먹었다. 朱素眞 夫君인 張弘文 교수도 식당에 와서 숙소로 와 함께 사진을 여러 장 찍었다. 소진에게는 홍삼(天), 양말, 사과를 주었다. 6年만에 만났는데, 참으로 幸福하게 살고 있어서 기뻤다.
밤 12시가 넘어서야 잠자리에 들다.

1995年 12月 19日(火) 흐림, 26度

中山大와 佛光山 참관

上午 中 黃英忠 교수의 案內로 中山大와 企業管理硏究所 등 참관. 良은 다리가 아파서 朱素眞과 연구소 사무실에서 쉬다.

中山大 도서관 등을 참관하면서 뜻밖에도 中山大의 규모가 큰 것에 놀랐다. 成大의 초라한 모습이 부끄러웠다.

下午에는 鄭丙壽 교수 內外, 석희 內外, 나만 謝目堂 씨의 案內로 佛光山을 참관하다. 역시 佛敎의 聖地답게 규모가 컸다.

저녁에 정 교수는 강연하러 가고, 우리 內外, 석희 內外, 정 교수 夫人은 素眞이 車로 高雄外國人학교 학생들의 크리스마스 축하 학예회(노래뿐)를 참관하고, 素眞이 사는 아파트에 가서 茶를 마시고 오다.

아파트 규모가 80坪은(2층식) 된다고 하였다. 사람 數에 비하여 너무 넓었으나, 컴퓨터가 몇 台씩 있었다.

1995年 12月 20日(水) 맑음. 25度(高雄)

高雄에서 台北으로

아침과 점심을 黃英忠 교수 好意로 배불리 먹고. 市內를 한 시간 동안 걸어 다닌 뒤 下午 1시 50分 비행기로 台北에 2시 40分 도착. 택시로 儂來호텔에 오니 李明 교수가 茶를 놓고 갔다.

저녁 7시의 모임까지 都守熙 교수 따님 內外(모두 文字學 전공 박사반)와 이야기를 나누고, 張介宗 교수와 함께 食堂(寧冀餐廳)으로 가다.

그 동안 永和 친정에 갔던 소진이도 호텔로 찾아왔었다.

한국에 다녀온 中國 유학생들의 환영宴

蔡連康, 胡啓建, 李栢鶴, 陳桂貞 氏 內外, 曾天富, 黃俊泰, 劉德海, 朱立熙, 張介

宗, 卓一平, 方稚芳, 朱素眞 등 여러 분이 참으로 푸짐한 음식을 가지고 우리를 대접했다. 석희 內外도 대환영을 받았다.

이번 旅行의 모든 비용을 이곳 한국연구학회와 黃英忠 교수가 부담하였다.

1995年 12月 21日(木) 날씨 음산하다

台北 旅行을 무사히 마치려 한다. 참으로 고마운 여행이었다.

上午 9時, 葉二臨 先生과 그 長男 振國 군을 호텔에서 만나 선물을 교환하다. (우리 紅蔘 良 150g, 양말, 넥타이, 葉氏 茶, 乾果物) 여러 이야기를 나누다. 王井泉 氏 夫人, 葉太太와는 電話만 하다.

方稚芳 女士의 來訪, 8時 方 女士가 金門 特産 술 한 병을 들고 딸과 찾아왔었다. 한국에서 아무 것도 안 해 주었는데 미안했다.

旅行을 하다 보면 뜻밖의 신세를 지게 된다. 胡啓建 女士는 良의 약을 한 아름 안고 왔다. 新店까지 다녀왔단다.

1995年 12月 21日(木) 서울은 零下의 날씨

張介宗 교수의 餞送을 받으며 귀국.

正午, 鄭丙壽 교수 內外 분과 두 台의 車로 中正機場으로 가서. 점심을 함께 들고 鄭丙壽 교수 內外는 싱가폴로, 우리 一行은 15:50(현지. 한국 16:50) continental micronesian(大陸)기로 한국行 (926号便), 한국 시간 7시 金浦 着. 그러나 세관원들의 사보타주로 비행장 밖으로 나오는데 한 시간. 또 내가 화를 내야만 했다. 비행장에는 큰 며느리가 秀仁(손녀)이와 나와 있었다. 석희 內外를 녹번동 집에 데려다 주다. 밤에 台北과 高雄 여러 교수께 감사 전화.

(3)
제7회 환태평양 한국학국제학술대회 (The 7th PACKS), 台北

2004年 10月 19日(火) - 10月 24日(日)

⋮

2004年 10月 19日(火) 흐림 → 台北 비

새벽 4시 半 기상 아침(떡국)

새벽(6:30 → 7:40) 석화 車로 仁川空港 도착

上 (7:40 → 10:47) J에서 CX 421号 수속을 무사히 마치고 良에게 전화. 선물(화장품)을 사고 9:35 仁川 → 10:47 台北(中正) 도착. 중간에 비행기가 태풍 영향으로 흔들리다.

낮(10:20 → 14:00) 台北 공항에 나온 黃碧麗 女士 · 張介宗 교수 제자, 郭秋雯 교수 제자 車로 圓山大飯店 514號室. 점심 뒤 다시 文化大學으로.

下午(14:00 → 16:00) 15명 참석

文化大學 大仁館 225室 外(國)語學院會議室 발표에 참가

외국어로서의 한국어 교육 정책의 제문제(서울교대 김호성 총장)

현승종, 이상억, 신용하, 임명덕, 신현숙, 이득춘, 한철우, 성광수 교수 등 여러 사람 발언

下午 (16:30 → 18:00) 12명 참석

圖書館 6樓 제2會議室

최명옥, 묘춘매, 金錫起(연변 科技大) 교수의 발표를 듣다. 전공자는 4명뿐.

동원된 학생 7명, 이상억 교수가 토론자. 모두 自己가 司會, 발표, 토론

밤. 市內 Hyatt Hotel에서 駐台韓國代表部 大使主管 晩餐(18:30 → 21:30)

너무 浪費가 심했다.

2004年 10月 20日(水) 맑음

새벽(5:30) 良과 국제전화로 통화

아침(6:00 → 7:30) 식당에서 연변대 李得春 교수를 기다렸으나 허사.

아침(8:10 → 8:50) 圓山大飯店에서 陽明山文化大學에 가는 車中에서 九州大 松本孝俊 교수에게 '韓國의 譯學'을 기증.

아침(8:50 → 9:00) 기념사진.

上午(9:00 → 10:50) 地下 第1會議室에서 발표회

청중 15명, 全北大 최승범 교수가 司會

나는 地圖 4장을 가지고 揚雄「方言」의 '燕朝方言'에 대하여 발표, 李 교수가 토론자로 發言

上午(11:00 → 12:30)

賴文謙 선생 · 黃碧麗 교수가 와서 文化大 참관. 함께 학회 도시락으로 점심. 택시로 國際大飯店 목욕탕에 가서 李得春 교수와 독탕에서 목욕(990元, 한화 3.5만 원)

下午(16:30 → 17:00) 趙東一 교수가 특강

저녁(17:10 → 18:00) 閉幕行事

오늘 大村益夫 교수 · 이득춘 교수 · 최승범 교수와 많은 對話. 胡啓建 교수와 通

話. 밤 9시에 다시 통화하기로. 林明德 교수의 진행에 모두 감탄

밤(18:30 → 22:00)

市內 海產物 식당에서 韓國學術振興財團 朱子文 이사장 主催 歡送만찬회.

다음은 2006年에 인도 네루大에서 개최하기로. 노래 · 춤이 좀 지나쳤다.

밤(22:30) 李栢鶴 · 蔡連康 兩 氏와 通話

온종일 엉성한 회의진행에 모두가 不滿

2004年 10月 21日(木) 맑다

오늘 祖父님 忌祭祀

새벽(5:30) 良과 通話. 제사를 잘 모시라고 부탁

어젯밤. 李得春 교수(한한음운사연구) · 金錫起 교수(훈민정음연구)에게 册 전달

上午(9:00 → 12:00)

故宮박물관 등 市內 參觀

市內 蒙古烤肉집에서 점심. 一部 參加者 귀국

下午(13:30 → 17:10)

남은 학자들(中國, 한국, 日本 등)은 中正기념관, 二·二八기념관, 忠烈祠 참관 후 圓山大飯店에 가서 李得春 교수 등과 作別

저녁(17:20 → 18:00)

張介宗 교수가 보낸 吳 양과 택시로 金華街 政大分校 숙소에 가서 403号에 投宿 (택시비 150元, 숙박비 3,000元, 전부 張 교수 부담)

弔慰金은 절대로 안 받다.

밤(18:30 → 21:30)

숙소로 黃碧麗 氏 內外가 茶를 가지고 찾아오다.

먼저 葉二臨 선생과 王太太(郭快)와 22日에 만나기로 약속(葉 선생 10시, 王太太 14:30)

밤. 市內 식당에서 會食(괄호 안은 내 선물)

程哲國(홍삼정), 賴文謙, 黃碧麗 內外(홍삼정), 蔡連康 · 胡啓建 內外(화장품), 李栢鶴 內外(고추장 · 화장품), 이수유 內外(화장품), 卓一平 內外(홍삼정), 11명

유쾌하게 이야기를 나누고 한국에서 지낸 이야기 등을 回想하다. 紹興酒를 조금 마시다. 어젯밤의 不快感(歡送宴)이 다 가시고, 고맙기도 했다. 모두 茶를 선물로 가지고 왔다. 숙소는 台北市 106 金華街 187호

國立政治大學 公共行政及 企業管理教育中心 기숙사(招待所) 403号 Tel. 2351-9386

2004年 10月 22日(金) 맑다 25度 정도

새벽(6:10) 良과 긴 통화, 아침. 신변 정리, 짐 정리

上午(9:00 → 10:30)

張介宗 교수와 南港 葉二臨 先生 宅 예방, 홍삼을 드리다. 혼자 사는 것이 불쌍했다.

낮(10:30 → 14:30)

張 교수와 그 전에 살던 政大 숙소 附近 參觀, 길에서 趙東一 교수 一行을 만나다.

王兆徽 교수와 楊 小姐(美珠)를 만나 함께 식사. 政大 안에 한국 학생이 적다는 이야기를 듣다.

下午(14:30 → 15:30) 걸어서 王(郭快)太太 宅에 가서 王太太와 王祝娟을 만나다. 홍삼과 茶를 교환하고 숙소에 오다.

2004年 10月 22日(金) 맑다 23 → 29

밤(17:00 → 22:10) 숙소에서 쉬고 地下鐵로 華視 附近 '誼園湘菜館(日本 料理, 正宗湘

菜, 실은 가장 맛있는 중국 요리)'에서 會食

朱立熙(4), 朱素眞(3), 謝鳳嬌(2), 張介宗(2), 徐作蓉(2), 劉德海(2), (괄호 안은 1976年 때 학년) 游錫義(2), 黃俊泰(2), 黃碧麗, 吳姵靚, 黃蘭珠

朱素眞은 高雄에서 비행기를 타고 왔다. 모두 반가워서 어쩔 줄을 몰랐다. 吳 女士가 가장 좋은 차를 가지고 왔다.

밤(22:30) 숙소로 郭秋雯 교수가 선물을 사라고 대만 돈을 가지고 오다. 미안하다.

밤(22:30) 良과 긴 통화

수도 이전이 위헌이라는 기사가 이곳 신문에 크게 나다.

2004年 10月 23日(土) 맑다. 새벽에 약간 비 23-29

새벽(6:00) 良과 통화

새벽(7:00 → 8:00) 新生公園에 가서 散步

8:45. 郭 교수가 CX 420 좌석을 확인했다고 전화

上午(10:00 → 17:30)

10시 謝鳳嬌 女士 車로 張介宗 교수와 基隆行. 大佛을 참관하고 游錫義 사장이 개업한 日式 식당에 가서 飽食. 游錫義 - 基隆市安樂正基金三路 59号 5樓 Tel. 行動 0919-573-389 (02) 2432-3324. 점심 후. 역시 謝 女士 車로 瑞芳에 가서 日帝 金鑛 자리를 보고, 그 근처 상점(옛날 鑛山이었다고 함)에서 선물을 사다(약 2千 元 = 한국 돈 7万 元)

밤(18:30 → 20:00) 金華街 政大公企中心 부근에서 政大 1976 ~ 78(3학년 ~ 4학년)학년 학생들과 26年만에 會食.

主로 菜食, 술도 없어서 多幸이었다.

張洪鈞(男), 楊紹君(男), 楊美珠(女), 莊雅萍(女), 朱素眞(女)

숙소에 와서 짐 정리.

楊(男 · 女), 莊(女)이 26年만이라 서먹서먹했다.

納坦 颱風 接近 台灣

日本은 이보다 앞선 颱風으로 큰 被害

밤 새벽 2시까지 良의 전화가 없어서 잠을 못 이루다. 台北에 4.5 진도 지진

2004年 10月 24日(日) 새벽부터 큰 비　17~24

새벽 6시. 良이 전화. 어제 늦잠을 잤다고

새벽부터 짐 정리. 오직 무사히 귀국하기를 바랄 뿐. 비가 와서 外出을 中止

아침 9시 20分. 蔡連康 교수가 잘 모시지 못 해서 미안하다고 전화

비는 계속해서 뿌린다.

2004年 10月 24日(日) 비, 흐림　16 → 24

아침(10:00 → 13:30)

張介宗 교수와 三民書局으로 가기로 했으나 큰 비로 中斷. 숙소 근처에서 간단히 먹고 두 시간이상 텔레비전을 403호실(숙소)에서 보다.

낮(14:00 → 16:50)

郭秋雯 교수 內外가 두 애기를 데리고 인사 오다. 謝鳳嬌 女士 車로 台北 → 桃園行. 張 교수 同行. 그곳에서 郭 교수 同窓(成大, 政外科 유학)이 과자를 가지고 나오다.

茶를 들고 아쉬운 作別.

下午(17:10 → 20:40)

CX 420号기로 무사히 仁川空港 도착. 颱風은 안 좇아왔다. 비행장에서 張 교수에게 전화

錫姬와 한결 · 어진이가 마중 나오다. 良은 長位洞 丈人어른 忌祭祀에 가다.

밤(22:00) 무사히 亜南 101-612호 도착. 밤 늦도록 짐 정리. 꿈처럼 다녀온 여행이다.

(4)
第28屆 中韓文化關係國際學術會議, 台北

2015年 12月 11日(金) - 12月 15日(火)

⋮

2015年 12月 11日(金) 흐림

새벽(04:00) 아침식사, 새벽(05:40) 亞南 아파트 101-612 출발. 良과 석희車로 仁川空港行

忠南大 박재희 교수(成大 國文科 이금희 박사와 同期) 정희창 교수 배웅

上午 (07:40 - 10:00) 仁川空港 C13에서 搭乘수속 上午 (09:10 - 台湾中正機場 12:03)到着

30分 延着. 郭秋雯, 黃碧麗, 蔡連康 교수 나옴

下午 (14:00) 市內에서 牛肉麵 점심 黃 女士 부담. 下午 (15:00) 新北市 深坑区 北深路 3段 236号 福容大飯店 1718室(台幣 6500元 1泊)

그 사이에 三民書局에 들렀으나 專攻서적은 없었다.

저녁 (19:00 - 21:00) 福容호텔 2층에서 정말 맛없는 저녁 會食, 玄仁澤前長官 등과 인사

2015年 12月 12日(土) 가끔 비

上午 (06:30 - 07:00) 2층 뷔페식당에서 아침식사. 어젯밤 한숨도 못 잤다.

上午 (08:30) 호텔 出發. 上午 (09:00 ~ 12:00) 公式開幕行事. 두 組로 나누어 各自 발표

나는 11:00 - 11:30에 발표 아무도 듣는 이 없었다. 나는 '高麗譯音(韓國漢字音)의 來源' 발표

下午 良은 발표자 司会

저녁 (19:00 - 21:00) 가랑비가 오다

政大 학생식당 3층에서 会食, 옆에 앉은 張秀蓉(文化大 교수) 女士와 여러 이야기 온종일 帶狀 포진 患部는 조용했다. 밤에 若干 發動. 良이 핸드폰을 잃어버리다. (나중에 보니 여행가방 속에 있었다.)

2015年 12月 13日(日) 맑음

새벽 (05:30 - 06:00) 일찍 일어나 세수

上午 (07:10 - 08:30) 福容大飯店 2층 식당에서 아침뷔페 식사

忠南大 박재희 교수, 漢陽大 朴東昱 교수와 함께 식사, 여러 이야기를 나누다.

낮 (10:10 - 15:25)

郭秋雯 교수 內外 車로 郭 교수 집에 들러 茶를 마시고 王俊 교수가 가지고 온 禮物을 받고 木柵路 싸구려 餐廳에서 점심식사. 우리 生前에 다시 만나기 힘들 것 같아서 葉沈團妹 女士, 葉振國, 葉振疆 형제, 台中 中壢에서 올라온 王太太, 祝娟, 王俊仁 內外, 郭 교수 內外와 점심. 葉太太 · 王太太에게 紅蔘 선사. 王太 太 건강이 나빴다.

점심 후 王俊仁 內外, 王太太, 祝娟 등과 옛날 南港宿所 자리를 둘러보고, 곽 교수 內外, 우리 內外만 中央硏究院 안을 둘러보고 나오다.

福容大飯店에 와서 休息 짐 정리

저녁 休息 後 (17:40 - 21:00) 郭교수 內外 案內로 台北市南京東路 2段 63号 第一大飯店에 가서 会食. 참석자는 程哲國, 李수유, 蔡連康, 李栢鶴, 謝目堂, 李明, 黃碧麗, 郭秋雯, 음식은 최고급, 우리 內外, 茶, 酒, 乾肉 등 선물을 많이 받았다.

2015年 12月 14日(月) 흐림 낮게 가랑비　台北　18 → 23

아침 (08:00) 福容호텔 2층 식당에서 간단히 아침식사

上午 (10:00 - 12:00) 호텔로 찾아온 林翔鴻, 張愛眞 內外와 호텔 근처 傳統的인 두부村 参觀

下午 호텔에 찾아온 蔡連康 교수와 우리 內外, 林 氏 內外와 다섯이 政治大 뒷山 전통식당에 가서 菜食 점심 木柵觀光茶園(文山区指南路 3段 38巷 22号之 2, Tel (02) 2939-8865 龍門客棧)

이웃집에서 '鐵觀音' 茶 감상, 이어서 우리 內外만 蔡 교수 車로 政大校內 1周 참관.

학생수가 1万 7千 名이라고.

저녁 (19:00 - 22:00)

호텔로 찾아온 黃俊泰 (行政院國土安全辦公室副主任) 車로 良과 基隆市孝三路 61号 '箏の壽司' 游錫義 집을 찾아가다. 政大 劉德海 교수, 徐作蓉 女士 同行.

游사장 內外가 반가워서 나를 껴안다. 日食으로 飽食하고 高粱酒 한 병 선물 받고 오다. 너무 고마운 사람들이다. 모두 政大 韓文組(한국어문학과) 졸업생.

2015年 12月 15日(火)흐림　台北 12예상

아침 (06:50 - 07:10) 良과 호텔 2층에서 간단히 식사

上午 (09:00 - 10:00) 郭秋雯 교수 배웅 裡에 政大車로 良과 蔡連康 교수 案內로 桃園 空港 同行. 李玟源 교수(丁秀芝 교수 부군) 同行. 모든 일 代行

下午 (16:30) 仁川空港 귀국. 석희와 丁海順 女士가 나오다.

저녁 (18:00) 무사히 귀가. 良의 HANDPHONE이 짐가방에서 나오다.

밤 蔡連康, 郭 교수에게 전화(不在), 박재희 교수가 전화

※ 出國 땐 朴재희 교수. 귀국 땐 이민원 교수가 모두 도와주다. 또 두 空港의 要員이 良의 搭乘을 휠체어로 도와주다.

(5)
政治大 韓國語文學系 評價 旅行記, 台北

2007年 6月 10日(日) - 6月 13日(水)

⋮

2007年6月10日(日)맑음 → 台北 비 19/23

아침(09:20 → 10:40)

吳서방 車로 한결, 어진이와 명동성당에 들려 良과 셋이서 仁川空港行.

下午(10:40 → 14:30) 仁川空港 k-11에서 搭乘수속, 비즈니스 OA3석. 林龍基 교수와 만나 스카이라운지에서 간단히 점심. 기내에서도 또 식사. 비오는 中正비행장에 무사히 도착.

張介宗 교수, 蔡連康 교수 內外가 마중 나옴.

下午(15:40) 台灣大가 운영하는 立德飯店(LEADER HOTEL) 507号室에 도착

下午(16:00 → 17:30) 張介宗 교수, 林 교수와 台北에서 제일 크다는 誠品書店에서 冊 구입. 나는 두 卷. 林교수는 10여권.

밤(18:00 → 20:00) 숙소 2층 뷔페식당에서 저녁. 釜山大에서 교환교수로 온 崔貴默 교

수, 政治大助理教授로 있는 高麗大 出身 朴炳善 교수 등과 저녁. 여러 이야기를 나눔.

밤 高雄 朱素真, 台北 張愛真 女士(곧 한국근무로 감)가 전화. 서울 良과도 통화(張介宗 교수 핸드폰으로)

밤 숙소로 黄碧麗 女士. 郭秋雯 교수. 신랑, 아들딸이 찾아옴.

밤 여러 차례 깸

2007年6月11日(月)台北흐림 더위예상 25 → 30

새벽(05:00) 林교수 전화로 일찍 깸.

아침(07:00 → 08:00) 호텔 2층에서 林龍基 교수와 아침.

上午(08:20 → 12:00) 國立政治大學 外國語文學院 韓國語文學系 評價작업에 林龍基 교수. 林明德 교수와 셋이서 참가.

中午(12:00 → 13:30) 校內식당 2층에서 洋食으로 점심

下午(13:30 → 18:00) 評價活動 계속

저녁(18:00 → 20:00) 校內식당 3층에서 中食으로 저녁. 紹興酒를 많이 마시다. 李明 교수도 만나다.

밤(20:20 → 21:20) 호텔 507号室에서 林祥鴻. 張愛眞 內外와 여러 이야기. 7月에 한국에 와서 5年간 근무할 거라고.

밤(21:30 → 22:00) 507号室에서 林용기 교수, 張介宗 교수와 여러 이야기.

밤 良과 張介宗 교수 핸드폰으로 通話. 석희가 日本여행(6月4日 → 6月11日)에서 무사히 귀국했다고.

2007年6月12日(火)비 25 → 31

새벽(04:40) 일어나 환경정리. 아침(07:00) 호텔 2층 식당에서 간단히 먹음.

上午(08:20) 政大에 가서 評價報告書를 作成함. 모두 좋게 씀.

낮(11:50 → 14:00) 林龍基 교수와 中央研究院과 胡適墓地, 옛날 살던 집 근처 등을 參觀함.

下午(14:30 → 17:00) 張弘文, 朱素真 內外를 호텔에서 만나. 林 교수와 넷이서 故宮博物館(院) 參觀.

저녁(17:30 → 23:00) 張介宗, 林 교수는 陽明山에.

(18:45 → 22:00) 나와 素真이 內外는 蔡 교수가 主催하는 彭園餐廳에 가서 會食.

王俊, 李栢鶴, 이수유, 蔡連康, 陳慶智, 張弘文, 朱素真, 나.

참으로 여러 이야기를 나누다. 특히 政大 韓文系 發展, 人和 관계, 蔡連康 교수는 울 듯이 呼訴하였다. 素真이가 가면서 나를 안아 주었다.

밤(23:00 → 24:00) 우리 방에서 林 교수, 張 교수와 여러 이야기를 하다.

6月13日(水)台北 맑음, 서울 흐림 25 → 30

아침(05:00) 일찍 일어나 귀국 준비. 집 생각, 錫永 생각을 하다

上午(07:30 → 08:45) 숙소 2층 식당에서 黃碧麗 女士. 郭秋雯 교수 林龍基 교수, 나, 넷이 아침을 먹으면서 郭秋雯 교수 논문 문제 의논

上午(08:45 → 10:00) 방에서 짐 정리, 선물(主로 茶)이 너무 많아 張介宗 교수가 작은 가방을 빌려 줌

上午(10:30 → 11:30) 政大에서 빌려 준 車로 中正空港行. 黃碧麗 女士. 朱素真과는 호텔에서 작별

낮(11:30 → 12:20) 出國수속을 마치고 張介宗 교수와 작별

낮(12:20 → 12:40) Sky Lounge에서 中式(牛肉麵 등) 점심. 飽食, 무사히 귀국.

(6)

國立政治大學 韓國語文學系 60周年紀念行事, 台北

2016年 5月 14日(土) - 5月 17日(火)

⋮

2016年 5月 14日(土) 석가 탄생일, 맑음 14 → 26

새벽(03:30 - 05:00) 아침 준비, 운동, 샤워, 식사, 出國 준비

上午(06:00 - 06:30) 良과 어린이놀이터에서 운동. 上午 (07:50 - 08:40) 석란이와 택시로 金浦空港行 上午 (08:50 - 10:55) EASTER JET (ZE 887호기) 搭乘 수속 좌석 1c (追加비용 1万 5千 원 부담) 下午 (현지시간 13시 20分) 台北松山 비행장 도착 蔡連康 교수, 郭秋雯 교수가 마중 나옴, 두 교수에게 紅蔘茶 제품 선사 郭교수가 深坑 (新北市 深坑區 北深路 3段 265号 假日飯店 Holiday Inn) 1301호실로 안내, 投宿. 郭 교수에게 한국에서 가지고 간 선물 分配부탁. 政大 도서관 - 내 訓民正音硏究, 훈민정음 창제와 연구사, 국어학 산 책, 良의 漢文學硏究散策 기증 黃碧麗 紅蔘, 程哲國 紅蔘, 李栢鶴 紅蔘 제품. 王俊, 劉德海, 李明, 謝目堂, 이수유 氏에게 작은 紅蔘茶 제품, 林翔鴻 氏는 나중에 보냄.

張介宗 교수는 이번 行事에 못 오겠다고 電話. 人便에 阿里山高山茶 두 통을 보냄.

2016年 5月 14日(土)

下午(현지 시간 16:55) 한국에서 李昌大 씨가 18日 上午 10시 혜화동 엘·빈에서 만나자고 전화

下午 郭 교수가 준「國立政治大學 韓國語文學系 60週年紀念系刊」을 읽어보니 내가 공연히 왔다는 생각이 든다.

저녁 程哲國, 黃碧麗, 蔡連康, 李樹渝, 林祥鴻, 李栢鶴, 謝目堂, 黃俊泰, 陳慶智, 郭秋雯, 劉德海, 姜信沆. 會食 15種類 海産物 등 고급 만찬 飽食

2016年 5月 15日(日) 흐림, 下午 소나기, 25→34

새벽(04:30 - 05:30) 잠이 깨어 發表 준비, 새벽 (06:20 - 06:25) 석희와 通話, 새벽 (06:30 - 06:40) 1층 식당에서 간단히 식사

上午(09:20 - 09:30) 택시로 政大에 가서 여러 사람을 만남

上午(10:00 - 11:00) 政大 道藩樓에서 개최된 行事에 參加하여 林秋山, 葉乾坤 교수들과 인사. 내 차례에 한국어로 講演, 感謝牌를 받음

下午(12:30 - 14:00) 政大 憩賢樓 (구내식당) 3층에서 全員 聚餐. 李才方 氏도 오다. 程哲國 氏가 鐵觀音 茶를 가져옴. 郭秋雯 교수가 牛肉乾을 가져옴. 下午 (14:30 - 15:44) Hotel 1301号室에서 귀국짐 정리

下午(17:10 - 20:10) 郭秋雯 교수와 택시로 西門町 一兆龍에 가서 맛없는 水餃子를 먹고 오다. 여기서 석희, 한길과 통화, 밤 귀국 준비.

2016年 5月 16日(月) 새벽부터 大雨. 下午에 가랑비, 23→25

새벽(05:23) 기상, 석희와 通話. 上午 (06:00 - 07:30) 일찍 1층에서 식사하고 주위 정리. 왼쪽 가슴이 조금 아프다. 그래도 배탈도 안 나고 모든 것이 순조로와 고맙다.

上午(09:30 - 12:00) 政大碩士반 賴云軒 小姐와 택시로 師大 앞 學生書局에 가서 言語學册을 사고(3,900元) 근처 庶民식당에서 牛肉麵으로 식사한 뒤 숙소에 와서 짐 정리

下午(14:00 - 20:10) 蔡連康 교수 車로, 烏來 湯布苑에 가서 비싼 목욕, 귀로에 新店 식당에서 호화판 저녁. 1301室에 와서 짐 정리, 郭 교수 및 두 子女와 작별인사

2016年 5月 17日(火) 台北 흐림

새벽(02:30) 잠이 깨어 良 생각, 여러 가지 걱정, 房 청소원에게 百 元을 놓다.

새벽(03:05) 운동. 새벽 (06:00) 석희와 通話, 烏來에는 절대로 가지 말라고 忠告.

上午(06:10 - 30) 호텔에서 아침식사. 上午 (09:00 - 10:00) 政大 賴云軒 研究生과 松山空港行

上午 空港에 나오기 전에 Hotel로 竺家寧 교수 册을 사 가지고 온 黃碧麗 女士와 작별인사.

下午 台北 시간 13:50 台北 松山 이륙, 2D席. 서울 시간 (17:05) 무사히 金浦 도착 小型 低價 비행기(金浦↔台北 松山 28万 원) 尹서방 車로 귀가 (17:20 → 19:10) 良과 반갑게 再會

(7)

郭秋雯 박사 結婚式(순台灣식) 참석기

1999年 3月 5日(金) – 3月 10日(水)

⋮

1999年 3月 5日(金) 가랑비, 台北 맑고 30度

서울 → 台北

새벽 6시 30분, 아침 식사를 하고 석진이 車로 金浦空港에(7:10-8:08). CX 421号기(Cathay Pacific Air Lines), 9:30 出發.

10:00 離陸. 한 시간 差가 나는 台北에 11시 도착(한국 시간 12시) 桃園 中正(蔣介石) 무사히 도착.

新婦 郭秋雯 박사와 그 애인 陳朝榮 氏가 마중 나오다. 新郎 車로 木柵 政大 行政大樓 8층 招待所 806號室에서 짐을 풀다. 張介宗 교수가 기다리고 있었다.

張 교수와 새로 지은 政大 건물들을 參觀하고, 李明·蔡連康 교수를 만난 뒤, 옛날(1976. 9. ~ 1978. 7.) 살던 指南路 2段 45巷 집(아파트)을 찾아본 뒤, 南港路 2段 60巷 14弄 11号 4樓 葉二臨 先生 宅에 가서 葉 氏 內外 분을 만나 葉振疆(次男,

高中 歷史 교사) 約婚 축의금과 紅蔘 150g과 2仟 元을 전하다. 張介宗 교수가 同行하다. (택시비 木柵 → 南港 2百 50元) 둘이 中正기념관 元宵燈을 참관하고(택시 180元) 來來大飯店 2층에서 李栢鶴, 이수유, 蔡連康, 林祥鴻 씨 들과 會食(18:30 →22:00) 良과 두 차례 通話. 김치, 고추장 볶음 등을 선사.

蔡 교수가 숙소까지 태워다 주다.

더워서 참으로 어렵다. 밤(12:00 → 새벽 3시) 겨우 3시간 자다.

이곳의 미묘한 교수들의 감정 움직임에, 내 처신이 힘들다.

良의 病(허리 아픈 病)이 걱정이다.

1999年 3月 6日(土) 上午 구름, 下午 맑음, 덥다.

아침 蔡 교수와 豆漿으로 식사.

식사 후 校內 散步. 2年 後, 우리 內外가 1年만 오라고 請. 8시 半 朱素眞과 通話 (高雄 → 台北)

9시, 張介宗 교수와 劉德海 교수가 와서 환담.

10시, 王郭快太太 아파트로 禮訪, 次女 祝娟 小姐(40세, 未婚) 3男 建順이 休暇를 청하여 나를 기다리다. 新光路 四川菜 집에서 葉二臨 先生과 同席하여 점심. 王太太가 부담하다. 祝娟 양이 아름다운데 아직 未婚이라니 아까웠다. (中壢에서 會計員 13年이란다.)

黃蘭琇 小姐와 楊 小姐(楊純惠)가 나를 데리고 台南으로 가려고 찾아오다.

下午 4時 두 小姐와 함께 動物園 앞에서 모노레일로 松山空港에 와 陳祝三 교수 3女 및 그 약혼녀를 만나, 5時 40分 → 6時 30分, 台南 空港에 무사히 도착하다. 郭秋雯 신부와 신랑 陳 氏가 마중 나와 郭 양 집 2·3층에 나누어(나는 3층) 짐을 풀다.

밤(8시 → 12시 半) 夜市場에 가서 市民들과 저녁을 먹고(나는 거의 안 먹다) 郭 양 집에 와 良에게 電話를 하다. 脂肪肝 診斷에 따라 禁酒(良謨 의견) 命令이 宣布되다. 나는 이를 지키기로 했다.

7日 밤 9시, 朱素眞이 車를 가지고 나를 高雄으로 데려가기로 했다. 1泊 後 8日 下午 다시 台南으로 오기로 했다. 素眞이네 집안이 無事한 것이 무엇보다도 多幸이다.

1999年 3月 7日(日) 맑다. 27度, 저녁은 바람.

오늘은 新郎 側 혼인식 날

아침 5시 起床. 새 生活(禁酒)을 다짐하다.

아침 10시 半, 新郎이 新婦를 맞이하러 오다. 그 전에 6日 밤 家廟에 돼지와 羊을 놓고 기도. 아침 出發 전에도 家廟에서 신랑·신부가 拜拜. 10시 半 6台車(최고급)로 신랑 집에. 出發 前 신부 父母님께 신랑·신부 인사.

11시, 新郎 집에 도착. 新房에서 다시 기도를 하고 待機. 점심은 국수(라면)로 먹고 下午 7시 잔치까지 기다리다(좀 딴 房에서 잤다) 그 사이에 신부 一行은 市內에서 비디오 촬영 3시간. 6시부터 친척 등 손님이 오니 담배와 茶를 권하면 茶를 마시고 그 빈 잔에 紅包를 넣다. 7시부터 龍山寺 앞 광장 곧 신랑 집 앞 광장에서 잔치. 약 300명 참석. 앞 가설 무대에서는 노래와 무희가 춤(알몸으로까지). 8시 40분부터 손님들이 가기 시작.

우리 一行도 10시 20分에 郭 양 친정 집 도착. 一部는 台北으로 가고 나와 楊 小姐는 張弘文 교수와 朱素眞 內外를 기다렸다가 10시 50分 → 11시 30分 高雄. 三民區明哲路 30号 17樓 그들의 집 도착. 黃英忠 교수 內外와 通話.

무엇보다도 80坪 남짓한 아파트에서 두 子女를 데리고 張弘文 교수, 朱素眞 內外가 幸福하게 살고 있어서 마음이 놓였다. 6日 밤에 하지 못한 샤워를 하고 7日 아침(새벽 1시 半에) 취침하다. (張 교수의 中2 아들 방 침대에서. 아들은 175cm라고 했다.)

1999年 3月 8日(月) 맑고 덥다.

아침 6시 起床. 7시 半 黃 교수 內外와 식사

國賓大飯店 1층 뷔페에서 半洋食으로 黃 교수 內外, 張 교수, 朱素眞, 양 小姐(楊純惠), 나. 여섯이 식사. 9시까지 歡談하고 書店에 들렀다가 42층 건물 42층에서 洋式으로 점심. 1人당 600元이 넘는 듯. 黃 교수는 넥타이, 朱素眞은 新東陽 식품을 사 주다. 점심 前에 中山大 張 교수 音場實驗室(sound) 참관. 下午 4時 半 → 5時. 高雄驛에서 火車(汽車)로 台南으로. (우리집 E-Mail EQ 2002NETSGO.COM. 유재훈) 素眞이 高雄驛 月台(Platform 2번)까지 배웅나왔다. 헤어질 때 우리 둘의 눈에 눈물이 맺혔다. 允先, 康寧과도 紀念 사진을 素眞이 집에서 찍었다.

저녁 18시 →22시 女子側 잔치

실지로는 20시부터 21시까지. 나는 長官席(귀빈석)에 李慧珠 교수와 옆 黃雅萍 女士(台南 管理站 근무, 郭秋雯 小학교 동창, 左側 다리 장애자) 가운데 앉고, 그 옆에 楊 小姐 등 두 학생이 앉다. 中間에 祝辭를 하라고 해서 韓語과 中語로 약 10分(또는 15分) 이야기를 했다. 拍手가 많이 나왔다.

式後(式은 먹고 노래하는 것이 大部分) 李慧珠 교수와 이야기를 많이 했다. 式前에 蔡連康 교수와 9日 밤 酒會 取消에 合意하다. 오늘은 良에게 전화를 걸 수가 없다. 남의 집이니까. (郭 양 친정 집)

밤 10시에 일찍 就寢하다. 良 생각. 乾女兒들 생각을 밤새도록 하다.

1999年 3月 9日(火) 흐림 17-27度

台南 → 台北(9:50 →10:40分)

아침 5시 起床. 두 여학생과 台北에 오다. 비행기가 뜨자마자 着陸 준비를 한다. 郭 양 父母님은 새벽부터 市場에 나가 作別 인사를 못 하고 郭 양과 그 동생(누이) 배웅으로 台南을 떠나다.

蔡連康 교수가 예약한 YMCA 910号에 짐을 풀고 西門町을 참관한 뒤, 三民書局에 가 册 한 卷을 사다. 經理 黃燦燦 先生과 紀念 사진을 찍고 세 시에 숙소에 와 쉬다.

저녁(6:00 → 9:00)

YMCA 옆 47층 건물 44층 新光三越 日式 뷔페에서 會食. 黃碧麗, 謝鳳嬌, 張愛眞, 張介宗, 朱立熙, 劉德海, 張洪軍, 徐作蓉, 그 딸(中2), 楊美(明)珠, 李明, 나.

이 中에서 楊明珠와 張洪軍은 卒業 後 처음 만나 21年만이었다. 모두 愉快하게 이야기를 나누었다. 張愛眞, 黃碧麗, 徐作蓉, 張介宗이 선물을 가지고 왔다.

食事 後 택시를 타고 謝鳳嬌 집(韓國 돈 2億 8千萬 원짜리)에 가서 구경하고 곧 YMCA로 왔다. 張介宗 교수가 同行했다. 鳳嬌가 아빠(나)에게 自己 사는 집을 보여주기 위해서 데리고 간 것이다.

YMCA에 오니 蔡連康 교수와 李栢鶴 氏가 선물을 가지고 기다리고 있었다.

(10:10 → 11:00) 910號室에서 여러 이야기를 나누었다.

한국 시간 12:10(이곳 11:10) 良과 通話. 洛陽의 高卉 女士 편지가 왔단다. 多幸한 일이다.

1999年 3月 10日(水) 아침에 가랑비

새벽(台北 6:10, 한국 7:10) 良과 通話

아침 7:00 蔡連康 교수가 일부러 찾아와서, 옆에 있는 Hilton 호텔 2층 뷔페에서 日式·洋式 混合 식사. 여러 이야기를 나누다.

우리 內外더러 來後年에 1年 동안 와서 가르쳐 줄 수 없는가 하고 다시 提起했다. 우리 건강상 可能할까?

上午 9:00 → 11:00. 商務印書館에 가서 册을 사다.

11:00 → 12:30 옛 新公園 現 二二八紀念公園에 가서 여러 展示品을 參觀하다.

느끼는 바가 많았다.

점심은 張介宗, 楊·林 小姐 들과 牛肉麵으로 들다.

귀국(14:20 → 15:20 → 16:00 → 16:50 → 20:10(한국 시간))

호텔 出發 空港 도착 出入國수속 이륙 金浦 도착

張·楊·林 세 사람의 배웅 속에 귀국. 金浦에는 良과 석희·한결·어진이가 마중 나왔다.

高卉, 高春芳 氏, 金迎喜 교수, 平山 교수 등의 편지

張介宗, 蔡連康 교수에게 도착 기별 국제 전화.

政大韓文系評價 때 胡適公園 董同龢 교수 墓 앞에서
延大 林龍基 교수(右) 姜(左). 2007.6.12.

1978. 3학년 韓文組 出身들. 基隆 游錫義 사장댁에서.
左로부터 游錫義, 張介宗, 姜, 謝鳳嬌

◀ 王賢英 · 洪秀琴 內外

陳朝榮 · 郭秋雯 內外 ▶

四.

中國旅行

(1)
中國內 五大宗敎 發祥地 探訪記

1991年 6月 19日(水) - 7月 5日(金)

⋮

1991年 6月 19日(水)

10:10	석화, 석희와 함께 집에서 出發. 석희 車로. 花洞에 들려 송경 女士와 合流
10:30	花洞 出發, 京仁고속도로로 仁川行
11:45	月尾島에서 식사. 식당 女主人이 친절했다.
13:00	仁川 제 13부두, 국제여객선터미널 도착. 14:30분에야 여행사 직원 出現
16:00	乘船. 中國居住 교포가 大部分이었다.
17:20	仁川閘門을 겨우 빠져나오다. 一行은 神父님, 修女님, 畫家, 교수 등 20名 바다가 잔잔하여 걱정하던 배 멀미를 免했다.
20:00	저녁을 먹은 후 배 안의 3等室에서 (때마침 비어있었음) 一行들이 서로 인사하고 旅程 토의. 술 파티. (내가 가지고 간 양주로) 24시까지

1991年 6月 20日(木) 맑고 잔잔

7:00　아침식사. 나는 4시半에 기상하여 샤워하고 다른 사람들이 기상하기를 기다림.

1991年 6月 20日(木)

11:30　威海到着, 威東훼리호 (韓中合作, 但 船員 41名中 中國人 4, 2인은 교포) 낡은 배였다.

13:30　겨우 市內에 나오다. 入国절차. 稅關의 수속이 복잡했다. 港口 건물 앞이 어수선했다. 雜商人.

택시. 짐車 등. 관광車가 나와 있었다.

14:00　威海 衛大厦에서 中国料理로 푸짐하게 점심을 먹다.

市內가 깨끗하고 도로가 넓었다. 교포아가씨가 여행사에서 나와서 길 안내와 관광설명을 했다. 美女였다.

環翠樓를 車 안에서 보고. 市內를 貫通하여 烟台(芝罘)로.

17:30　芝罘賓館 도착, 잠시 휴식 후 日程을 변경하여 급히 식사 18:00

18:40　芝罘出發, 市內관광을 20분하고. 一路 濟南으로. 고속도로에 車輛왕래가 없었다. 길가 농촌에서 집단 논촌 인민들인 듯. 밤 8시가 넘도록 밀 수확이 한참이었다.

길은 順坦했다. 농촌은 住宅이 똑같았으나 모두 낡았다.

1991年 6月 21日(金)

2:30　濟南齊魯賓館(中國濟南千佛山路, Qianfoshan Road Jinan Shandong, China) 도착. 우리 內外는 217号 室에서 留宿. 시설이 좋았으나 수리中이었다. 길가의 풍경은 平準化는 이룩했으나, 어느 시점에 와서 발전을 멈춘 듯. 모든 시설이

낡았다.

1991年 6月 21日(金)

10:00 集合예정인데 11:00에 集合하여 濟南天主敎會 訪問. 80여세의 老主敎와 규모는 크나 다 낡은 성당을 찾아보다. 너무나도 荒廢化되어 있었다.

11:30 濟南박물관 참관. 孔子에 관한 展示館도 보았다. 孔子를 새롭게 照明하는 것 같았다.

13:00 전심. 언제나 호화판이다.

14:00 자동차로 泰安市泰山區 도착

16:00 잠시 휴식 후 岱山廟 참관.

19:00 저녁 식사. 泰山賓館(中國泰安紅門路 岱宗坊, DAIZONGFANG, HONGMEN STREET, TAIAN, CHINA) 212号 室에서 묵다.

20:00 3층 강당(소규모)에서 任金子, 吳京順 修女님의 발표를 듣고, 토론

24:00 오래 계속되었다. 主題는 孔子를 중심으로 한 그 시대의 사회상과 孔子의 思想이었다.

1991年 6月 22日(土)

6:00 起床

7:00 泰山賓館 美膳廳에서 식사

7:30 버스로 泰山頂上까지 往復. 中腹부터 케이블카 利用. 徒步로 1시간 半 往復. 中国庶民들을 많이 보다. 너무나도 人生이 苦海인 것 같았다.

1991年 6月 22日(土)

12:00 11:40에 호텔에 와서 12시에 다시 泰山賓館에서 점심

12:40 泰山을 떠나 버스便으로 曲阜行. 주변은 모두 平野였다. 농민들이 열심히 밀을 수확하고 있었다.

14:30 曲阜도착. 잠시 휴식 후 大成殿, 孔府(孔子 子孫들의 私邸), 孔林(文宣왕의 무덤) 기타 孔氏門中의 묘소를 보다. 규모가 컸으나, 주위가 더럽고 庶民들이 아무데나 쭈그리고 앉아 있어서 눈에 거슬렸다.
손질은 하나도 안 되어 있었다.
參觀客이 国内人 200万 名, 外国人 万 名(年間)이라고 했다. 雜商人이 많았다.

18:00 曲阜에서 식사하고, 버스로 兗州驛行

20:00 鄭州行 夜間急行 침대車를 타다.

1991年 6月 23日(日)

5:05 鄭州 도착. 河南國際飯店(鄭州金水大道東段 114호, Golden Water Road, ZHENGZHOU, CHINA)에서 7:50까지 쉬다.

1991年 6月 23日(日) 흐림, 약간 비, 흐림

7:50 아침식사. 河南국제飯店에서 처음으로 西洋式으로 하다.

9:30 河南博物館參觀 古代遺物(建物遺墟)참관.

12:30 하남국제반점 소회의실에서 우리끼리 미사. 아침에 鄭州 聖堂에 9:10경 잠시 들르다. 中國 信者들이 울 듯이 神父님들을 반기었다. 약 300명 가량이 참여하고 있었다.

14:00 黃河참관. 배도 타보다. 完全히 황토물이었다.

17:35 호텔로 돌아오다. 참담한 生活相을 가는 곳마다 보는 것이 가슴 아프다.

18:30 市內에서 廣東式(비슷한)으로 저녁 식사.

20:00 호텔 4층 세미나실에서 내가 邵雍에 관하여 간단히 발표. 이어서 任금자 수

녀님이 商代文化에 관하여 발표

22:00 각자 방에서 휴식

1991年 6月 24日(月) 흐렸다 맑음, 30度 정도.

7:30 鄭州 國際飯店에서 洋食으로 아침.

8:30 호텔 出發. 開封行, 70여 km

9:30 開封 東京 大飯店 到着, 10分 휴식

9:40 市內 參觀 시작. 龍亭, 大路 등 참관. 山陝甘飯會館부터 보다

12:30 東京大飯店에서 점심. 어디가나 往年의 宋首都 開封의 庶民生活이 너무 비참했다. 中国은 平地의 나라다. 曠野의 나라다. 그래서 물과 化粧室이 가장 문제가 있다고 생각했다.

물과 化粧室이 더러우니 中国 全体가 더럽다. 11億의 生活相이 너무 고달프다.

14:00 相國寺, 包公祠를 보고 鐵塔 등 참관.

16:15 鄭州에 와서 隞墟(鄭州 古代 城牆 發掘 現場 陳列)를 참관.

17:00 河南 호텔 귀실

17:45 市內 백화점(最大 규모) 하나를 단체로 한번 둘러보다. 物品과 사람이 넘쳐흘렀다. 길에도 언제나 사람이 넘치고 있었다.

18:30 저녁식사.

20:15 다시 임금자 수녀님의 강의를 듣다. 老莊 思想에 관한 것이었다.

22:00 1113号室로 귀실, 차를 많이 마셔서 잠이 안 왔다. 連日 꿈자리가 사납다. 서울에 무슨 일이 일어났나?

1991年 6月 25日(火)

어젯밤에 큰 비가 왔다. 23日밤에도 왔었다. 고마운 비다. 오늘이 6.25. 中國에 와서 6.25를 맞다니 감개가 무량하다.

8:00 아침식사

9:00 버스로, 嵩山등지로. 도로工事로 路程이 약 한 시간 지체

11:30 道教 發祥地인 中嶽 참관. 嵩山.

13:00 嵩山賓館 도착. 시설이 말이 아니었다. 점심 식사도 질이 낮았다.

14:30 버스로 少林寺 등 참관. 여러 道教스님들의 무덤도 보았다.(塔) 嵩山 書院도 보았다.

17:30 호텔에 오다.

18:30 金得年 신부님의 영명 祝日 미사를 올리다. 엄숙했다.

19:00 식사

20:15~22:00 역시 任金子 修女님의 墨子 강연이 있었다. 좀 지루했다.
방에 전기도 고장으로 안 들어와 11시에 일찍 잤다.

1991年 6月 26日(水)

8:00 아침식사

8:30 버스로 嵩山에서 洛陽으로. 中途에 처음으로 山고개가 하나 있었으나, 다시 平原.
中國은 平地의 大陸이다.

11:00 洛陽 友誼賓館도착. 시설이 좋았다.
鄭州에서 줄곧 따라온 技士와 金宏卿 氏, 中國 女性 등 정주 支社 직원들이 정주로 가고, 이곳 새 직원이 나왔다. 정주 사람들이 가니까 역시 서운했다.

濟南부터 金 氏는 안내했었고, 中國 女性은 23日부터 鄭州에서 시작했었다. 231号室에 짐을 풀고 빨래하고 세수하다. 어젯밤 河南省 登封縣城関鎭 嵩山賓館 212号室에는 칫솔도, 뜨거운 물도 없었다.

12:00 友誼賓館(中國 洛陽 西苑路 6号, Xiyuan Road, Luoyang Friendship Guest House) 餐庁에서 12가지(밥, 국 따로) 음식으로 점심. 連日 超豪華版食事다. 길가에서 국수 한 그릇으로 때우고 있는 中國人들에게 미안하다.

13:00 버스로 白馬寺로 가서 中國 佛教 發源寺 규모의 雄大함에 놀라다.

1991年 6月 26日(水)

洛陽은 開封에 比하여 깨끗하고 人口 百万의 都市답게 규모도 컸다. 농촌도 깨끗했다.
中國의 모든 都市는 길이 넓고 平方形이며 길이 곧았다. 平地의 나라이기 때문이다. 모든 都市가 樹木으로 우거져 있다. 우리 農村도 빨리 개량해야 한다.
白馬寺 참관 후 洛陽박물관 참관. 內容은 빈약했다. 다시 古代墓地 博物館 참관. 古代各王朝의 王陵(皇帝)을 옮겨서 잘 보존하고 있었다. 규모도 컸다.

19:00 저녁식사. 역시 호텔에서 초호화판으로 過食한다.

20:00~22:00 4층 회의실에서 淸, 朝鮮시대 天主教 관계를 고려대 趙光 교수가 迫力있게 강의. 내용이 充実했다.
밤에 잠이 안 온다. 밤마다 꿈자리가 사납다. 서울에 무슨 일이 있는가?

1991年 6月 27日(木)

어제 이곳 案內하는 洛陽 外國語大 東方語文學系 朝鮮語組 장광군 교수가 내

책과 논문을 많이 읽었다고 버스에 타자마자 自己紹介를 해서 크게 놀랬다. 誤字투성이의 책을 내지 말아야 한다.

8:00 우의호텔에서 식사. 231号室이 몹시 덥다.

9:00 上午中 龍門石窟 萬佛像과 白樂天 墓所 참관.
石窟에서 失望하고 白樂天 묘소에 감탄했다. 부처님들의 훼손이 너무 심했다.

13:00 友誼호텔 2층에서 식사

15:00 関林(関羽墓) 참관.

17:00 民俗박물관 참관.

19:00 다시 友誼호텔에서 식사

22:00 저녁 후 휴식

23:00 西安行 急行 침대車 列車 승무원이 돈과 담배를 희망했으나 아무것도 못 주어 가슴 아프다.

1991年 6月 28日(金) 흐림

7:30 西安도착 역시 큰 도시다. 550万 人口의 古都다.

8:30 西安建國호텔(陝西省西安市金花南路20号 JIANGUO HOTEL)에서 아침 식사.
20821号室에서 묵다. 초호화판이다.

1991年 6月 28日(금)

12:30 外部의 딴 호텔에서 식사.

13:30 出發. 秦始皇陵은 車 안에서 보고, 兵馬土埇박물관 참관. 이어서 華淸池, 楊貴妃 別莊, 西安事件 現場(張學良이 蔣介石을 幽閉) 참관.

16:00 慈恩寺(玄奘), 大雁塔, 應福寺(小雁塔) 참관.

18:00 華僑(台灣)식당에서 식사

20:00 人民大厦서 1시간 20分짜리 唐代무용, 음악에 現代化된 춤과 노래 참관. 소규모였고, 女人들의 모습이 貧相이었다. 大國이 小人國化하고 있다.

22:30 취침. 連日 잠이 잘 안 온다. 中國茶와 커피 관계인 듯하다.

날씨는 38度 또는 33度에 冷房車에 들어갔다 나왔다 하여 건강에 제일 해로운 짓을 하고 있다.

西安은 역시 偉大한 古都다. 城壁이 壯엄하고 길이 곧고 넓으며 住民들의 表情이 밝고 깨끗하다. 活氣찬 도시다. 周辺의 농촌도 역시 大平原이다. 무서운 国土다. 이것을 잘 活用하면 世界 最大강국이 될 것이다. 역시(또 역시) 무서운 나라다.

1991年 6月 29日(土) 맑다

6月 27日 저녁 洛陽에서 서울의 어머님께 전화 드렸을 때는 아무 일이 없었는데 그 후는 어떤지?

7:30 호텔에서 洋式부페로 아침 식사.

8:30 호텔 出發

清眞寺(回教本寺) 참관. 回回人들의 生活相을 보다. 이어서, 碑林 참관.

陜西博物館을 1시간 30分동안 보고

점심 후

草堂寺, 興教寺 등 中國佛教 佛經譯經功勞者(스님) 由緖 있는 절을 참관. 仇摩羅什 스님과 혜초(신라 스님), 독립군 관계가 있는 절(홍교사)을 보다.

저녁 후(만두 정식) 秦代 法治政治에 대하여 강의(任 수녀)

23:00 취침, 連日 强行軍이다.

1991年 6月 30日(日) 맑고 덥다.

9:00 西安 天主堂을 찾아 神父님, 修女들과 환담하고 西安城壁 참관. 鍾樓도 멀리서 보다.

12:00 점심

14:30 一部는 北京에 가고, 나머지 13名은 다시 陝西 박물관 참관.

18:30 저녁 후 自由시간.

22:30 市場에 가서 책을 가지고 갈 가방을 사오다. 큰 고생을 하다. 市內버스도 탔었다.

1991年 7月 1日(月) 맑다

8:00 호텔(건국 반점)에서 식사

9:30 호텔 出發. 3日동안 정든 호텔 친구들과 인사도 않고 떠나다. 이것이 단체 旅行의 특색이다.

10:00 傳統刺綉 工場 참관. 가장 오래 되었다는 住宅街에 있었다.
絹織物 머플러 등을 샀다.

10:50 宣宗(唐) 別宮인 興慶宮 참관. 연못이 아름다웠으나 물이 썩어 있었다. 樹木과 꽃은 아름다웠다.

12:00 宮內식당에서 식사. 質이 좋지 않았다.
내가 본 中國. 北部 大平原의 나라. 原色 벽돌 一色의 나라. 原始 농업(人力 혹사)의 나라. 全国土 化粧室 未備의 나라.
全人民 貧民化(一部 신흥 부유층 除外) 成功의 나라.
과거의 歷史的 遺物만 가지고 자랑하는 나라. 그러나 現代化되면 世界를 支配할 수 있는 가장 무서운 潛在力의 나라.

14:45 西安空港 離陸

뜻 밖에 Boeing 젯트기였다. 中國 西安 航空 會社機인데, 內國人과 外國人을 따로 分離시켜 태웠다.

1991年 7月 1日(月)

西安 → 桂林 機內 서비스도 좋았다. 부채와 헌겁자루 하나씩을 주었다.

16:25 桂林 空港 安着. 국제공항의 시설이 말이 아니었다.

17:10 現地 旅行社 직원의 案內로 桂林 관광 시작. 소문보다 山水가 아름답지 않았다.
山에 드러난 돌이 많은 까닭이었다. 桂林人口 38万 名, 伏波 장군(馬援)의 遺跡이 있는 곳.(孫中山이 2年 살던 곳.)
桂林의 특색
물이 많고, 山이 많고 돌이 많고, 관람객이 많고, 거지와 소매치기가 많고, 어거지 가게가 많고, 大中國의 수치다.
伏波山 등을 본 뒤, 저녁식사. 식사하는 데까지 장사꾼이 몰려 들어 밥을 먹을 수가 없었다.
한국인들이 돈으로만 보이는 모양이다.

19:30 桂林 諾富特觀光 酒店(Novotel guilin sightseeing, 계림 제일의 특급호텔, 몇 달 前 開館) 817号室 投宿, 세탁하고 일찍 자다.(10:30) 이날까지 쓴 돈 책 100弗(520元), 柘本 등 50弗(260元), 선물, 잡비, 팁 등 60弗(360元), 아직 250弗도 안 썼다.

1991年 7月 2日(火)

날씨는 계속 좋다. 그러나 비가 필요한 나라다. 계림은 32度 정도.

7:00　기상(但 우리는 4시~5시 기상)

9:00　旅行社 버스로 桂林市郊外. 漓江에서 船遊. 天下의 景觀이 크게 감동을 주지는 못했다. 山에 나무가 없기 때문일 것이다.

귀로는 버스로 桂州로 와서 다시 여러 곳 참관. 밤에 호텔 홀에서 여러분과 밤 늦게까지 談笑

1991年 7月 3日(水) 흐림

아침에 동굴 등을 보고 12:45 桂林 出發. 中國民航. 15:20分 上海 도착. 임시정부 자리, 1913년경 丈人어른께서 亡命하셨던 곳이라 감개가 남달랐다. 虹口公園을 보고 上海新錦江大酒店 1411号室에 投宿, 밤에 전화로 서울의 석회와 通話. 막내 고모님이 아직 生存해 계신 소식을 듣다. 姜善子양이 案內하다. 밤에 일찍 休息

1991年 7月 4日(木) 흐리다가

뷔페식으로 식사. 9시 두 팀(어젯밤 北京 갔다 온 팀과 다시 合流)으로 나뉘어 美術家協會 사람들은 黃浦江, 박물관, 미술관으로. 나머지 11名 神父, 수녀님은 金大建 신부님 관련 유적지 巡禮. 먼저 시내 성당. 이어서 세례 받은 곳, 첫 미사를 올린 곳, 叙品 받은 곳 등 巡禮. 저녁 5시 45분에 30분간 물건 사고. 식사 후 호텔에서 휴식. 아무 책도 못 샀다.

1991年 7月 5日(金) 아침부터 비

5:00 기상

6:00 호텔에서 식사. 洋式으로 간단히 하다.

7:30 호텔 出發 上海空港, 계속 비가 오다.

10:00 온갖 고생 끝에 겨우 Mu 501号 香港行 中國 東方航空機가 出發했다. 出國 수속에 땀으로 미역을 감았다. 보통 혼잡이 아니었다. 아무 선물도 못 샀다.

上海, 常住人口 1,300万. 流動人口 1,500万. 新旧 共存의 都市. 貧富共存보다 貧이 더 많은 도시.

中國의 現代化가 힘든 듯이 보였다. 그러나 活氣넘치는 도시였다. 中國 全般이 그렇다. 곧 富国이 될 것이다.

결혼 비용은 3万 元(약 450만 원)이 든다고 한다. 停年은 50세. 貧民에 限해서 個人 영업이 許可되고, 나머지 商店은 모두 국가공무원이라고. 月給은 70元. 판매 성적이 좋으면 보너스.

두 칸 씩 달고 다니는 市內버스의 초 만원이 인상적이었다. 낡은 아파트의 닭장 같은 生活도 꿈 같았고. 人類가 다 잘 살았으면 좋겠다.

16泊 17日의 旅程도 끝나가려 하고 있다. 글로 다 못 쓰고 기억에 남은 것은 나중에 쓸 것이다.

여러 인생들을 보았고 느꼈다. 내 건강이 無事한 것이 고마울 뿐이다. 이번 여행 중에 정양완 여사의 조용하고 슬기로운 人品에 모두 탐복했다. 여러 곳 성당을 다니며 열심히 기도를 했다. 나, 가족, 국가, 人類를 위하여.

1991年 7月 5日 上海 → 香港行 기상해서 11시 25分에 쓰다.

1991年 7月 5日(金)

香港시간 12:25 KAL에 타다. 1:00 離陸 3시간만에 金浦(時差 1시간) 5시에 무사

히 귀착. 역시 故國 江山이 멋있다. 18시 空港에서 나오다. 석희와 宋琡 女士가 마중 나왔다.

20시경 정릉집 도착. 어머님께서 건강하신 것이 무엇보다도 多幸이었다.

1991年 7月 6日(土) 맑고 덥다.

信澤이와 막내 姑母 問病. 우리 內外와 서울大병원 11401号室에 入院中이신 막내 姑母 問病. 뼈만 남아 있었다. 정신은 말똥말똥하신 것 같았다. 병원에서 나와 成大 교수회관 513号室에 가서 밀린 우편물 정리

11시에 귀가하여 18日間의 신문을 밤 늦게까지 훑어 보다. 重要한 기사만 스크랩을 하다.

中國 五大宗敎 發祥地 探訪
1991年 6月 19日 - 7月 5日

中國 五大宗敎 發祥地 여행. 1996.6.28.

威海에서. 1991.6.20.

張益 신부님(左), 정양완, 金得年 신부님(右), 開封.
1991.6.24.

鄭州, 정양완. 1991.6.24.

開封, 정양완. 1991.6.24.

芝罘. 1991.6.20.

泰安市泰山. 1991.6.21.

河南鄭州 國際飯店. 1991.6.23.

開封. 1991.6.24.

開封. 1991.6.24.

開封. 1991.6.24.

1991.6.22.

嵩山, 道教스님들의 무덤. 1991.6.25.

西安 大雁塔, 1991.6.28.

泰山頂山. 1991.6.22.

左로부터 金得年神父님, 宋璟화백, 정양완. 1991.6.22.

泰山에서. 정양완. 1991.6.22.

泰山 齊魯賓館. 1991.6.21.

洛陽 白樂天墓. 1991.6.27.

西安 城門. 1991.6.29.

曲阜 孔子 大成殿. 1991.6.22.

西安에서. 1991.6.28.

1913年경 아버지(정인보) 亡命하시던 곳, 上海, 1991.7.3.

西安에서 大雁塔. 1991.6.28.

西安에서 金得年 신부님과. 1991.6.28.

河南登封縣嵩山 少林寺. 1991.6.25.

西安 華清池 1991.6.28.

張益神父님, 洛陽石窟 1991.6.27.

洛陽 白樂 天墓所. 1991.6.27.

洛陽 外大 張光軍 교수. 1991.6.26.

洛陽 白馬寺 앞. 1991.6.26.

1991.6.25.

開封 包公祠. 宋璟 화백(左), 정양완(右) 1991.6.24.

(2)

補講 및 第三屆 韓國傳統文化國際學術會議, 濟南

1999年 10月 30日(土) - 11月 4日(木)

⋮

※ 洛陽外國語大學(中國人民解放軍 洛陽外國語學院)에서 지낸 두 學期

우리 內外는 이 學院에 招聘되어 客座(客員)教授로서 가르쳤다(1998.4.13-1999.1.15). 學會 參席은 아니었으나, 우리 둘은 學部 4年生과 碩士班 학생들에게 한국어학과 한국문학을 강의했다.

이 大學은 25個 言語를 專攻하는 將校를 養成하는 4年制 定規 大學으로서 大學本部 高級幹部들이 우리 內外에게 참으로 親切히 對해 주었으며, 韓國語文學科 教授陣은 朝鮮族과 漢族이 반반씩이었다.

그래서 濟南에 가는 길에 補講을 하였다.

補講 및 第三屆 韓國傳統文化國際學術會議, 濟南 가는 길에 洛陽에 가서 補講(姜信沆만)
1999年 10月 30日 →1999年 11月 4日

1999年 10月 30日(土) 아침 5도, 정주 비.

서울에서 青島 →鄭州
석희 車로 良과 한결을 데리고 金浦 공항에(10:30 →12:30), 日式으로 점심을 먹고 青島로(14:00 →15:35, 현지 시간 14:35)
混雜한 入國 수속을 마치고 鄭州로(16:10 →17:30), 비가 오다.
空港에 마중 나온 趙岩洛陽外大碩士반과 趙岩 집으로 가다. 그 부친 趙作平 氏 직장 辦公室 主任이 차를 몰다. 市內까지 25km.
趙岩 집에서 一泊
융숭한 저녁 대접과 푸짐한 선물을 받고 一泊, 조암 침대 위에서 자다. 趙岩과 그가 선본 상대자들에 대한 이야기, 공부 등에 관한 이야기를 밤늦게까지 하다.
밤, 정주에서 良에게 到着 전화.(岩岩 집에서, 중국에서는 한 글자 이름을 겹쳐서 부른다. 趙岩 →岩岩)

1999年 10月 31日(日) 흐리고 음산

上午 中, 岩岩과 여러 이야기를 나누다. 下午(14:00 →16:00)
역시 푸짐한 점심 대접을 받고 낙양으로. 趙作平 氏 근무처 車로. 岩岩 어머님과 岩岩, 그리고 나.
洛陽外國語學院 招待所 105號室에는 이미 다 모여 있었다.
金迎喜, 張光軍, 畢玉德 교수와 楊彥, 王建軍, 馬會霞, 武建偉, 杜新生, 盧浩東, 駱敬敏, 楊俊 研究生, 그리고 趙新建 助教(전임강사), 나중에 張 교수 아들, 김 교

수 아들 양양, 張 교수 夫人, 趙華 교수.

여러 이야기를 나누다.

밤(19:00 → 21:30) 車光一 교수 宅에서 저녁 식사, 지난 봄 訪韓 이야기를 하다.
밤(21:50 → 22:10) 許興洙, 필옥덕 교수가 오다.

1999年 11月 1日(月) 맑고 서늘, 2~12度

새벽(3:00 → 6:00) 잠이 안 와 여러 생각을 정리하고 짐을 정리하다. 자꾸 짐이 많아진다.

上午(8:00 → 10:00) 필옥덕 교수와 구내식당에서 아침 식사. 죽만 조금 먹다.

연구생 一同 앞에서 강의. 1999年도 多用 한국어 어휘설명.

연구생 全員(2, 3年)과 車光一, 金英喜, 金英今, 여춘연 外 1名(女교수)도 傍聽하다.

강의 후, 單体瑞, 필옥덕 교수 引導下에 四系資料室, 학과 교수 연구실, 張光軍 교수 집무실 등 參觀(10:00 → 11:00) 숙소에 왔다가 辦公室에 가서 선물 전달.

낮(11:30 → 14:00)

먼저 정문 앞 마늘 장수(李明 氏)에게 치약, 칫솔 선물. 정문 앞 風濤園에서 조선족 교수 主催 환영 모임.

許興洙 교수 內外, 方德成 교수, 이동우 氏, 金迎喜, 金英今, 朴美京 교수, 戴世双 교수, 金慶琡 교수, 나.

下午(15:30 → 16:10) 金云喆 교수 未亡人 金成玉 氏가 그 아들을 데리고 인사 오다.

내가 問喪을 가야 하는데 反對가 되었다.

1999年 11月 1日(月) 밤, 副校長 招待宴

구내식당(18:00 → 20:30) 晩餐

副校長 韓振榮 少將, 副教務長(張敬勇 大校), 張光軍 科主任(大校), 單体瑞 교수, 盖維理 少校, 楊 祕書, 金迎喜, 金英今 교수, 나.

料理가 20여 종류나 나왔다. 副院長(校長)과 副教務長이 나에게 친절한 말을 많이 했다.

21:30 →22:30 岩岩과 숙소에서 여러 이야기를 나누다.

1999年 11月 2日(火) 아침 춥다.

새벽, 杜丹公園까지 다녀오다. 옛날을 回想하다. 良을 그리워 하며.

아침(8:00 →10:00) 研究生·교수 앞에서 어제와 마찬가지로 강의.

감사장과 선물을 가지고 오다. 張光軍 교수도 함께 오다.

11:00 김영희 교수 오다.

11:10 →14:00 研究生과 市内에 나가서 찐만두로 잔치, 趙新建 助教도 同行하다. 14명.

14:20 →17:10 黃河 流域댐 工事場 見學(黃河 小浪底大垻)

辦公室 車로 徐 上士가 운전하고 나, 岩岩, 畢玉德 교수, 楊 參謀(辦公室) 5명이 참관. 아직 工事中이었다. 현장 설명을 해 준 女직원이 기가 막힌 美人이었다.

1999年 11月 2日(火) 밤

18:00 →20:00 四系中心 환영회. 張光軍 교수, 張 政治委員, 單体瑞 교수, 朴美京 교수, 田口 교수(日語 담당), 그 외 두 분, 나. 간단히 먹는다는 것이 역시 큰 잔치. 院內 구 귀빈식당

1999年 11月 2日(火) 밤, 9:30 → 10:30

여러 분이 歡送하러 숙소에 오다.

車光一 교수 內外분, 허흥수 교수, 金成玉 女士, 張光軍 교수, 單体瑞 교수, 辦公室 직원 4명, 硏究生 12명 全員, 대세쌍, 김경숙, 김영희, 김영금 교수, 唐 助教, 副院長. 참으로 큰 행사였다.

10:30 → 11:30

洛陽역에 畢玉德, 朴 參謀, 徐 上士, 趙신건, 岩岩, 高卉, 馬會霞, 武建偉 군이 와서 내 짐을 車에 실었다. (516号 列車 濟南行. 8号車 25号席) 앞에 150陸軍病院 의사들이 함께 탔다. 여러 이야기를 나누다. 줄곧 洛陽 생각을 하다.

1999年 11月 3日(水) 날씨 풀리다.

낙양 → 濟南 40分 연착, 13시 15分 도착. 박성태, 이성구, 장연, 세 사람이 마중 나오다.

舜都호텔 3015室에 들다. 밤 7시, 서울에서 一行이 도착하다.

安炳周, 윤병로, 이장희, 최박광, 송현호, 윤사순 교수 등, 또 台北에서 林明德, 日本에서 大谷森繁 교수 등이 참석하다. 朴玉杰 교수도 오다.

밤 10시, 洛陽에서 岩岩이 전화, 나도 良한테 전화.

1999年 11月 4日(木) 맑고 따듯

上午, 開幕式

내가 第1次로 發表하다. 한국어와 한어를 섞어서 여설.

正午 → 15:00 張姸 女士 집에서 점심

張姸 아버지와 그 同僚들(모두 경찰, 별이 셋, 中校·大校와 같은 계급이라고 함) 네 분과 그 어머니, 장연 女士, 나. 30여 가지 반찬을 먹다. 술 두 병, 차 두 통도 받다.

下午 15:00 → 18:00 分科 發表場에서 趙杰 氏(北京大 교수) 등이 여러 가지 질문.

저녁, 主催側 招待 全體 큰 잔치. 밤, 良에게 두 차례 전화.

3日, 4日, 술을 全然 안 마시다. 그러나 消化不良. 牛林杰 교수가 방에 과일을 배달하다.

밤(10:00 → 10:10) 岩岩이 낙양에서 전화를 걸다. 尹炳魯 교수가 外出하자는 것을 안 나가다.

1999年 11月 5日(金) 맑다가 구름.

아침 7시 식사. 8시 ~ 12시, 제1조 司會, 姜宝昌 교수와. 12시 ~ 1시 半 점심, 술을 全然 안 했다.

下午 1시 半 ~ 5시 10分, 綜合 보고, 閉幕式. 저녁 6시 半 ~ 8시, 良에게 전화(8시 半)

10시 岩岩이 전화. 10시 ~ 10시 半 北京大 趙杰 교수가 방(3015)으로 찾아와 학문 이야기를 하다. 四聲通解硏究를 선물로 주다.

1999年 11月 5日(金) 밤

洛陽 外院 楊彦 助敎에게 여기서 發表한 논문집을 보내어 參考하라고 했다. 四系資料室用.

朴恩姬 교수가 韓 副院長에게 부칠 편지를 고쳐 주다.

1999年 11月 6日(土) 맑다

全體的으로 曲阜에 다녀오다.(7:30 → 20:30)

9年만에 본 曲阜는 옛날의 曲阜가 아니고 完全히 정리되어 있었다.

밤, 良과 전화(10:35).

저녁, 成大 교수 一行만 이곳 外事辦公室에서 저녁 대접, 내가 말을 많이 했다.

밤(11:00 → 12:00) 成大 교수 간담회

1999年 11月 7日(日) 안개, 맑다.

全體的으로 泰山 登山(7:30 → 18:00)

역시 泰安市의 모습이 옛과 달랐다. 계단이 많아 조심스럽게 最高頂上(1,543m)까지 올랐다.

밤, 良과 通話. 岩岩과 通話(밤 11:00)

1999年 11월 8日(月) 맑고 따듯

아침(3:00 → 7:00) 停電. 어둠 속에 짐을 싸고 종업원에 지갑 등 선물.

귀국(8:10 → 12:00) 濟南 → 青島

小型 버스로 고속도로를 달려 青島로. 너무나도 넓은 平野에 오직 감탄할 뿐이었다. 농촌도 우리보다 앞선 듯.

점심 뒤 비행기(14:50 → 16:30, 서울 17:30)

윤형식, 석란, 석화 등이 마중 나오다. 즉시 세브란스병원 입원 中인 한영희(다섯째 妹夫) 문병. 오직 기적을 빌 뿐이다.

귀가(20:30). 석진이 가족을 除外한 세 子女들 가족과 저녁, 선물(술, 차, 젓가락)을 고루고루 나누어 주다.

補講 및 山東 · 濟南 行

邵雍(康節) 故宅, 洛陽郊外. 1998. 여름

洛陽外大 外國人 교수를 위한 送年會, 院長 李致中 少將. 1998.12.31.

떠나는 우리에게 副院長 韓振榮少將이 기념품을 줌. 1999.1.11.

學科長 張光軍 大校와 우리 내외. 1998.10.1.

車光一교수와 畢玉德교수

院長 李致中 少將 주최 우리 내외 歡迎宴. 1998.7.10.

院長 歡迎宴. 1998.7.10.

洛陽郊外 邵雍(康節)선생 故宅, 1998. 여름

(3)

鄭州 - 昆明 旅行記

2000年 2月 1日(火) - 2月 13日(日)

⋮

2000年 2月 1日(火) 서울 영하 11도

出發 10:00 → 13:40

아침 석희차로 良과 함께 한결, 어진이를 데리고 金浦空港 제2청사行. 예약 변경 관계로 옥신각신 끝에 모든 예약을 확인하고 出國 (CA124号) 13:40 中國國際空港公司 비행기로 良과 出國. 공항에서 몇 가지 선물을 사다. 14:30(北京 시간 한국보다 한 시간 늦다.) 北京도착. 새 空港 모습에 놀라다. 19:30 예정보다 50分 늦게 北京 出發. 20:30 鄭州 安着 (CZ 中國南方航空公司) 北京에서 석희에게 두 차례 전화. 趙作平 氏와 趙岩이 마중 나오다.

23시까지 趙 씨 宅 이웃 식당에서 저녁. 52度짜리 술을 마시다. 岩岩 모친 高慶國 女士도 우리를 반기다.

2000年 2月 2日(水) 흐리고 춥다.

선물을 나누어 주고 새벽 1시 취침. 岩岩 父母님 침대에서 우리 內外가 자다. 아침 7시 기상, 아침 석희, 한결과 통화.
온종일 푸짐한 음식으로 세끼 식사. 하루종일 外出을 하지 않고 岩岩과 대화. 變함없는 友誼를 확인.
만두, 죽, 닭고기, 돼지고기, 包子, 鯉魚고기. 온갖 料理에 배가 꺼질 줄 모른다.

2000年 2月 3日(木) 흐리나 역시 쌀쌀 약간 풀리다.

아침 석희와 通話, 鯉魚, 만두. 오늘도 여러 음식으로 飽食, 배탈이 나다.
上午中 良과 둘이서 岩岩의 期末 리포트 검토. 여러 가지 助言을 해 주다.

洛陽에는 좋은 학생들에게 좋은 교수가 필요한 것 같았다. 나도 반성했다.
下午(15:30 → 17:00) 집 근처 散策(良, 岩岩과)
길거리는 아직도 깨끗하지 않았다. 그러나 설대목 시장은 몹시 붐볐다. 貧者의 모습도 눈에 띄었다.
岩岩 父母님들이 날마다 우리 둘 대접 음식 준비에 분주하다.

2000年 2月 4日(金) 역시 흐리다 약간 풀리다.

아침 석희와 通話
上午中 岩岩과 학문 이야기를 하다. 11:00 → 12:30 집 근처 散步. 두 분은 역시 음식 준비에 바쁘다.
밤(20:00 → 24:00) 送年 기념 프로 관람(北京 電視로) 下午 昆明行 짐을 싸다. 良은 連

日 조용히 공부.

배탈이 나다. 음력 그믐날 밤을 異國에서 거의 새우다. 異國 他鄕에서 名節을 맞다.

2000年 2月 4日(金) 밤 20:00 →2月 5日(土) 0:30

北京中央TV의 除夕祝賀行事(춤, 노래, 코미디)를 長長 4시간 이상 보다.

岩岩, 岩岩 父母님, 우리內外. 中國이라는 나라가 自信이 넘치고 있었다.

2000年 2月 5日(土) 아침 零時가 지나자 서로 祝賀와 祝福 인사를 나누다.

우리는 岩岩에게 세뱃돈과 生日祝賀金(500弗)을 주고 岩岩은 우리에게 지난해처럼 1年 내내 福을 받으라고 366元을 주다.

TV를 보면서 岩岩과 학문이야기를 많이 하다. 偉大한 학자가 되라고 했다.

4日 밤 석진이가 문안 전화. 5일 영시~6시 사이에 화장실에 다섯 번 가다. 우리 둘이 다 배탈이 난 것이다.

2000年 2月 5日(土) 음력설 鄭州는 零上

上午 岩岩 집에서 아침과 점심. 낮 12시 趙 氏 宅 出發 호텔 도착. 一行과 空港行. 鄭州 6人, 洛陽 12人, 계 18人 旅行團

下午 15時 50分 (10分 연발) 中國南方航空公司 3471(CZ)호기로 昆明行. 18시 35분 昆明착 中間 上空에서 너무 흔들려서 크게 겁을 먹다.

저녁 昆明 山航孔府家酒店 426호실 投宿. 平年 24度인 지방에 寒波가 닥쳤는데

暖房시설이 없어서 밤새 추워서 떨다. 岩岩과 학문이야기를 많이 하다.

2000年 2月 6日(日) 흐리다.

아침 6시 기상, 아침 8시 朝食. 8시 半 中型車로 石林行. 天下의 奇石을 구경하고 기타 여러 곳을 참관(主로 관광 商品점)
20時 昆明역 도착. 22時 50分發 大理行 침대車(臥)로 大理行. 생각한 것보다 잠자리는 좋았다. (우리 內外는 7, 8호 下段. 岩岩은 7호 上段)

2000年 2月 7日(月) 흐리다. 下午에 가랑비

8시 大理역 도착. 白族 案內양이 나와 大理古城, 周城, 瑚堞泉 등 觀光地 參觀

2000年 2月 7日(月)

저녁. 大理市 大理興郵酒店 502号 投宿
추워서 밤새 떨다. 岩岩과 밤 12시 半까지 학문 이야기, 洛陽外大 實情 이야기, 한국어 系統 강의 등을 하다.
一行들과도 對話를 가끔 하다.

2000年 2月 8日(火) 맑음

집을 떠난 지 8日, 旅行 4日째.
良의 심장이 조심스럽다. 나도 수면 不足으로 가슴이 아끔 답답. 下午 내내 설사로 고생.

아침 8시 半 大理를 떠나 4시간 以上 걸려서 麗江 도착. 紅山茶大酒店 210號室에 짐을 풀고 麗江 名所 관광. 中國人 旅行客으로 人山人海. 중국의 경제가 나아진 증거다. 그러나 화장실은 여전히 더럽다. 納西族 등 少數民族의 生活은 어려운 듯하다.

木氏土司府, 玉泉公園

洱源右所鄕焦石洞旅游團體 休息室

2000年 2月 9日(水) 맑다

어려운 日程이 예상된다.

새벽 5시 起床. 6時 半 朝食, 出發. 玉龍雪山風景區 麗江古城

高度 3千 米 雪山行 케이블카 乘. 雪山 위에서 관광. 11時 下山. 食事.

다시 大理行. 中間에 여러 곳 參觀.

大理驛 7時 도착 夕食. 7時 半 出發

2000年 2月 10日(木) 맑다

침대車 15号席(4号칸) 下段에서 자고 昆明驛 上午 5時 10分 도착.

아침을 간단히 먹고 EXPO 99 世界 花樹展覽會 參觀(아침 8시 → 16시), 다시 몇 군데 참관하고 비행기로 鄭州行(20시 30分 → 22시 22分)

역시 흔들려서 공포에 떨다.

鄭州 國際飯店에서 洛陽行 一行과 작별하고 우리 셋만 岩岩 집으로 오다. 새벽 영시 半. 國際飯店에서 洛陽 사람들에게 내 身分을 밝히다.

泰安商場 雲南·鶴慶 · 西邑鎭.

2000年 2月 11日(金) 맑다. 영상

하루 종일 岩岩 집에서 쉬다. 어젯밤 昆明空港에서 錫姬와 通話, 오늘 낮에도 通話. 國內 政情이 말이 아닌 듯.

岩岩과 訓民正音 공부 시작.

良은 여전히 공부, 저녁 때 1시간 散步, 旅行中 찍은 사진(143장)이 잘 나왔다.

岩岩 慈堂님이 선물을 山더미처럼 준비하였다. 열심히 짐정리. 多幸히 우리 둘의 건강이 좋다. 저녁 강의를 일찍 끝내고 10시 前 취침

2000年 2月 12日(土) 맑다

아침 석희 · 한결과 通話

上午 中, 岩岩과 공부 계속. 2月 7日에 부친 국제특급(어느 국어학도의 젊은 날)이 도착하다. 上午 中 짐 정리 계속. 선물이 많아 힘들다.

下午도 공부 계속. 밤은 '어느 국어학도의 젊은 날'을 읽게 하고 良이 발음 교정

2000年 2月 13日(日) 흐리다. 안개

아침 4시 半 起床.

짐을 챙기고 5시 50分 아침 식사. 趙作平 氏와 岩岩과 함께 승용차로 정주 공항行. 7시 도착. 곧 搭乘 수속을 하고 趙 氏 父女와 작별.

北京 9:30 도착. KAL기로 北京 13시 20分(한국 시간 2시 20分) 出發. 金浦 4시 15分 도착. 北京 공항은 여전히 붐볐다.

北京 공항에서 두 차례, 서울에서 한 차례, 岩岩과 通話. 金浦 공항에 석화, 允求, 旻求가 나오다. 정릉 집에 꽃방실만 빠지고 18명 全部가 식사.

鄭州 - 昆明 旅行記

大理. 2000.2.7.

昆明 石林. 2000.2.6.

3千m 위 雪山. 2000.2.9.

大理. 2000.2.9.

大理. 2000.2.7.

麗江. 2000.2.8.

大理에서. 2000.2.7.

(4)

補講 및 主禮 旅行記, 洛陽

2000年 5月 14日(日) - 5月 28日(日)

⋮

2000年 5月 14日(日) 맑다. 但 北京은 비

金浦 공항에서 KAL(KE)851便으로 出國. 아우 信澤(학술원 회원)이도 특강을 위하여 同行.

北京에 정시 도착(北京 시간 11:11分) 鄭州행으로 갈아타다. CA(中國 항공)로 정주行(13:10 → 14:15)

정시에 정주에 내리니 畢玉德 교수와 운전기사 徐士國 上士가 나와 있었다. 岩岩(낙양외대 석사반) 모친도 만났다. 洛陽外院 外賓車로 洛陽에(14:30 → 17:10)

새로 지은 外國人用 招待所로 가다. 楊 참모가 과일을 씻고 있었다.

나는 201號室(전화 423-7105), 信澤 202號(423-7043)로 저녁은 구내식당에서 外事辦公室 主催로 환영연, 蓋 主任, 楊 참모, 楊 祕書, 徐 氏, 畢 교수 참석.

밤에 숙소로 車光一 교수 內外, 허홍수 교수, 張光軍 교수가 찾아와서 15日부터의 강의계획을 의논하고 선물을 나누어 드리다. 蓋 主任(꼬냑), 楊 祕書(립스틱), 畢 교수(담배), 楊 참모(립스틱), 徐 氏(스타킹), 張 교수(꼬냑), 車 교수(양담배), 허 교수(스타킹)

金迎喜 교수가 찾아온 小包(3개, 내가 미리 우송한 것)로 자료실 책 10권, 岩岩에게 책 두 권도 주다.

조신건, 마회하, 岩岩, 김영희 교수가 여러번 숙소로 오다. 밤에 岩岩도 왔다.

良, 석란, 계수씨 등과 여러 차례 通話. 밤 11시 취침, 너무 덥다

2000年 5月 15日(月) 온종일 흐리다

아침 3시 반(한국 시간 4시 반) 깨다

旅行記 정리, 새벽에 信澤이와 牧丹밭 散步(5:30 → 6:10)

아침 張光軍 교수에게 김민수 교수 장학금 500弗을 전하다.

上午 中 강의, 나(8:10 → 9:40), 硏究生 12명, 김영희 교수, 車光一 교수 청강, 다른 교수들은 안 왔다.

'오늘의 韓國' 강의, 여러 가지 현실 설명. 정치, 행정, 교통, 郵政, 여행, 住宅 등에 관해서 설명.

信澤(10:10 → 11:30, 다시 내가 12시까지)

2000年 5月 15日(月) 흐리다

스승의 날(한국)이라고 학생들이 꽃다발을 가져오다

下午 쉬다(12시 半 → 15시)

15시 半 김영희 교수와 임 교수가 찾아오다. 任 교수가 한약 치료기를 사 오다. 나는 양말 선물. 金成玉 女士에게 壓力 밥솥 부속품과 양말 선사. 교무처장(훈도부 부처장 담당) 張敬勇 大校를 만나다. 김 교수와 校門 밖에 나가 마늘 장수(李明

氏)에게 담배 한 보루 전달.

운동화 20元 주고 사다.(165cm)

강의 준비 계속. 한국서 온 朴美京 교수도 專家樓(외국인 교수 숙소) 106호실에서 만나다.

저녁 식사 直前에 한국서 위탁교육 온 공군 소령과 해군 대위를 만나다. 신문을 주다.

밤 7시 朱志輝 助敎가 딸기를 사가지고 오다. 아버님의 病患이 나아가는 中이라고. 다행한 일이다.

2000年 5月 16日(火) 덥다. 맑다.

上午(8:10 ~ 9:40) 수업(呼稱 등) 11:00 구내 이발관에 가서 간단히 이발. 이발사 山東 小姐는 없었다.

세탁실 아주머니에게 치약, 칫솔 선사

2000年 5月 16日(火) 下午. 맑고 덥다.

下午 3시. 金成玉 女士가 손수 짠 목도리(良과 내 것)와 김치를 담아 오시다. 故 金云喆 교수에 관해서 이야기를 나누었다. 日요일 저녁에 조선족 모임이 있다고.

岩岩이 완두콩을 삶아 보내다.

저녁 6시 15分 →8時 構內식당 綠苑에서 副院長 주최 歡迎宴, 음식이 너무 많았다.

우리 兄弟, 副院長 韓振棨 少將, 訓導部 副副長 張敬勇 大校, 五系 主任 張光軍 大校, 外事辦公室 蓋維理 少校(主任), 五系 外辦室 楊淑琴 祕書, 畢玉德 · 金迎喜 교수, 趙新建 助敎. 대단히 즐거운 對話를 나누었다. 岩岩과 論文 문제를 의논하다.

2000年 5月 17日(水) 흐리다. 덥다.

눈부시게 바삐 보낸 하루.

上午 강의(한국의 종교, 呼稱 등), 下午 龍門石窟參觀(14:30 → 17:30)

辦公室 車로 徐 氏와 함께 趙新建 助教가 우리 兄弟를 関林까지 案內하다. 市內 정비가 大大的으로 진행되고 있었다. 새벽에 良과 전화.

밤. 高卉 양이 그 애인(국제 정치 전공, 박사 진학 예정)과 수박을 사 오다. 車光一 교수도 수박을 사 오다. 김치와 수박을 한국에서 온 장교들에게 주다. 김영희 교수, 김경숙 교수도 인사 오다. 보일러 기사 이동백 氏 內外도 찾아오다. 岩岩도 다녀가다.

2000年 5月 18日(木) 맑고 덥다. 下午 강풍

日程이 자주 변하다. 하는 수 없이 오늘 上午 中 180分 수업을 나 혼자 다하다. 새벽에 良과 전화.

낮(11:50 – 13:30) 風濤園에서 李東伯 氏 內外, 둘째 딸 內外, 우리 兄弟가 會食.

下午는 줄곧 낮잠

저녁. 김영희 교수, 조신건 조교 內外와 19日 결혼식 순서 協議, 中國式 + 韓國式으로 하게 되었다. 밤. 岩岩이 참외와 복숭아를 사 오다.

2000年 5月 19日(金) 맑고 덥다

上午 中 강의와 강연 준비

沐浴齋戒하고 새 양말, 새 런닝, 새 넥타이로 11:30 結婚 主禮 준비

그런데 결과는 예상한 대로 엉망으로 끝났다.

主禮 제도가 없는 中國에서는 결혼식이 하나의 쇼 같았다. 그래도 任曉麗 교수가 혼인서약, 成婚宣言文, 主禮辭를 번역(통역)해서 效果가 있었다.
校內 幹部들과 韓語과 교수, 研究生들(147名)이 참석하여 식사를 겸한 결혼식이 시끄러웠다(소란이 아니라 잔칫집 같았다) 여러 幹部들이 와서 인사하다.
紅包 200弗 信澤 20弗을 신랑 · 신부에게 전달. 下午 푹 쉬다

2000年 5月 20일(土) 맑고 덥다. 30度

오늘 少林寺(8:30 → 13:30) 白馬寺(14:30 → 15:00) 참관. 徐士國 上士와 석사반 楊彦 군이 案內하다. 모든 費用도 학교에서 부담하다. 나는 두 곳이 다 세 번째다. 淨化 사업이 상당히 이루어지고 있었다.
中國이 관광 사업에 힘쓰고 있다. 造林 사업도 진행 中.
저녁은 17시까지 未定이다. 언제나 이곳은 이렇다.
이 글을 쓰는데(17시) 김영희 교수가 風濤園에서 모인다고 연락 오다. 18:00 → 21:20 모이다.
風濤園에 모인 분: 車光一 교수 內外, 許興洙 교수 內外, 金迎喜 교수, 朴美京 교수, 한국에서 온 공군 소령, 해군 대위, 육군 이 대위, 우리 兄弟. 이야기를 나누고 노래하고.
10:30. 장광군 교수가 21日(日) 낮 식사, 내주 강의 예정 등 日程을 전화로 연락.
Arirang(한국국제 放送) TV로 Terrorist(공포분자)라는 극영화를 보고 자다.(12시)

2000年 5月 21日(日) 맑고 낮 36度

院內 綠苑에서 張光軍 교수 招待宴
張 교수, 夫人, 그 아들, 우리 兄弟가 점심을 먹고 선물로 콤팩트와 볼펜을 주니

술 네 병, 茶 등을 많이 주다. 高級 선물을 가지고 어떻게 귀국하나?

下午 休息, 저녁 金成玉 女士 招待宴.

故 金云喆 교수 別世 때 인사를 못했다고 우리 兄弟가 온 김에 상제로서 풍도원에서 인사. 車光一 교수 內外, 許興洙 교수 內外, 金成玉 女士 3兄弟 아들, 큰 며느리, 큰 孫女, 조선족 경상도 아줌마 內外, 故 李世龍 교수 夫人, 김영희 교수, 車光一 교수 옆에 張光軍 교수, 單體瑞 교수, 우리 兄弟.

金 女士, 李世龍 교수 夫人과 경상도 아줌마에게 치약과 칫솔 선물.

요새 한글맞춤법을 다시 읽고 있다.

2000年 5月 22日(月) 맑고 덥다. 낮 30度

上午 학부 3, 4학년 合同 강의(80명, 8:10 →9:40)

'오늘의 한국'이라는 題目 아래 천천히 여러 이야기를 하다. 마이크가 없어서 소리를 질러서 땀이 났다. 모두 열심히 듣는 듯했다. 조는 학생도 있었다.

10시 → 下午 7시 休息, 생각, 강연 준비

2000年 5月 22日(月) 下午 저녁

신택이와 강당에서 강연(19:40 →21:20)

내가 먼저 '세계 속의 한국어'에 대하여 40分 ~ 50分, 신택이가 40分 ~ 50分(한국의 대학교육), 학생 약 200名. 但 교수는 유봉금, 허홍수, 조화 교수뿐이었다. 張光軍 교수가 통역하였다. 학생들 반응은 70% 정도.

2000年 5月 23日(火) 아침 흐리다. 낮 36度 ??

이제 나흘 밖에 안 남았다. 긴장 속에서 살고 있다. 아침 6시 2分, 良이 반갑게 전화. 上午 학부 3, 4학년 강의 계속(8:10 →9:40) 四系(현 5系) 자료실을 둘러보다. 信澤, 조암 同行.

11시 20分 高卉 양이 오늘 저녁 6시 초대를 알리러 숙소에 오다. 그 애인은 李小華(國際政治學 전공). 우리 수필집이 도착했다고.

下午 14:30 →16:00 馬會霞 女士(석사반, 19일 新婦) 案內로 五系 車로 信澤이와 王城公園 · 박물관 참관. 너무나도 더워서 구경도 대충했다.

17:00 趙新建 조교가 들고 온 수필집을 여러 사람에게 나누다(20卷)

저녁(18:00 →20:30) 150陸軍病院 앞 高級 餐廳에서 高春芳 副院長 주최 招待宴. 高 副院長 內外, 高卉, 張光軍 교수, 우리 兄弟, 高級 음식에, 고급 선물을 받다.

2000年 5月 24日(水) 흐리다 낮 역시 덥다.

앞으로 3日. 上午 3, 4학년 수업(8:00 – 9:45) 대체로 無難

10:30 – 10:50. 楊淑琴 祕書가 찾아오다. 칫솔, 徐上士用 담배, 楊비서 夫君用 양말 등 선사.

낮 1:00 研究生 2年 一同이 찾아오다. 下午 3:30 →5:00 岩岩이 論文 內容을 물어보러 오다.

저녁 5:30 →9:30 研究生 一同, 趙新建 助教와 함께 市內 水餃子 집에서 谷水 14賢 모임(朱志輝 군은 父親 病으로 缺) 노래하고 즐겁게 대화. 밤에 조신건 內外가 선물을 가져오다.

2000年 5月 25日(木) 아침 흐리다.

麥酒 몇 잔에 오줌 누기가 不便하다. 24日 밤 위스키 조금. 23日 밤 고량주 몇 잔에 역시 고장.

앞으로 禁酒 계속 必要.

2000年 5月 25日(木)

아침(6:03) 良이 반가운 전화

上午(8:00 – 9:40) 研究生 2, 3학년 강의, 한국의 혼인.

4학년 侯志强 군, 魏勝英 小姐, 3학년 景丹妮 小姐, 呂鉏 군에게 '숲마을에서 배밭골까지'(제6수필집)를 주다.

下午 12:45. 呂春燕 교수가 립스틱 선물 고맙다고 전화. 조화, 조양 교수에게도 주었다.

숙소 아가씨들에게 칫솔, 치약, 양말 등 선사.

下午 高春芳 陸軍105醫院 副院長과 千唐誌齋 참관(14:20 – 17:00)

150醫院 車로 우리 兄弟, 高 副院長, 高卉 研究生이 新安縣長, 新安公安局長 등과 千唐誌齋 趙跟喜 館長 案內를 받으며 參觀. 署名을 하고 洛陽友誼賓館 貴賓室(2층)에서 副院長 內外, 運轉士(士官), 高卉, 高卉 愛人 李小華 군과 식사(17:30 →19:30)

대우를 너무 잘 받으면서도 온종일 마음이 불안하다.

洛陽市 人民政府 外事辦公室 方双建 副主任도 식당에서 만나다.

2000年 5月 26日(金) 흐리고 덥다.

새벽(5:53, 7:25) 良과 석희가 전화

上午(8:00 ~ 9:40) 研究生 2, 3학년 끝 강의. 훌륭한 학자나 학국 관계 종사자가 되어 달라고 부탁.

2000年 5月 26日(金) 흐리고 덥다.

高 副院長과 小浪底 參觀(10:20 → 14:00)
下午 15:20 → 16:40 운동장에 가서 학생들의 閱兵式을 참관하다. 17:00 車光一 교수 內外가 선물을 가지고 인사 오시다. 畢玉德 교수가 연변에서 전화. 그 夫人이 인사 오다.
저녁 洛陽名物 식당에 가서 식사(6:20 - 9:00)
高 副院長, 張光軍 교수, 우리 兄弟, 高卉와 그 애인, 張 교수와 여러 이야기를 나누다.
밤. 楊 비서가 선물을 가지고 오다. 또 岩岩도 와서 여러 이야기를 같이 하다(10:00 → 10:30)

2000年 5月 27日(土) 달이 떴다. 역시 덥다.

새벽 3시부터 이동백 씨 內外가 가지고 온 짐들을 정리.
岩岩 등과 아쉬운 이별을 하고 10시 10分 숙소 출발.
허홍수, 장광군, 韓振榮 副院長, 外辦室 蓋 主任, 楊 祕書, 朴美京 교수, 조신건 助敎, 硏究生 2, 3학년 全員, 金成玉 女士 등이 환송을 했다.
정주 市內 국제반점에서 점심을 먹고 徐士國 上士, 王建軍 助敎와 정주 비행장 行, 14시 40分 - 16시 10分
鄭州 → 北京. 北京 空港에는 仁荷大 金泳 교수가 나오다. 北京大正大國際中心 304號室(1日 250元)에서 묵다.
東方學硏究所(正式名 北京大學朝鮮文化硏究所) 所長, 北京大學 外國語學院 韓國

語教硏室 主任 李先漢 교수(52세가량)와 北京大勺園(shaoyuan) 한식부에서 저녁.
北京大 구내구경(28日 아침에도 계속)
北京大의 규모와 우거진 숲에 놀라다. 果然 世界中心大를 꿈꿀 만하다.

2000年 5月 28日(日) 맑다. 구름 한 점 없다.

새벽 良과 通話. 金泳 교수, 우리 兄弟가 北京大 一周 散策
아침 식사 후 곧 空港에(9:40 → 10:20), 곧바로 搭乘수속, 그 전에 비하여 훨씬 能率的이었다.
몇 번 鄭州 趙作平 氏에게 전화를 했으나 不在. 정시에 귀국(12:40 - 15:25)
良과 尹 서방이 나오다. 신촌 叔父님 內外를 찾아 뵙고 혜화동(명륜동) 아남 아파트에서 19명 모두가 모여서 저녁. 무사히 귀국한 것을 고맙게 여긴다.
洛陽外大 장광군 교수, 金迎喜 교수, 金成玉 女士에게 전화로 인사. 밤에 약간 감기 기운.

1999.11.2.

1999.11.2.

左 馬會霞, 姜, 趙新建 洛陽外大. 2000.5.19.

左로부터 姜, 車宣ㅁ五 교수(北大), 車光一 교수(낙양), 논문심사. 1998.6.12.

洛陽外大 교수들. 앞줄은 외국 군인 연수생. 1998.10.1.

함께 특강하러 간 아우(信澤). 2000.5.20.

龍門 石窟 앞. 2000.5.21.

春節에 觀光나온 民衆들. 2000.2.5.

(5)

中國東北 및 南京·上海·鄭州 地方 旅行記
附 中央民族大服務生活一部

2001年 7月 15日(日) - 9月 9日(日)

⋮

2001年 7月 15日(日) 흐리다 23 →35度

새벽(5:35 →6:40) 良과 友誼賓館 앞에서 운동. 설사는 멎고 약간 어지럽다, 뒤 목도 빳빳하다. 우리 內外는 한국학술진흥재단 파견교수로서 北京中央民族大에서 학부생 및 석사 반 학생들에게 한국어학 및 문학을 강의했다.(2000.9-2001.9)

下午 1시 숙소 出發, 숙소에 차연, 최정이 찾아옴. 北京역에 이해영, 이향, 김춘옥, 박옥실이 배웅 나와서 울다. 우리 內外. 崔石岩 여사(民族大 李元吉 교수 夫人) 세 사람의 여행.

2001年 7月15日(日) 맑다

7月 15日(日) 下午 14:25分 →梅河口 翌日 4:39(4:50)도착

北京 → 圖們行 快速列車(快速旅客列車 K215)

2001年 7月 16日(月)

梅河口역에 이원길 교수 조카 이창근 씨가 마중 나오다. 이 씨 댁에 도착. 곧 2학년 이미령 양과 그 父母를 만나 사우나, 식사, 이 양 부친 이정환 씨가 온종일 대접

밤. 이국성 씨(이회영 선생 손자)가 이회영 선생 관련 자료를 보여 줌

2001年 7月 17日(火) 맑다.

梅河口 11中學車(전 이원길 교수가 교장으로 있던 학교)로 三源浦 雛家村 → 通化 → 集安 이창근 씨 同行

集安 翠園(館)飯店 510室에 짐을 풀고 鴨綠江에서 배를 타고 北韓 땅을 바라보다. 다시 滿浦鎭對岸에서 만포진을 보다. 너무나도 참담했다.

석희, 이해영과 통화

저녁은 호텔 옆 북한식당(강계에서 오다)에서 냉면으로.

2001年 7月 18日(水) 맑다

새벽부터 集安 박물관 廣開土王碑, 長壽王陵(將軍墳) 답사. 金允植 교수를 호텔 옆 식당에서 만나다. 集安에서 通化까지 택시로 가다.

通化에서 楊靖宇 장군 기념관 참관, 기차로 다시 梅河口에 가서 이창근 씨 집에서 묵다.

2001年 7月 19日(木) 맑다. 밤에 비

새벽 6시, 택시로 梅河口 출발 → 靖宇 → 撫松 → 白河에서 점심. 택시로 天池 → 白頭山 → 白河 → 萬보. 택시 고장, 딴 차로 끌려가서 安圖 金城飯店(招待所)에서 1泊

白頭山 天池 참관 때 건강이 걱정되어 크게 떨다.

오늘 平生 소원이던 白頭山 天池를 우리 內外는 찾았다. 그러나 우리 땅이 아니고 中國 땅에서 올라온 것이 억울하고 슬펐다. 이창근 씨는 安圖에서 梅河口 집으로 갔다.

2001年 7月 20日(金) 구름

아침에 택시로 安圖에서 延吉로 오다. 延吉 公園 소학교 옆 이원길 교수 댁(5층)에 들다.

이원길 교수 아들 이근군, 따님 華 女士, 外孫, 崔石岩 女士 친정 올케가 찾아오다.

저녁 延邊人民出版社 副社長 李成權, 출판부 李哲汶 氏가 天下王府(전통 갈매기살 불고기 집)에서 저녁 초대, 불고기와 냉면을 먹다.

延吉에 사는 김여화 양과 통화. 自己 아버지 車로 함께 白頭山에 가기로 한 계획이 깨졌다고 억울해 하다.

2001年 7月 21日(土) 흐리다.

延邊人民出版社 車(枝士 柳光鎬)로 延吉 → 和龍(亞東水庫) → 龍井우물 → 大成中(現 龍井中) 尹東柱 詩碑 기념관 참관 → 토(정)종닭=토닭 점심 → 龍井(安京浩氏가 안내). 아침, 숙소로 김여화 양이 오다.

저녁 崔石岩 女士 친정 동생(崔石宇) 宅에서 회식. 우리 內外, 崔石宇 氏 內外, 李華 女士 內外, 그 아들 이근군 등.

밤, 석희와 통화, 본 신부님이 危篤하시다고.

2001年 7月 22日(日) 아침 가랑비, 낮 흐리다. 맑다.

8:00 → 13:00 金麗花 양 아버지(延吉公安局戶口係 金東華 氏) 車로 圖們 참관, 빗속에서 민족의 비극을 목격하다.

延吉 市內에서 김동화 氏가 점심 대접. 용정의 吳仙花, 金銀玉 양도 와서 함께 식사.

저녁 郵政飯店 3층에서 延邊大 교수들과 초호화판 회식. 李得春, 金호운, 金基石, 劉銀鍾 교수, 金一 교수.

洛陽의 金迎喜 교수, 우리 一行 셋. 이곳의 가슴 아픈 이야기를 듣다.

밤 北京에 온 良謨(처남)와 통화, 梅河口의 이창근 氏, 최건군과 통화.

2001年 7月 23日(月) 맑고 덥다

上午 연변 科技大 참관. 숭실대 소재영 교수는 귀국하여 不在. 東亞大에서 온 교수가 면회 사절.

낮 市內 냉면집에서 낙양大의 김영희 교수, 이세룡 교수 夫人, 낙양大(외국어학원) 王建軍 조교(전임강사)와 회식, 우리 셋이 참석.

2001年 7月 23日(月) 계속

저녁, 延邊大 참관. 正門에서 김호운, 유은종 교수를 만나다.

밤(18:00 → 21:00) 李華 女士 집에서 회식. 시부모(두 분 다 의학계 出身) 崔石宇 氏 內外, 崔石岩 女士, 우리 內外, 李華 신랑, 이근군 등. 李 大夫(의사)의 人品이 좋았다. 반찬이 18가지였다.

2001年 7月 24日(火) 맑고 덥다.

上午 今石診所(李華 시부모)에서 우리 內外가 진찰을 받아 약을 無料로 짓다. (나중에 손자에게 紅包 200元으로 갚다.)

邑內 시장에서 몇 가지 식품을 사다. 나는 新華書店에 들르다.

저녁 崔石宇 氏가 東方불고기 집에서 우리 內外를 대접. 崔石岩 女士, 이근군 李華 內外도 合席. 소고기, 羊고기, 돼지고기 등을 飽食.

밤 北京에 온 亞洲大 朴玉杰, 장부일, 安東大 朱昇澤 교수 등이 安否 전화.

延邊大에 부친 책(2001. 7. 28. 발송) 8. 6. 도착

李得春 교수: 국어학사

金基石 교수: 조선관역어연구, 훈세 평화에 대해여

劉銀鍾 교수: 훈민정음연구

金一 교수: 훈민정음연구, 한자음 자료

2001年 7月 25日(水) 맑고 덥다.

새벽 오 서방과 통화

上午 10시 半 이원길 교수 댁 출발 연변인민출판사 차로 역에 도착. 이성권, 이철구 씨 등이 배웅. 崔石宇 氏 內外, 이 교수 사위, 김여화 양, 이근군 등 7명

圖們 → 北京行 K216 快速旅客列車 10号칸 21·22·23席. 延吉 11:40 도착,

11:45 출발

2001年 7月 26日(木) 맑다

12:16 北京역 도착 이해영, 최정 양이 나옴.

정리 후 저녁에 이화 女士, 최석우 氏, 김여화 양 등에게 감사 전화.

서영섭, 장흥권 교수에게도 귀경 전화.

밤 서영섭 교수 內外, 金春玉 양, 최석암, 최영희 女士가 다녀가다.

밤 석희와 통화. 일본 히로시마 거주 본 신부님이 별세하셨다고.

2001年 7月 27日(金) 흐리고 가랑비

아침, 석희, 한결, 어진이와 통화. 이미령 양 그 부친과도 통화.

연변大에 책을 부치다. 김형균 씨와 컴퓨터 문제 상의.

며칠 전에 房玉琳 氏(전에 台北 中央研究院 직원. 후에 本土로)가 敬老院에 들어갈 돈 5仟元을 도와달라고 애절한 편지.

房東 郭潁 老師가 다녀가다.

밤(19:30 → 20:20) 黃大華 교수 內外가 술 두 병을 가지고 다녀가다.

온종일 설사, 감기로 고생

노호동 女士(上尉)가 山東半島 榮城市에서 전화, 濟南에 갈 예정이라고.

2001年 8月3日(金) 흐리다. 22 – 28度. 어젯밤 약간의 비

새벽(05:30 →7:00) 良과 함께 해영이를 데리고 우의빈관 앞에서 운동.

아침(7:00 →7:30) 김영희 교수, (8:30) 임효려 교수와 통화.

새벽 3:00, 某人의 二重性을 생각하며 잠을 못 이루다.

지난 해 9月에 맡겼던 5千弗을 찾다. 利子 134弗(세금 20%)

컴퓨터 구입을 위하여 3千弗을 換錢하다.(8.27 x 3 = 24,810元)

돌바위 女士, 조신건 조교(낙양), 김英美 女士와 통화.

下午 3시. 김형균 씨와 4日 下午 15시에 朝文系 辦公室에 컴퓨터 4台를 기증하기로 (설치하기로) 合意하고 系主任 李元吉 교수에게도 알림.

下午(15:30) 낙양 金英今 교수가 인사차 전화. 이해영 양에게 장학금을 주다.

다시 내 論文 검토 계속. 귀국 짐 싸기 시작. 上午 낙양 조신건, 마회하 부부가 인사 전화.

2001年 8月 4日(土) 흐리고 무덥다. 22－31度

새벽(6:10 →7:30) 良, 해영이와 우의빈관 앞에서 운동. 낮(11:50 →14:30) 낙양 金迎喜 교수가 진학 문제로 다녀감.

下午(15:00) 김형균 씨가 보낸 컴퓨터 4台가 朝文系에 도착함. 모두 만족하다. 아침, 김형균 씨와 통화.

下午, 이해영 양이 北京 → 南京 往復 3人分을 예약하다.(5,640元)

밤, 福雲龍에서 朝文系 교수, 학생 會食.

학술대회 해단 모임. 내가 말을 많이 하다. 낮, 允求 어미가 전화, 재훈이가 부친 신문이 오다. (7:30 →8. 4. 5日만에)

房玉琳 氏의 回信이 오다. 귀국 전에 한번 만나고 싶다고.

신문에 閔錫泓 교수 別世 소식을 알다. 명복을 빌다.

2001年 8월 5日(日) 흐리고 온 종일 찌다. 22-23度

새벽(5:30 →7:00) 良과 함께 해영이를 데리고 우의빈관 앞에서 운동.

낮(12:00 →15:00) 研究生 崔晶, 車姸, 朴順姬 양을 숙소에서 점심 대접.

上午 崔石岩 女士가 良의 독서용 안경을 사오다. 저녁(19:00 →21:00) 朴玉實 양이 저녁을 먹고 가다.

밤(20:30) 岩岩이 鄭州에서 전화, 18日에 가겠다고 했다.

밤(21:30) 석희와 전화

밤(22:30) 仁荷大 蔡瑛純 교수 一家가 語言文化大에 왔다고 채 교수가 전화.

2001年 8月 6日(月) 맑다. 23 →32度

새벽(5:45-7:10) 良·해영이와 우의빈관 앞에서 운동. 아침(8:00) 鄭州 岩岩과 긴 통화

下午(16:00) 최영희 女士가 오다. 延吉 金一 氏가 '사성통해연구'가 필요하다고 전화, 8月 7日 발송.

밤(19:20 →20:30) 최석암 女士가 와서 긴 이야기를 하다. 밤(21:30) 유하라 양이 전화.

2001年 8月 7日(火) 맑다 23 →32度

새벽(5:30 →6:45) 良·해영이와 우의빈관 앞에서 운동.

上午 南京 → 上海 여행준비, 이번 여행은 이해영 양이 예약, 進行, 모든 잡일은 책임지고 遂行하다. 고마운 일이다.

오늘 새벽 또 뒷통수(뒤통수)가 아팠다. 小便도 쉽게 잘 안 나오고 눈씁은 빠지

고… 해영이가 우리 여행用 가방도 사오다. 해영 양이 역까지 배웅(나중에 혼자서)

旅行日程

2001年 8月 7日(火) 저녁 →8月 13日(月) 저녁

特快旅客列車(T 65) 北京 20:20 → 南京西 8:06

14号 6座席 硬臥 上 中 下 3段(7:50, 南京역 下車)

时 尚 之 旅

北京青年旅行社股份有限公司

地址: 阜城门外大街1号, 华联商厦。五环经营大楼3层。

电话: 8838.8282/8838.5656/8838.8585/8838.8686

发团日期: 天天发(周二)

团队编号: SS—A

路线名称: 南京-无锡-苏州-杭州-上海　　送游周莊

团队行程:

日期	游 览 日 程	住宿地
D1　8/7	晚上 20:25于北京站乘T65次(或1461次)特快火车赴南京。	列车 上
D2　8/8	抵达后入住酒店, 自由活动。	南京
D3　8/9	游览中山陵, 总统府, 车游长江大桥, 夫子庙购物 (观秦淮风光) 后乘车赴无锡。	无锡
D4　8/10	游览鼋头渚。(乘船游太湖, 上三山仙岛) 参观紫砂陶艺馆, 后乘车前往苏州。	苏州
D5　8/11	游览虎丘, 寒山寺, 留园, 冠云峰, 珍珠苑后乘车赴周莊水乡游览跨三桥, 乘车至杭州。	杭州
D6　8/12	游览西湖, 三潭映月, 灵隐飞来峰, 品龙井茶, 游虎跑公园, 后乘车赴上海。	上海
D7　8/13	游览外滩, 南浦大桥, 浦东新区, 东方明珠 (上塔自理), 南京路步行街购物, 晚上乘飛機返回北京。	自理

收费标准: RMB 1880元/人

2001年 8月 8日(水) 흐리고 덥다. 비 오락가락

아침(7:50) 南京역 도착. 春之旅 여행사와 合流. 南京市 瑞金路 21号 新金满樓大酒店 도착.

온종일 自由시간. 낮 우리 셋(우리內外, 崔石岩 女士)이 南京大虐殺 기념관 참관. 日軍 만행 실감.

2001年 8月 9日(木) 맑다.

8:00 식사, 8:30 出發. 一行 45名 한국인 8 + 우리 2.

總統府(장개석) → 長江大橋 → 점심 → 中山陵 → 夫子廟(구 시장) → 無錫 → 玲珠苑 → 숙박.

석희와 통화

2001年 8月 10日(金) 비 오락가락

7:00 식사 → 7:30 出發 → 鼋斗渚 → 太湖船游上三山公園 → 紫砂陶藝館 → 寒山寺 → 留園 → 점심 → 虎丘(吳夫差公園墓) → 春申賓館 407号(蘇州市吳縣東吳南路 155号)

2001年 8月 11日(土) 가끔 비

6:45 기상, 7:15식사, 7:45출발

上午 周莊古鎭 → 10:50 점심 → 11:30 출발 → 杭州(15:00) → 靈隱寺 → 17:20

저녁 → 杭州 近江大厦 510号室

2001年 8月 12日(日) 맑다. 가끔 소나기

6:45 기상, 7:15 식사, 7:45 出發

上午 杭州 西湖遊覽 → 점심 → 龍井茶 판매점 → 虎炮公園 → 上海 → 南浦大橋 → 浦東新區 → 上海古街 → 저녁 → 東方明珠 燈塔 夜景 참관 → 숙소(宝鋼集團宝山賓館 2537호실(귀빈실). 석희에게 전화

2001年 8月 13日(月) 맑고 덥다.

아침 6:45 기상, 7:15식사, 7:45 出發. 上海外灘·上海博物館 → 黃浦江 참관 → 점심 → 南京路(옷가게 거리) 구경

16:00 上海 출발 → 紅橋機場 19:45 → 21:40

北京 空港 → 택시로 숙소에 10:30(22:30)

이해영 양이 길에서 기다리다.

그 동안 박인환 사장, 김영미, 장향실, 서영섭 선생 등이 전화했었다고.

인상에 남은 곳, 南京총통부, 中山陵, 학살기념관, 西湖·太湖·周莊, 上海 黃浦

一行 中(45名) 한국인 8人 가족(成人 4 + 아동 2 + 아이 2), 우리 3, 나머지는 모두 漢族.

우리와 늘 식사를 함께 한 가족은 한족 6명(어른 2, 학생 4), 이 가운데 6학년 女학생이 특히 나를 따르다. 또 다리를 절던 중학 교사 가족 3人, 烟台에서 온 여학생이 上海驛 앞에서 열심히 손을 흔들다.

2001年 8月 14日(火) 흐리다. 22 →32度

새벽(5:40 →7:10) 良·해영이와 우의빈관 앞에서 운동

上午 최석암 女士가 다녀가다.

낮(10:30 →12:00) 金春玉 朴玉實 양, 그 친구가 인사차 오다.

上午 장향실, 朴良圭, 서영섭, 趙岩, 김영미, 제 씨에 전화. 成大 어학은 권인한 교수가 임명될 듯

저녁(17:30 →20:30) 金錬喆 교수, 최영희 女士와 메밀국수로 숙소에서 송별회, 여러 이야기.

밤(20:20) 成百仁 교수가 안부 전화. 최건군이 전화.

2001年 8月 15日(水) 흐리다 19 →28度

오늘 光復節, 이곳은 조용하다.

새벽(6:00 →7:20) 良·해영이와 우의빈관 앞에서 운동. 上午(9:30 → 10:30) 서영섭 교수가 다녀가다.

上午(10:30 →11:40) 최건군에게 서울大 편입학 추천서를 써 주다. 大成을 빌다.

下午(15:00 →17:00) 전성운, 장향실 교수 內外가 인사 오다. 책 다섯 권을 주다.

저녁 최석암 女士, 최영희 女士가 다녀가다.

2001年 8月 16日(木) 흐리고 낮에 소나기 22-26度

새벽(5:30 →6:50) 良·해영이와 우의빈관 앞에서 운동

上午(11:00) 金錬喆, 최영희 女士 內外분 귀국. 良과 돌바위(崔石岩) 女士가 공항에 다

녀오다. 석희가 전화.

上午 서영섭 교수 댁에서 火鍋와 인삼으로 회식, 이원길 교수 댁에 '한국의 역학'과 인삼을, 이해영 양에게 '한국의 언어'등을 선사.

밤(22:30) 崔榮姬 女士가 무사히 귀국했다고 한국에서 전화.

2001年 8月 17日(金) 흐리고 덥다. 22-29度

새벽(5:50 →7:50) 良·해영이와 우의빈관 앞에서 운동

連日 귀국을 위하여 身邊 정리, 정말 내 공부는 하나도 못 했다. 李元吉 교수, 서영섭 교수와 이해영 양과 가까워진 것이 소득이다.

귀국용 책 운송 문제로 장향실, 전성운 교수와 여러 차례 통화, 月요일(20일)에 장향실 교수 이삿짐에 함께 부치기로 함

우리 內外가 정주 갔다 오는 車票 문제로 정주(鄭州) 岩岩과 여러 번 通話. 결국 19日(日) 낮 車(정주 7:20 → 北京 14:13)로 上京하기로 하다.

이해영 양 父親(李大賢 氏)에게 노타이, 넥타이, 신 등을 우송하다. 재훈이가 전화(20:00)

2001年 8月 17日 밤 22:38 - 8月 18日 6:20

K179号 快速旅客車 軟臥 10호車廂 001·003号席으로. 鄭州行. 北京驛까지 崔石岩 女士, 이해영 양이 배웅. 鄭州에는 岩岩이 마중 나오다.

18日 온종일 岩岩 집에서 岩岩을 가르쳐 가며 지내다.

岩岩이 완전히 국어학 연구를 포기한 것을 알다. 그 동안 공연히 헛물만 켠 것이 분하다. (나중에 漢字語 연구로 바뀜.)

2001年 8月 19日(日) 흐리다가 비

새벽 3시, 일찍 세수하다.

아침 5:30 식사, 6:20 岩岩 집 出發. 茶器 등의 선물을 가지고 岩岩과 鄭州驛에 T58 特快硬席 3호車 72, 73号席에 앉아서 出發. 7:20 → 14:10 빗속에 이해영 양이 마중 나오다. 車中에서 친절한 몽고人 둘과 初中교사 籍彦軍 女士를 알게 되다. (河南省石家庄市藁城鎮崗上村)

숙소에 와서 최석암 女士 등께 인사. 저녁에 노재식 군(생질) 등이 다녀가다(18:10 → 19:20) 책과 음식 등을 주다. 밤 閔賢九 교수와 긴 通話

2001年 8月 20日(月) 아침 선선, 낮 덥다. 18-30度

새벽(5:50 → 7:15) 良·해영이와 우의빈관 앞에서 운동

아침. 정주 岩岩에게 전화, 이해영 자당님이 전화. 낮(12:30) 장향실 교수 이삿짐 便에 책과 옷 세 상자를 부치다(300元)

낮(12:00 → 14:00) 서영섭 교수 內外, 그 손자와 숙소에서 메밀국수와 약식으로 회식.

저녁(17:20 → 20:30) 黃大華 교수가 저녁 초대, 시골집 3층.

文日煥, 太平武, 최영옥, 오상순, 강용택, 임광욱 교수, 우리 內外.

2001年 8月 21日(火) 맑다. 덥다 22-32度

새벽(5:30 → 7:00) 良·해영이와 우의빈관 앞에서 운동

上午(7:30 → 10:30) 太平武 교수 內外분이 民族飯店(唐宮海鮮舫 北京 新僑分店)에서 廣東式 식사 초대(300元). 여러 이야기를 나누다.

上午, 이해영 양 편에 中國建建設銀行에서 房玉琳 氏에게 5千 元 送金, 養老院

入院비로 쓰라고 보내다. 이해란 양이 전화.

장향실, 김형균 氏에게 전화. 노재식이 8月 27日에 만나자고 전화. 어젯밤 朴仁煥 사장이 10月에 이스라엘에 가자고 전화. 良이 黃大華 교수에게 부채 선물, 조신건 교수가 내일 오겠다고 전화.

아침(7:00) 열쇠를 안 가지고 나가 문을 따고 들어오다.(60元)

밤(19:00 → 20:40) 崔石岩 女士가 良의 바지를 사 오고 여러 이야기.

李東光 교수 宅에 세계인명 사전 반납, '거울 앞에서'도 선물

2001年 8月 22日(水) 맑고 덥다. 20-34度

새벽(5:30-7:10) 良·해영이와 우의빈관 앞에서 운동, 사진도 찍다.

아침(8:30) 석희와 긴 電話. 어진이 손이 다쳤다고. 上午(10:20) 洛陽 趙新建 講師(조교수급)가 찾아오다. 낮(12:30 → 14:00) 조 교수와 그 처, 이종 남동생(高2)이 우리 숙소에서 함께 식사. 서영섭 교수 댁에서 음식 제공(일부)

조 교수와 긴 이야기를 나누다. 낙양군인 학생은 5年제. 1, 2학년은 영어만 교육, 그 후 3년간 한국어 교육. 선물을 많이 가지고 오다. 장향실 교수가 23일에 귀국한다고 인사 전화.

밤(21:00) 黃大華 교수가 靑島에 간다고 인사하러 오다.

2001年 8月 23日(木) 맑다. 23-32度

새벽(5:20 → 6:50) 良·해영이와 우의빈관 앞에서 운동.

上午(8:20 → 12:00) 해영이와 北京西長安街17号 北京圖書大厦(北京新華圖書有限責任公司)에 다녀오다.

俞敏 교수 册을 사다.

낮(12:00 → 16:00) 2학년생들과 숙소에서 점심 대화.

李美玲, 金善女, 金麗華, 金春玉, 李海英

2001年 8月 24日(金) 맑다. 22-32度

새벽(5:20 → 6:50) 良·해영이와 우의빈관 앞에서 운동

아침(8:00) 석희, 어진이와 良이 통화. 낮(8:50 → 16:00) 崔石岩 女士 案內로 우리 內外, 해영이가 大觀園(紅樓夢 작품 배경지)과 天壇(사직단 같은 곳) 참관. 良이 극도로 피로를 느끼다.

낮 紅橋商場 근방 澤慧酒樓(교포 경영, 崇文法華寺大街136号)에서 점심(45元).

下午 17시 語言文化大 崔順姬 교수가 案內 관광 가자고 전화.

밤(20:10 → 21:00) 張興權 교수 內外분이 東崇학술상 공로상을 받게 되었다고 인사차 來訪. 金春玉 양이 사진을 가지고 오다. 재훈이가 부친 신문이 오다.

2001年 8月 25日(土) 맑다. 19-29度 낮 소나기

새벽(5:20 → 6:50) 良·해영이와 우의빈관 앞에서 운동

아침(10:15) 숙소 근처 이발소에서 중국생활을 마감하는 이발(10元)

낮(11:40) 岩岩이 洛陽에서 긴 전화, 국어학 연구를 계속하겠다고.

저녁(17:30 → 20:30) 2학년 이미령, 金春玉, 金麗花, 金成혜(桓仁市 出身), 이해영 양이 숙소에서 張흥권 교수 댁 水餃子를 함께 먹다.

밤(21:30) 석진, 允求, 秀仁이와 통화, 北京外大 金京善 교수가 전화.

2001年 8월 26日(日) 맑다. 아침 서늘, 낮 덥다.

새벽(5:20 →6:50) 良·해영이와 우의빈관 앞에서 운동

어제부터 兪敏 교수의 논문을 읽다. 李元吉 교수에게 흑판, 휴지, 쌍화차, 한중사전 선사.

귀국 짐을 거의 싸다. 오늘 현재 두사람이 40kg

저녁(19:00 →22:00) 2학년 金春玉 양이 과일을 가지고 다녀가다.

생질 노재식 군이 27日에 北京大에서 만나자고 전화

어제 連云港에서 房玉琳 氏가 돈도 받고 敬老院에 이미 入院했다고 전화, 좋은 余生이 되기를 빌다. 밤에 석희가 전화.

2001年 8月 27日(月) 맑고 덥다. 20 →30度

새벽(5:20 →6:50) 良·해영이와 우의빈관 앞에서 운동

아침 반찬을 金春玉 양이 와서 장만하다.

上午(8:00 →8:20) 李元吉 교수가 숙소에 와서 9月 5日(水) 下午 3시에 컴퓨터 전달식을 하기로.

2001年 8月 27日(月) 계속

낮(8:30 →14:00) 良과 北京大學 참관. 해영이도 同行.

金英美 女士, 노재식 군이 案內, 中途에서 宋敬敏 양도 合流.

大學 앞 北京風入松書店에서 佛教 관계 책 두 권을 사고 北京大 구내식당에서 점심. 良이 몹시도 고단해 한다.

下午(16:40) 정희창 군이 전화.

어제 밤부터 延吉에서 지어온 약(李元吉 교수 운반) 服用 개시.

2001年 8月 28日(火) 흐리다 21-28度

새벽(5:30 →6:20) 良이 友誼賓館 앞에서 운동하다가 넘어져서 아래 입술 등 부상. 온 종일 고생.

아침 崔石岩 女士가 良을 海淀醫院分院(魏公村)에 데리고 가서 치료. 서영섭 교수가 問病 오다.

下午 金青龍 군이 한국에 다녀 왔다고 인사 전화. 吳賢 군도 전화.

下午(18:30) 처남 尚謨 氏 內外가 전화. 上海 春之旅 俞蕾導遊에게 편지와 사진 두 장 부침.

저녁. 崔石岩 女士가 팥죽을 쑤어 오다.

63年 淑大 3학년 全仁淑 양의 시험지를 다시 읽어 보다. 당시의 영어 강독 교재도 읽어 보다(프린트)

2001年 8月 29日(水) 흐리다. 맑다. 21-27度

良이 아파서 새벽 운동 中止.

아침(7:30) 洛陽 任曉麗 교수가 9月 1日에 오겠다고 전화

아침(7:35) 洛陽 王建軍 교수에게 인사 전화. 良이 어제에 이어 海淀醫院에 다녀오다. 崔石岩 女士 同行. 海英 양이 超市(슈퍼)에 가서 장을 보아 오다.

밤에 석희가 전화. 의료보험료 16만 원이 부과되었다고.

2001年 8月 30日(木) 맑고 덥다. 22-30度

새벽(5:30 →6:40) 良과 우의빈관 앞에서 간단히 운동.

아침(8:30) 陳其光 교수 內外분이 부채에 글씨를 陳 교수가 쓰고 夫人이 그린 그림 족자를 가져오다. 어제 저녁(5:30 → 8:30)에는 徐영섭 교수 宅에서 李元吉 교수 內外와 여섯이 회식.

오늘 낮(11:00 → 13:00)에 安企部 식당에서 陳 교수 內外가 徐 교수 內外와 우리 內外 초대 식사.

어젯밤 앞집(8号) 애기 엄마가 土器 선물 3점을 가져오다.

오늘 硏究生 성적(우리 두 사람 담당)을 제출하다.

下午에 석희와 통화. 서울大 권영민 교수와 간접 통화.(이원길 교수 초청)

밤 최석암 女士가 다녀가다. 또 房東 郭老師가 내일 온다고 전화.

2001年 8月 31日(金) 맑고 덥다 22 →31度

새벽(5:50 →7:30) 良·해영이와 우의빈관 앞에서 운동.

上午(8:30 → 12:30) 최석암 女士 案內로 雍和宮(西藏佛敎寺院)과 首都博物館(孔子廟: 大成殿 구내) 참관.

下午(15:30 →16:00) 房東 郭穎 老師가 친구 둘과 押金 4千 元을 가지고 來訪. 3月 20日 →9月分 電氣料金, 가스, 水道料 千 元(대충 계산) 8, 9月分 전화료 3百 元, 청소비 2佰 元, 合計 千五百 元을 주다.

저녁(15:00 →18:40) 金春玉 양이 와서 반찬을 만들고 청소도 하다. 재식이가 성대 신기순 교수와 2日에 오겠다고 전화.

大田 姜一求 氏가 전화. 내일 귀국한다고

2001年 9月 1日(土) 맑고 덥다. 22-31度

새벽(5:30 →6:40) 良·해영이와 우의빈관 앞에서 운동.

낮(8:30 → 19:20) 大連外大 任曉麗 교수(前 洛陽外大)가 와서 하루를 우리와 함께 보내다. 점심엔 任 교수가 水餃子로 우리를 대접, 여러 이야기를 나누다. 張光軍 교수 이야기, 金英今 교수의 가정 이야기, 교수들의 움직임, 任 교수 가정 이야기 등.

洛陽에서 나를 칭찬한 車光一 교수, 趙岩의 글이 오다.

저녁 金春玉 양이 와서 도와주다. 낮에 우리 後任으로 中央民族大에 오는 李周行 교수(中央大) 가족이 도착.

2001年 9月2日(日) 맑고 덥다 20 → 30度

北京 生活이 앞으로 1주일 남다.

새벽(5:30 → 6:40) 良·해영이와 우의빈관 앞에서 운동.

아침(10:00) 成大 국문과 宋銀相 女士(70학번)와 그 夫君 신윤수 씨가 9月 6日(木)에 만나자고 전화. 北京 商務官으로 왔다고.

아침(10:30) 洛陽 金迎喜 교수가 긴 전화

趙作平 氏(趙岩 父親)가 심장병으로 鄭州 第五人民醫院 入院. 급히 귀가한 岩岩과(정주 집으로 귀가) 통화. 趙 氏와 통화(병실) 安心하라고.

저녁(17:00 → 19:25) 재식이와 成大 사학과 申琦淳 교수가 다녀가다.

여러 이야기를 나누다. 재식이에게 漢語大詞典을 주다.

낮(11:30 → 13:00) 李周行 교수 內外와 딸이 와서 숙소에서 식사.

이 교수에게 강의 자료를, 딸에게 카세트 녹음기를 주다. 이 교수 夫人의 인상이 좋았다.

저녁(18:30 → 20:00) 이은숙 교수와 文 박사 夫人이 다녀가다.

저녁(17:00) 석화가 安否 전화.

2001年 9月 3日(月) 맑다.

새벽(5:30 →6:50) 良·해영이와 우의빈관 앞에서 운동.
아침(7:00) 李元吉 교수 댁에 洋酒, 전기 치료기 등을 보내다.
낮에 최석암 女士, 金銀子 女士가 선물을 가져오다.
저녁(18:00 →19:00) 李周行 교수 숙소에서 저녁식사. 밤에 金春玉 양이 다녀가다. 새 국어사전(동아)을 주다.

4日 ~7日 分 빠짐.

2001年 9月 8日(土) 흐리다 18 →25度

새벽(5:30 →6:55) 良·해영이와 우의빈관 앞에서 운동.
陳其光 교수를 만나 入院中인 夫人 問安 인사. 아침 石家莊 籍彦昇 교사와 通話, 住所확인
아침 李元吉 교수 댁에 丈人어른 全集과 中漢사전, 조선일보 전달
上午(8:30) 洛陽 金迎喜 교수가 전화
上午(8:50) 정주 岩岩과 通話. 趙作平 氏가 어제 심장수술을 했다고. 걱정이다. 어제 洛陽 金英今 교수의 편지가 오다.
上午(8:55) 洛陽 畢玉德 교수가 전화. 낮(11:30 →14:00) 연구생들과 숙소에서 회식. 연구생들이 선물을 가지고 오다. 朴順姬, 金燕玉, 崔晶, 尹秀華, 宋敬敏, 徐紅花.
上午 4시 필옥덕 교수가 인사 오다. 太平武 교수와도 숙소에서 긴 이야기.
밤 魏公村路 双盛園에서 李周行 교수가 來中 인사. 서영섭, 김은자, 태평무, 최석암, 오상순, 김명숙, 강용택, 장홍권 교수 內外, 임광욱, 나.
良은 피곤해서 不參. 밤새 이해영 양이 울다.

2001年 9月 9日(日) 맑다 18 →28度

새벽부터 出國준비로 분주

새벽(6:00) 趙作平 氏, 岩岩이 정주에서 전화.

車光一, 金英今 교수, 마회하 교수도 洛陽에서 전화.

아침 식사는 李元吉 교수 宅에서 하다. 식사 후 李元吉 교수 內外와 그 아들 근이 큰 절로 작별인사를 하다. 둘째 사위도 함께 식사. 10日에 한국에 간다는 李香(둘째 딸)에게 百弗을 주다.

집(숙소)에서 空港까지 배웅 나온 분들

李周行 교수 父女, 서영섭 교수 內外, 장흥권 교수 內外, 李元吉 교수 內外.

학생 10여 명, 空港이 울음바다였다.

강신항 교수 부부, 김환재 선생 부부
컴퓨터 기증 의식

시간: 9월 5일 오후 4.30 --- 6.00
회의 장소: 대학 본청(主樓) 제1회의실

사회자: 강용택
회순:
1. 대회 개시[사회자의 말]
2. 강신항[姜信沆] 교수 정량완[鄭良婉] 교수, 시산(詩山) 김환재[金煥在] 선생님, 소고당(紹古堂) 고단(高端) 녀사님의 업적 소개[리원길]
3. 강신항 교수 부부, 김환재 선생 부부님께서 학부에 컴퓨터 기증

4. 감사패 증정과 헌화

5. 강신항 교수님과 정량완 교수님께 공로패 증정

6. 수업반 학생대표 발언(1)

7. 수업반 학생대표 발언(2)

8. 연구생 발언 –최정

9. 금호그룹 주중대표 김형균(金炯均) 선생의 말씀

10. 강신항 교수님의 말씀

11. 당총서기 총화발언

12. 폐회[사회자의 말]

延邊 南京 上海 여행
2001年 7月 15日 - 8月 13日

교감 安東浩 선생. 2001.7.21.

2001.7.19.

圖們江. 2001.7.22.

2001.7.22.

友堂 선생 독립투쟁 기지 雛家村. 2001.7.17.

廣開土大王碑. 2001.7.18.

崔石岩女士. 김여화 양. 2001.7.22.

2001.9.5.

五.
北京에서 개최된 學術會議

(1)

《세계 속의 조선어(한국어) 어휘구성특징과 어휘사용실태 연구》

2001年 12月 12日(水) - 12月 18日(火)

⋮

2001年 12月 12日(水)

새벽(7:00) 석화 車로 金浦공항에. 김포에서 수속을 마치고 一行 12명이 仁川공항에. 아침 10시 KE 851호 편으로 北京에.

北京 공항에 李元吉 교수 內外와 이해영 양이 나오다.

民族大 車로 中苑宾館(北京西直門外高粱橋斜街18号) 1704號室에 유숙하다.

金敏洙 교수와 한 방을 쓰다.

中央民族大學家属院 14單元 6号 郭穎 老師 宅에 꽃(100元) 이원길, 서영섭, 陳其光, 박시영 氏에게, 또 14單元 8号에 이해영을 시켜서 선물 전달. 16:20. 서영섭 교수 內外분이 인사 오다.

점심은 中苑宾館에서(2층) 저녁은 瑚北大厦 2층에서 會食. 3학년 이미령, 김은옥, 김춘옥, 이해영, 김선녀 양이 꽃다발을 들고 瑚北大厦에 찾아와서 울다.

밤 良에게 전화. 호텔에서 카드로.

2001年 12月 13日(木) 맑고 춥다. 바람도 세다.

上午(9:00 → 11:40) 김민수, 남풍현, 이해영 양과 유리창, 圖書大厦 등 참관. 해영에게 장학금 500弗을 주다.

낮(11:40 → 13:40) 中央民族大學 朝文系 2, 3, 4학년생과 構內韓日식당에서 점심, 약 60명(950元, 내가 부담). 서로 울었다. 崔石岩 女士가 음식을 직접 운반.

下午(14:30 → 17:00) 2층에서 회의관계 협의. 이주행, 서영섭 교수와 茶를 마시며 담화.

저녁(18:00 → 20:00) 中苑賓館에서 뷔페식 식사.

崔允甲 교수를 만나다. 北측 학자들도 멀리서 보다. 연구생과 강용택 교수에게 루즈, 양주 등 선사.

밤(20:10) 良에게 전화.(8元 50錢=角=毛)

밤. 14日 회의 준비

2001年 12月 14日(金) 맑고 춥다. 영하 13度라고.

대회개막식: 9:00-9:40(대회의실) 사회: 태평무

1. 중앙민족대학 총장 개회사
2. 민족사무위원회 문화선전사 사장 축사
3. 중국조선어학회 축사
4. 중앙민족대학 소수민족언어문학학원 전 원장 축사

기념촬영: 9:40-10:00(1층 로비)

기조발언: 10:00-11:20(대회의실) 사회: 김영황, 김민수

1. 진장태: 현대한어 어휘규범화에 대한 약간의 고찰(10:00-10:20)

2. 남기심: 남북 언어의 이질화와 그 극복방안(10:20-10:40)

3. 문영호: 언어의 민족성을 구현하는 것은 우리말의 통일적 발전을 이룩하기 위한 기본 방도(10:40-11:00)

4. 최윤갑: 중국에서의 조선어 어휘규범화와 그 특성(11:00-11:20)

질의응답: 11:20-12:00

오찬: 12:00-14:00(1층 뷔페)

대회발언: 14:00-16:00(대회의실) 사회: 서영섭, 남풍현

5. 김영황: 고대-중세 어휘변천과정을 통하여 본 조선어의 단일성문제(14:00-14:20)

6. 김민수: 한자어 정리의 한 방안(14:20-14:40)

7. 김기종: 중국 조선어 어휘규범화 작업에 대한 회고와 당면한 문제점 및 그 발전 전망(14:40-15:00)

8. 정순기: 세계 여러 나라에서 산생되는 조선어 어휘변종에 대한 몇 가지 고찰(15:00-15:20)

9. 강신항: 일본어투 순화실태와 문제점(15:20-15:40)

10. 최희수: 규범화에서 제기되는 문제(15:40-16:00)

질의응답: 16:00-16:20

대회휴식: 16:20-16:40

대회발언: 16:40-17:20(대회의실) 사회: 강신항, 최병수

11. 남풍현: 신라화엄경사경 조성기의 해독과 그 어휘(16:40-17:00)

12. 강리항: 훈민정음의 창제년월일 확정과 민족글자 사용에서 나서는 몇 가지 문제(17:00-17:20)

13. 리득춘: 어휘사의 측면으로 본 우리말 어휘발달의 몇 개 문제(17:20-17:40)

질의응답: 17:40-18:00

환영만찬: 18:00-20:00(중앙민족대학 향운루)

北측 사람들과 마음껏 대화. 김영황, 문영호, 최병수, 강리항 제씨

2001年 12月 15日(土) 맑다. 비교적 덜 춥다.

上午 · 下午 발표, 무사히 進行.

대회발언: 9:00-10:20(대회의실) 사회: 정순기, 장홍권

14. 홍윤표: 15-19세기 자료에 나타난 국어의 어휘론적 특징(9:00-9:20)

15. 권종성: 조선어정보처리에서 나서는 언어학적 문제(9:20-9:40)

16. 강은국: 남과 북의 어휘사용의 이질화에 대한 소고(9:40-10:00)

17. 최병수: 조선글자의 컴퓨터부호화와 국제표준과에서 나서는 문제(10:00-10:20)

대회휴식: 10:20-10:40

대회발언: 10:40-12:00(대회의실) 사회: 홍윤표, 이득춘

18. 민현식: 국어 순화 정책의 회고와 전망(10:40-11:00)

19. 장홍권:《어휘구성》의 이해와 대비연구(11:00-11:20)

20. 송재목: 한국어 형용사의 중첩현상(11:20-11:40)

질의응답: 11:40-12:00

대회발언: 14:00-16:00(대회의실) 사회: 박창원, 강은국

21. 리기만: 평양문화어 어휘구성의 주체적 발전(14:00-14:20)

22. 임지룡: 20세기 이후 국어어휘의 사용실태와 조어론적 특징(14:20-14:40)

23. 태평무: 대비언어학적 측면으로부터 본 조선한자어의 구조적 특징(14:40-15:00)

24. 최용기: 광복 이후 외래어투 순화 실태와 문제점(15:00-15:20)

대회휴식: 15:20-15:40

대회발언: 16:00-18:00(대회의실) 사회: 권종성, 최희수

25. 안경상:《훈몽자회》에 반영된 15세기 이후의 고유어사용실태에 대한 조사와 분석(16:00 - 16:20)

26. 강보유: 중국, 조선, 한국의 현행어휘사용에서의 의미이질화에 대한 조사와 분석(16:20- 16:40)

27. 전병선: 남북 어휘 비교연구(16:40-17:00)

질의응답: 17:00-17:20

2001年 12月 16日(日) 맑다. 싸늘하다.

종합토론: 9:00-12:00(대회의실) 사회: 김기종, 문영호, 남기심
어휘규범화 문제와 언어정책분야 종합토론 → 소위원회로 대체(남4, 북4, 中4)
대회폐막식: 14:00-16:00
대회휴식:16:00-17:30
환송만찬:18:00-21:00(흠백만식장)

《세계 속의 조선어(한국어) 어휘구성특징과 어휘사용실태연구》
국제학술토론회 회의대표자 명단

이름	소속
태평무	중앙민족대학 조선언어학부 교수
리원길	중앙민족대학 조선언어학부 학부장 교수
서영섭	중앙민족대학 조선언어학부 교수
최재우	중앙민족대학 조선언어학부 교수
장홍권	중앙민족대학 조선언어학부 교수
진장태	중국사회과학원 언어연구소 교수, 원 중국언어학회 부회장
강신도	북경대외경제무역대학 한국어학과 교수
김병운	북경대외경제무역대학 한국어학과 교수
안병호	북경대학 동어계 조선어연구실 교수
김기종	연변사회과학원 언어연구소 교수
전병선	연변사회과학원 언어연구소 교수
김성춘	길림성 민족사무위원회 문화선전처 처장
리득춘	연변대학 조선언어학부 교수
전학석	연변대학 조선언어학부 교수, 중국조선어학회 회장

류은종	연변대학 조선언어학부 교수
최윤갑	연변대학 조선어연구소 원 소장, 교수
최희수	연변대학 조선어학과 학과장, 교수
김석기	연변과학기술대학 한국어학과 교수
강은국	상해복단대학 한국어학과 학과장, 교수
강보유	상해복단대학 한국어학과 교수
장광군	낙양외국어대학 동방언어문화학부 학부장, 교수
황대화	청도해양대학 한국어학과 교수
문영호	조선사회과학원 언어학연구소 교수
김영황	조선 김일성종합대학 교수, 후보원사
정순기	조선사회과학원 언어학연구소 교수
권종성	조선사회과학원 언어학연구소 교수
최병수	조선사회과학원 언어학연구소 교수
리기만	조선사회과학원 언어학연구소 교수
안경상	조선사회과학원 언어학연구소 교수
강리항	조선인민경제대학 교수
조사금	조선사회과학원 지도원
리대성	조선사회과학원 지도원
남기심	한국 국립국어연구원 원장, 교수
김민수	한국 고려대학교 명예교수
강신항	한국 성균관대학교 명예교수
남풍현	한국 단국대학교 교수
홍윤표	한국 단국대학교 교수
민현식	한국 서울대학교 교수
임지룡	한국 경북대학교 교수
최용기	국립국어연구원 연구관
박창원	국립국어연구원 어문규범연구부장
전수태	국립국어연구원 연구관

소강춘	한국 전주대학교 교수
이준석	한국 국립국어원 연구사
이정	한국 경향신문사 기자
이승재	한국 국립국어원 연구사

北京 中央 民族大 교수들. 2001.8.1.

南北 학술회의. 北京

앞줄 좌로부터 장흥권, 강신항, 김민수, 김영황, 서영섭, 러시아 분
뒷줄 좌로부터 최재우, 이주행, 이원길, 황대화, 태평무. 2001.12.16.

문영호 소장(사회과학원) 2003.11.8.

김영황 교수. 2001.12.16.

2001.12.14.–12.16.

2003.11.6.–11.9.

(2)
北京 中央民族大學 朝文系 教材 편찬회의

2002年 12月 10日(火) - 12月 16日(月)

⋮

2002年 12月 10日(火)

새벽 2시 깨다.

7시 석희 車로 仁川空港行. 8시 50分 搭乘수속 완료

10時 50分 出發 (KAL 851) 11시 30分 (한국 시간 12시 30分) 北京首都機場着. 出發 전 仁川空港에서 선물 사다.(34만 원)

北京空港에는 徐永燮 교수, 崔石岩 女士가 마중 나오다.

中央民族大車로 正門 옆 留學生公寓 520호실(전화 6893-4582)에 묵다.

李海英, 金春玉, 李善美 양 등 3, 4학년 학생이 여럿 찾아오다. 吳仙花, 金銀姬, 吳賢 군 등도

저녁(17:30 → 20:30) 國際極東問題硏究所(國家安全部) 식당에서 3, 4학년 30여명 내가 저녁 대접(600元 밖에 안 들다. 반찬은 13인데도) 밤. 岩岩이 전화.

낮, 밤, 良과 通話, 海英 양이 여러 가지 도와주다.

2002年 12月 11日(水) 맑다.

새벽 4시 눈을 뜨다. 간단히 샤워. 良이 전화. 환경 정리. 아침 식사를 李元吉 교수 宅에서 (7:30 → 9:00)

上午, 下午(10:00 → 15:00) 洛陽 畢玉德 교수가 오다.

徐永燮 교수가 옷을 사 오다. 그 댁에서 점심. 포식.

下午(15:00) 岩岩이 한 보따리 가지고 오다. 선물 교환. 김춘선 교수 來訪.

저녁(17:30 → 20:30) 北京外大 賓館 식당에서 中央民族大朝文系主催 환영연.

李元吉, 太平武, 崔玲玉, 김영숙, 오상숙, 박승권, 강용택, 박순희, 나, 岩岩. 밤에 良이 전화.

2002年 12月 12日(木) 흐리다. 낮엔 덥다

새벽(7:30) → 낮(11:30) 岩岩과 유리창, 天安門廣場, 西單 圖書大厦에 다녀오다.

낮(12:00 → 13:30) 이은숙 교수와 傣族 식당에서 점심. 여러 이야기를 듣다.

下午(13:30 → 17:00) 520호실에서 휴식, 방 전화 6893-4582, 良이 전화

저녁(17:30 → 19:00) '시골집'에서 李元吉, 崔石岩, 健, 岩岩과 식사.

岩岩은 북경외대 친구 숙소로 자러 가다.

밤(19:40 → 21:30) 4학년 전원이 넥타이와 良의 마후라를 사 가지고 와서 여러 이야기.

기념사진, 과일 파티, 金麗花 양이 울며 가다. 永遠히 잊지 말자고 全員이 다짐.

2002年 12月 13日(金) 흐리고 음산

上午(9:30 → 11:10) 朝文系 資料室에서 교재 문제 회의

朝文系: 文日煥, 李元吉, 太平武, 金春仙, 吳相順, 姜信沆

北側(金日成大): 김영황, 은종섭, 김려숙, 리영희

나도 몇 번 發言. 김영황 교수에게 책 4권 기증

점심(12:00 → 13:00) '시골집'에서 李元吉, 趙新建 교수와 함께 점심

下午(15:00 → 19:00) 선물을 조금 사다. 良과 두 번 통화. 어진이가 운현소학교에 합격했다고.

洛陽에서 朱志輝, 高卉, 馬會霞, 金迎喜 교수가 번갈아가며 전화

2002年 12月 13日(金) 계속

저녁(18:00 → 18:40) 올림픽 호텔에서 간단히 먹고 휴식.

환경 정리. 한재영, 윤희원, 김대행 교수 등을 만나다. 최정, 장봉화 양도 만나다.

조신건 교수와 同行하여 숙소(520號室)에 일찍 와서 自己反省.

2002年 12月 14日(土) 흐리고 음산

새벽(5:15) 良과 通話. 아침(7:20) 해영이가 사온 과자로 간단히 먹다

上午(8:30 → 12:00) 開幕式 역시 壇上에 앉다

下午(12:00 → 20:30) 점심. 下午 發表. 나는 제3부 어학 교재 편찬 토론에 참석하여 발표자가 아니면서 여러 가지 말을 하다.

저녁. 만찬회 때 김영황, 은종섭 교수 中間에 앉아서 여러 이야기를 나누다. 나는 주로 듣기만 하다.

밤. 良과 岩岩이 전화. 숙소에 이원길, 최석암 女士 內外, 이해영, 김춘옥, 김국화, 김

영양이 찾아오다.

귀국 짐을 거의 싸다. 북에서 온 학자에게 줄 선물 준비(허리띠, 화장품 등)

2002年 12月 15日(日) 흐리고 北京에 첫 눈

새벽(4:00 →6:00) 일찍 일어나 발표 준비. 良과 통화

上午에 金영황 교수가 인삼술, 포도주, 약을 가져오다.

아침을 올림픽 호텔에서 먹고, 제3부 토의장에 계속 참가, 발언. 내가 비교적 발언을 많이 하다.

점심을 역시 호텔에서 먹고. 下午 民族大 中主樓에서 개최된 발표회에 참석하여 '규범어와 대중의 언어생활'이라는 제목으로 발언

저녁(18:00 →20:00) 옛 福雲龍 식당에서 송별연, 北측 대표들과 여러 이야기

2002年 12月 16日(月) 흐리다. 어제 눈으로 길이 미끄럽다.

새벽(6:00) 良과 통화. 岩岩과 通話

아침을 호텔에 가서 먹다. 새벽부터 이해영, 趙新建 교수, 김춘옥 양이 찾아오다.

9시 中央民族大 留學生 公寓 520號室 出發

서영섭 교수 內外, 4학년 김춘옥, 이해영, 김은옥, 손경란, 이미령, 김성혜 양이 배웅.

학생들은 조신건 교수와 함께 北京 空港까지 李元吉 교수를 따라서 오다.

KAL 852號 便으로 13:00 정각 귀국. 15:30(中國 14:30) 仁川 도착. 석희와 良이 나오다.

귀가 후 , 서영섭 교수, 이원길 교수, 학생들에게 전화

(3)
민족어의 통일적 발전과 방언조사 연구에 관한 학술모임

2003年 11月 6日(木) - 11月 9日(日)(실지는 11月 5日 - 11月 10日)

⋮

주최　조선사회과학원 언어학 연구소
한국국립국어연구원, 국제고려학회 아시아분회 및 평양지부

장소　21세기 호텔 3층 4회의실

학술 모임 참가자

(1) 남쪽: 15명

① 국립국어연구원: 원장(남기심), 어문규범연구부장(권재일), 이승재, 전수태, 양명희, 이준석

② 학자: 강신항, 곽충구, 박창원, 소강춘, 이기갑, 이상규, 이정, 홍윤표

③ 문화관광부 국어정책과정(유병한)

(2) 북쪽: 10명

문영호, 리창원, 신학철, 곽선욱, 방정호, 권종성, 리호경, 방린봉, 홍석희, 리명길, 리승길

(3) 중국쪽: 8명

① 베이징대학교: 이선한, 최응구, 조호길, 진행 요원 2명(량성, 김지혜)

② 전공자: 전학석(연변대학), 최순희(문화언어대학), 황대화

2003年 11月 4日(火)

장향실 박사가 서영섭 교수용 논문 복사물(실은 북의 서융국 교수用)을 가져옴.

내 논문집 140부가 도착. 太學社에서 150부를 산 셈. 장 교수에게 1권 기증

밤 늦게까지 出國 준비

2003年 11月 5日(水) 맑다 北京 11도

새벽(4:00 → 6:00) 出國 준비

6:26分 仁川空港行 리무진으로 空港行(7:40 도착) 一行과 만나 무사히 北京 도착.

KAL 851便(10:30 → 12:30. 현지 시간 11:30)

南基心 院長과 나는 2等席, 權재일 교수가 마중 나와 이선한 교수 등과 인사

낮(13:00 → 14:30) 21세기 Hotel 근방 한국 식당 祕苑에서 점심. 사전 협의회 회의

下午(14:30 → 16:00) Hotel 1508室 투숙. 서영섭 교수와 네 차례 전화. 이은숙, 최순희 교수가 찾아옴(房으로)

저녁. 良에게 두 차례 전화. 밤. 崔石岩 女士와 通話

2003年 11月 5日(水) 저녁 방이 추워서 떨다. 새벽 好轉

2층 明苑 餐廳에서 相見禮. 北쪽 11명. 남쪽 14명. 중국동포 6명
인사를 한 다음 会食
나는 主賓席에 남기심, 홍윤표, 문영호, 문일환, 서영빈 교수 등과 앉고, 맞은편에 앉은 곽선욱 사회과학원 대외사업처 처장과 13年 前 폴란드 바르샤바에서 만났던 이야기를 回顧하다. 벌써 13年이나 흘렀다. 밤중에 늦게 도착한 곽충구 교수가 방으로 인사 오다.

2003年 11月 6日(木) 가랑비, 눈

새벽(5:30) 良과 통화. 岩岩과 通話, 감기 기운이 약간 있다.

09:00 ~ 09:50 학술 대회 개회식
10:00 ~ 11:50 기조 연설, 문화유산으로서의 국어(남쪽), 민족 고유어의 통일적 발전(북쪽)
12:00 ~ 13:00 점심 식사
13:00 ~ 17:30 제1분과 민족 고유어의 통일적 발전(발표 및 토론)
민족 고유어 되살리기의 원칙
민족 고유어의 통일적 발전 고유어 살려 쓰기
민족 고유어는 우리말 우수성의 언어적 기초. 어휘 정리와 고유어
민족 고유어 공동 순화를 위한 제안 소급화된 고유어의 실태 조사 보고
민족 고유어의 원천으로서의 방언
18:00 ~ 20:00 환영 만찬

上午, 下午 여러 발표를 듣고 나도 발표를 비교적 잘했다.
저녁(18:00 ~ 20:00)을 먹으면서 北의 문영호 소장과 여러 이야기를 했다.
밤 崔石岩 女士가 硏究生들과 11月 8日(土) 10시 半에 찾아오기로 했다고 전화. 농산물도 많이 가져온다고. 밤 10시에 잠을 청하다.

2003年 11月 7日(金) 밤새 많은 눈

새벽 3시 半에 일어나다. 건강은 좋은 편이다.
여러 생각을 하다가 '風濤'(日本 井上 靖)를 읽다. 燕京에 와서 읽는 감상이 남달랐다.
어제 北쪽 젊은 학자들에게 훈민정음연구 2권, 한한음운사연구 2권을 주었다.
리호경 연구사는 내 국어학사로 공부를 했다고 했다. 무서운 세상이다. 함부로 책을 쓸 일이 아니다.
아침(5:33) 良과 通話. 새벽(6:30) 徐永燮 교수 內外가 선물을 가지고 다녀가다.
나도 내 冊. 양말. 가죽장갑. 화장품을 드리다. 큰 눈으로 散步도 不可能.
아침 식사 때 北쪽 사람들과 친절히 대화.
아침(8:45) 太平武 교수가 科 교수들과 만나자고 전화. 일요일(日, 9日) 저녁에 만나기로 함

2003年 11月 7日(金) 흐림

上午(9:30 - 12:00) 3층 제4회의실에서 발표.
권재일 교수- 자료수집대상이 문제, 北 권종성- 한자어가 너무 많다.
참으로 이상하다. - 10시 半경부터 갑자기 열이 나기 시작한다. 병이 나면 안 된다.
오늘 發表는 오직 컴퓨터 관계 이야기.

조선. 북한. 한국. 남. 북등 용어가 뒤섞이어 골치가 아프다. 이런 것이 마음을 빼앗는다.

上午 12:00 회의장에서 기념사진. 낮(12:00 - 13:00) 1층에서 점심. 12:50 趙岩이 8日 下午 3시에 오겠다고 전화. 이해영이 전화(12:58)해서 로비에서 2分 面會.

下午(13:05 ~ 17:00) 발표 계속. 컴퓨터 관계 연구 과제는 꼭 필요한지 궁금하다. 꼭 나오는 말. 민족어를 통일적으로 발전시키겠다고.

모든 발표가 무사히 끝나고 北측과 대화도 많이 했다. 저녁도 飽食했다. 감기 기운이 있다.

이준석 氏가 한자 진흥 법안 관계로 긴 이야기.

11월 7일 발표 및 토론 제목은 다음과 같다.

09:00 ~ 11:50 제2분과 민족 방언의 공동 연구(발표 및 토론)
- 방언 자료 수집의 현황과 남북 공동 조사 방안
- 조선어 방언의 공동 조사 연구 계획과 방법
- 서북 방언 분포 지역과 지경에 대한 연구 보고
- 방언 지도 제작의 현황과 남북 공동 제작 방안
- 국어 방언 연구의 현황과 앞으로의 방향

12:00 ~ 13:00 점심 식사

13:00 ~ 14:30 제2분과 민족 방언의 공동 연구(발표 및 토론)
- 서북 방언에서 구개음화 현상에 대한 조사 연구 계획
- 서북 방언의 어음론적 현상에 대한 조사 연구 계획
- 서북 방언의 문법적 현상에 대한 조사 연구 계획

14:45 ~ 17:30 제3분과 말뭉치와 부호 표준화(발표 및 토론)
- 구어 말뭉치를 통한 국어 문법의 통계적 분석
- 본문 코퍼스 자료의 논리 정보 언어와 부가 문제
- 어휘의 역사 검색 및 사전 편찬을 위한 말뭉치 활용 방안

남북 정서법 변환 프로그램 개발의 현황과 과제
자료 교환을 위한 파일 형식과 부호 표지 추가 방안
본문 코퍼스 구축을 위한 조선글 입력 환경 문제

2003年 11月 8日

새벽(6:30) 良과 통화. 南基心 원장. 양명희 박사와 호텔 근방 산책.
낮(9:50) 1층 커피숍에서 南측만 모여 마무리 회의.
낮(10:30 → 17:00) 나머지 1行(南北)은 北京大와 이화원으로
나는(11:00 → 14:00) 崔石岩 女士들과 점심. 崔石岩 女士, 李美玲, 손경란, 김춘옥, 이해영, 김성혜, 하성금. 나
下午(15:40 - 17:00) 洛陽에서 趙岩이 鄭州를 거쳐 대추를 가지고 오다.
밤(17:45 ~ 21:40) 平壤海棠花冷面館(北京市朝陽區新源西里中街8号)에서 南北全員(北 11.南 15.中國同胞4)이 먹고 마시고 노래하고 充分히 이야기하고 이별을 아쉬워하다. 北의 문영호 所長이 나의 건강을 비는 정다운 인사를 하다.
밤 김춘옥, 조암이 市內에서 전화

2003年 11月 9日(日) 흐리다

새벽(5:30) 良과 通話
아침. 市內에서 묵은 岩岩이 오다(8:30). 학문, 진료 등 긴 이야기를 나누다. 10시 半, 서점으로 가다. 北側. 아침 9시 半. 北側大使館으로 가다. 모두 작별을 아쉬워 하다.
아침 식사 때 駐中 한국대사관 柳在近 文化參事官과 함께 식사(나는 南基心 원장, 유병한 과장이 대화하는 자리에 合席했을 뿐) 柳 과장 덕으로 沈允洙 경제 참사와 宋

仁相 女士 內外와 연계시켜 주어 通話

上午 11시. 成大 졸업생인 沈 참사관. 宋銀相 女士(국문과) 內外가 선물을 가지고 호텔(1508호실)로 찾아와 긴 이야기. 때마침 北京을 떠나는 成大 鄭在永 부총장과 인사 통화. 上午(10:20) 南基心 원장이 먼저 귀국.

낮(11:30 → 14:30) 海棠花에 가서 朴昌遠 교수가 北京大 안병호 교수. 한진권 교수, 김병문 교수(오상순 교수 夫君)와 공동 교과서 편찬 문제를 논의하는 자리에 合席. 양명희, 곽충구 교수도 함께하다.

下午(14:30 → 17:00) 최순희 교수 車로 홍윤표 교수 등과 北京大 구내서점에 가서 冊을 사다. 최 교수가 고마웠다.

저녁(17:00 → 20:30) 유병한 과장, 이준석 氏와 민족大에 가서 올림픽호텔에서 四川料理로 저녁.

太平武, 金春仙, 朴승권, 최영옥, 김영숙 교수와 한국 파견 교수 金武林 교수(강릉大)가 환영해 주다.

밤(21:00 → 23:30) 김춘옥. 김성혜. 이해영 양이 호텔로 찾아와서 긴 이야기. 이해영 양에게 학문 이야기를 많이 하다.

새벽 1시까지 짐을 싸다. 짐이 너무 많다. 서영섭 교수가 여러 차례 전화.

※ 2003年 현재 在中 조선족 1,924,000명

2003年 11月 10日(月) 흐리다. 저녁 비. 한국

새벽(5:30) 良과 통화

아침. 서영섭 교수 內外, 岩岩, 이미령, 하성금, 김춘옥 양이 전화

上午(10:20 → 11:00) 호텔에서 北京공항으로.

出國 수속 때 규정이 바뀌어 술 두병 문제로 空港직원과 얼굴을 붉히다. 朴昌遠 교수가 도와주어서 다시 出國 수속을 하여 무사히 마오타이와 우량이를 가지고 오다.

下午(15:30) 仁川空港着 → 18시 귀가. 良이 마중 나오다. 리무진車로 대학로 → 택시 → 집

바로 서영섭 교수 內外, 崔石岩 女士, 平山 교수께 전화. 저녁을 석희 집에서 한결, 어진 등과 들다.

(4)
세계 속의 조선(한국) 언어 문학 비교연구 국제학술토론회

2004年 12月 14日(火) - 12月 21日(火)

⋮

2004年 12月 14日(火) 흐림

새벽(6:45 →7:50) 석희車로 仁川空港에

出發 前에 한결, 어진이가 전화로 인사. 오서방이 집까지 옴.

上午(7:50~9:30) 仁川空港에서 사람이 많아 出國이 힘들었다.

免稅店에서 女子화장품을 샀다. (325,000원)

낮(9:30 →北京 10:52) 仁川 →北京 OZ(아시아나 331 号)

北京空港에 崔石岩 女士와 李海英 양이 나오다.

中央民族大車로 民族大 正門 옆 숙소 520호실에.

下午(13:00 →14:00) 大慧寺路 三千里 한식 식당에서 냉면 식사

下午(14:30) 朝文系에 冊 선물(6권). 내 저서도.

下午(15:00) 서영섭 교수 內外분이 520号室에 오시다.

류열 '향가연구'와 고추 튀김등을 받다.

下午(15:30) 朝文系 辦公室에 가서 太平武교수. 박순희 조교 등에게 인사.

良에게 전화. 콩팥이 나쁘다고.

저녁(17:00) 李元吉 교수, 동국대에서 파견 나온 서태룡 교수가 520号室에 오다.

저녁(18:30~20:30) 서영섭 교수 댁에 가서 서태룡 교수와 식사.

밤(20:45) 中央民族大 구내에서 넘어져 코 밑이 깨지다.

서태룡 교수가 4학년 학생에게 연락하여 약을 사오다.

밤(21:40) 金靑龍 군이 약 사온 학생과 함께 520号室에 인사오다.

金春玉 양이 전화. 研究生들에게 모두 애인이 생겼다고. 多幸한 일이다.

애인은 한족이라고.

밤(22:00) 밤 늦게 까지 환경정리. 코 밑 치료

이 숙소 전화 (010)6893-4582

2004年 12月15日(水) 흐리고 안개

밤에 식은 땀. 깨진 곳이 조금 낫다.

아침(6:00 → 이 곳 5:00) 良과 通話. 良도 조금 나았다고

上午(6:15 → 8:00) 李元吉 교수 宅에 가서 아침 식사. 이 근군을 만나다. 아침을 푸짐하게 먹다.

上午 숙소 520号室 (6893-4582)에서 자료정리. 근래 이렇게 한가하게 보내기는 처음이다.

낮(11:00 → 14:00) 서태룡 교수가 떡을 사오다.

서영섭 교수 宅 점심 초대를 사양하고 北京大學南門옆 '風入松'서점에 가서 책을 사다.

해영이도 몇 권 사주다. 中央民族大 正門 옆 라면집에서 짜고 짠 牛肉면을 먹

다.(차비 28元, 점심 25, 책 206元)

下午. 숙소에 손경란, 이미령 양이 과일과 우유를 가지고 찾아오다.

下午. 박옥실, 김춘옥 양이 전화. 내일 밤 만나자고, 이향도 온다고.

저녁. 李元吉 교수 초대. 사양하고 연구생들과 식사.

5시 30分 숙소 복도에서 우연히 北의 문영호 교수와 리승길 교수를 만나 반갑게 인사.

그러나 환영회에는 초대받지 않아 가지 않았다. 서영섭 교수가 전화

밤(18:30 → 20:00) 이미령, 손경란, 하성금 양과 正門옆 T.G.I 같은 집에 가서 장어백반을 먹으며 연구 경위를 듣고 참고 文獻을 보내주기로 약속.

밤(22:00) 良과 通話. 信旭(신촌세브란스 의사, 4촌)이가 잘 진찰해 주었다고.

2004年 12月 16日(木) 흐리다. 가랑눈, 비

새벽(5:20) 良과 通話. 어젯밤에는 어진이도 통화. 아침. 日記를 정리하고 새 옷(속옷)으로 갈아 입다.

상처의 흔적이 남을 듯하여 걱정이다.

아침(7:00 → 8:30) 李元吉 교수와 馬蘭 라면집에 가서 국수로 아침.

아침(8:30) 512号,513号 투숙 中인 문영호, 리승길 교수가 520号 내 방에 귀국인사 오다.

나는 선물로 화장품을 선사하다.

上午(10:30 → 12:30) 崔石岩 女士와 市內에 나가서 젓가락 등 선물을 사오다. (200元 以內)

낮(12:30 → 13:40) 李元吉 교수, 崔石岩 女士와 '시골집'에서 점심

下午(15:30~18:00) 金春玉양이 인사 오다.

저녁(18:00 → 19:00) 魏公村路에 가서 西游記 등 DVD를 사다. (200元가량) 金春玉 양이 부담하다.

밤(19:00 → 22:00) 1999年 入學生들과 식사. 金春玉, 朴玉実, 손경란, 李香, 김순옥, 김성혜, 이미령, 이해영, 최석암 여사, 나.

女學生 숙소도 참관하고 오다. 밤 (22;00) 良과 通話. 상당히 좋아졌다고.

2004年 12月 17日(金) 누락

2004年 12月 18日(土) 흐리다

새벽(5;00) 良과 通話. 병세가 좋아졌다고. 아침 (7:30~12:00) 中協賓館에 가서 아침 먹고 국제 학술회의 참석. 내가 축사. 세 번째로 발표.

모든 일이 순조롭게 進行되다. 내가 지적한 중국 조선어에 대하여 復旦大 강보유 교수 등이 不滿

上午(14:00 → 20:00) 점심 후 계속 발표. 모두 진지하게 발표하고 토론했다. 선덕오, 안병호 교수들을 만나다.

여러 교수들과 여러 이야기를 나누다.

鄭光 교수에게 張西平 교수 提案件을 사절하라고 부탁. 한국학생을 위한 漢語교재 편찬. 한국어문교육연구회는 계획이 없다고 北京外大 苗春梅 교수에게도 설명.

저녁(18:20 → 20:00) 中協賓館에서 회식. 개고기도 나와서 안 먹다. 황대화, 강은국 교수 등이 와서 술을 권하다. 구내매점에서 面刀칼을 사다. (106元)

밤(10:00) 良과 通話. 비교적 일찍 자다

2004年 12月19日(日) 흐리다

새벽(5:20) 良과 通話. 목욕

上午(8:00 →8:30) 아침을 中協賓館에서 먹고 발표 계속.

上午(9:00 → 12:10) 中協賓館 2층 회의실에서 발표, 폐막식. 양오진 교수 등이 발표. 묘춘매 교수가 포도주를 가져오다.

下午(12:10 → 12:30) 점심을 中協賓館에서 먹고 숙소로

下午(12:30 → 17:30) 520号室에 여러 학생이 오다.

車姸, 김성혜, 김춘옥, 이해영, 이미령, 손경란, 오선화, 김은옥. 김국화 양은 길 안내하러 나감.

여러 이야기를 나누다. 中間에 良과 잠깐 통화.

저녁(18:00 → 21:00) 北京外大 근방 식당에서 이별 만찬회.

밤(20:50) 장홍권 교수가 버섯 등 선물을 가져오다.

밤(22:00) 良과 通話, 장홍권 교수와도 通話

밤(23:00) 洛陽에서 岩岩이 전화. 進路를 잘 잡으라고 재차 忠告.

※ 나를 못 잊어하는 학생들. 男學生, 女學生 가릴 것 없이 모두가 나와 헤어지기 싫어하고 교수들도 모두가 정답게 대해준다.

2004年 12月 20日(月) 흐리다

아침(6:00) 良과 통화. 岩岩도 전화.

아침(8:00 → 8:30) 李元吉 교수와 숙소 건너편에 가서 包子로 식사.

上午(10:00 → 11:20) 人民大 劉廣和 교수와 숙소에서 학문 이야기.

낮(11:20 → 15:00) 徐永燮 교수 宅에 가서 飽食, 선물도 많이 받다. 李元吉 교수 宅에서도 많이 가져오다.

저녁(19:00 → 21:10) 이동광, 김춘선 교수 宅에서 또 飽食, 선물을 역시 많이 받다. 83

세 아버지(이동광 교수 부친), 아들도 만나다.

밤(21:10 → 23:10) 학생들이 많이 오다.

김려화, 이 향, 김국화, 이해영, 이미령, 손경란, 하성금, 김은옥, 김성혜. 이향, 김려화 양이 선물을 가져오다. 김려화 신랑도 오다. 박옥실, 김춘옥이 전화

밤, 良이 전화. 김국화 양과도 通話. 太平武 교수가 전화.

밤, 새벽 1시까지 짐을 싸다.

이번 여행에서도 李海英 양이 始終 심부름을 했고, 李 香, 손경란, 이미령, 하성금 양 등이 매우 반가워했다. 김려화(이미 결혼)는 나를 두 번씩이나 안았다. (自己 신랑 앞에서) 파견교수로 와 있는 서태룡 교수(동국대)도 자주 들렀다.

2004年 12月 21日(火) 흐리다

새벽 3시에 눈이 떠서 잠이 안 오다.

아침(5:20) 良과 通話, 서태룡 교수가 인절미를 사오다.

아침(7:40) 太平武 교수가 숙소로 茶器를 가지고 오다. 나는 화장품을 선사

아침(8:00 → 8:20) 李元吉 교수, 이해영 양과 四川菜집에 가서 찐 만두로 아침식사.

아침(9:00) 유학생 숙소 앞에서 出發 前에 여러 교수와 학생이 모이다. 김춘옥 양이 전화

장홍권 교수, 김춘선 교수, 이원길 교수 내외, 서영섭 교수 내외, 최영옥, 박순희, 이미령, 손경란, 하성금, 이해영, 김국화, 서태룡 교수, 이승재 교수, 박진호 교수(한양大), 강용택 교수

上午(9:00 → 10:00) 학교차로 北京 공항으로. 이해영, 車妍 양의 도움으로 Business(2등) 23A에, 짐도 35kg을 무사히 가지고 오다.

낮(北京 12:20 → 仁川 下午 3:00) 석희와 한결이 마중 나와 무사히 귀가 (17:20)

저녁(19:00)석희 一家와 즐겁게 식사

밤(21:00) 北京 서영섭, 이원길, 김춘선 교수 宅에 전화.

세계 속의 조선(한국)언어 문학 비교연구 국제학술토론회
(世界 속으로 나아가는 한국어 · 조선어 · 중국조선어 비교연구)

北京 中協 호텔. 2004.12.18.(토)

(5)

제6차 세계 속의 한국(조선) 언어 문학 비교연구 국제학술토론회

2006年 12月 15日(金) - 12月 20日(水)

⋮

2006年 12月 15日(金) 흐림

새벽(02:30 ~ 06:10) 일찍 일어나 出發 준비

새벽(06:15 ~ 07:20) 석희 車로 良과 仁川 空港에 도착하여 곧 H(중국北京行 國際비행기 CA138로)出國

上午(07:50 ~ 08:30) 出入國 管理所를 거쳐 空港 賣店에서 선물(콤팩트, 립스틱, 紅蔘茶) 구입(35만 원)

上午(09:30 ~ 10:45) CA138로 仁川 → 北京 6人席 50行짜리 300席 비좁은 비행기로 숨도 못 쉬고 不安하게 中國行. 어떻든 無事히 北京首都國際空港 도착
空港에 임광욱 교수가 마중 나옴.

11:30까지 다음 아시아나 비행기로 鄭光 교수가 뒤늦게 온 것을 기다려 中央民族大로 가서 太平武 교수와 점심.

下午(14:00 ~ 17:30) 中協賓館 420号室에서 休息. 잡무 정리. 李元吉 교수 內外분, 徐永燮 교수 內外분, 金春仙 교수 등 여러 분과 客室에서 만남. 선물 전달.

저녁(17:30 ~ 20:30) 會議 참석자 一同이 저녁 會食

2006年 12月 15日(金) 계속

밤 석희들과 通話 中央民族大. 卒業生(2000級) 이영애 女士가 전화. 洛陽에서 (22:00) 趙岩 女士가 애기 때문에 못 오겠다고 전화.

2006年 12月 16日(土) 흐림. 추워지다

새벽(07:00 ~ 07:40) 호텔 1층 식당에서 아침

上午(08:00 ~ 12:00) 中央民族大學 文科 강의동에서 開會式 축사.

내가 제1번 발표者로 기조 강연 (아주 간단히)

낮(12:00 ~ 13:10) 中協 호텔 2층 식당에서 會食.

下午(13:30 ~ 17:30)

어학, 문학, 師大BK팀 세 조로 나누어서 강의동 14층에서 發表 계속. 良은 문학부에서 발표.

저녁 전체 會食, 金光億 교수도 合席. 내가 이틀 동안 술을 너무 마시다.

밤(21:00) 420号室로 손경란, 이미령, 김은희 양이 찾아와서 여러 이야기, 특히 進學문제 이야기

밤(22:00) 洛陽에서 趙岩 女士가 긴 전화.

2006年 12月 17日(日) 흐리다. 춥다

아침(07:15 ~ 09:00) 太平武 교수 초대연. 市內 首都體育회관 南路 6号新世紀飯店 2樓 '唐宮海鮮航'에서 廣東式 料理로 식사.

鄭光, 李周行, 金武林 교수, 太平武 교수 內外, 우리 內外. 여러 가지 음식을 많이 먹다.

낮(11:00 ~ 14:00) 1999年 入學生들이 숙소로 찾아오고 魏公村路 '시골집' 옆 川粤菜館에서 會食.

기혼 손경란, 이미령, 李 香, 金銀玉(한족과), 미혼 이해영, 金春玉, 朴玉実

上海 出張 中인 김성혜는 전화로

崔石岩 女士도 同席. 趙岩에게 보낼 紅蔘과 콤팩트를 崔 女士께 郵送해 달라고 부탁.

下午(14:30 ~ 16:30) 朴승권 교수 車로 金光億 교수와 함께 北京大 앞 '風入松' 서점에서 良과 책 구입. 朴 교수 夫人이 운전, 黃大華 교수도 만나다.

저녁(17:30 ~ 20:30) 中央民族大 구내 식당에서 會食.

太平武 학과장. 임광욱, 박승권, 강용택 교수, 김광웅 교수 內外, 우리 內外, 金光億 교수, 金春仙 교수, 金武林 교수

밤(21:30) 洛陽 趙岩 女士와 통화. 한결과도 通話, 서울에 눈이 왔다고.

下午(17:00) 車姸 양이 內服을 사 가지고 오다. 콤팩트 선사.

2006年 12月 18日(月) 흐림

새벽 (02:30 ~ 03:00) 일찍 눈이 떠서 日記 정리. 우리 둘이 아직은 건강을 유지 中.

朴玉実 양더러 中國 국제 항공 Economy 席을 Business 席으로 바꾸어 달라고 부탁.

아침은 李元吉 교수 宅에서 한국식으로 식사. 사위(漢族)와 外孫女(騏騏)를 만나다.

낮(11:00 ~ 14:00) 徐永燮 교수 宅에서 朴서기(81세) 內外분과 샤브샤브로 過食

下午(15:00 ~ 16:30) 徐永燮 교수 內外분과 넷이 紫竹苑公園. 오래간만에 걸으니 발이 아프다.

金春仙 교수와 긴 이야기 (16:30 ~ 18:00) 420号室에서

저녁(18:00 ~ 19:00) 中協賓館식당에서 首都師大부속학교(初, 中, 高 교원 300名, 학생 3,000名) 校長과 會食, 金春玉, 金成慧 양도 同席

김성혜 양이 비행기를 바꿔 옴. 2,700元(약 33만 원) 추가.

밤(19:00 ~ 22:30) 420号室에서 朴玉實, 金春玉, 김성혜 양과 여러 가지 이야기, 우리 內外를 주물러 주다. 金光億 교수가 전화. (인사차)

밤(23:00) 洛陽에서 趙岩이 전화. 홍삼과 콤팩트를 郵送했다고 알려줌.

下午 석희, 丁海順 女士와 여러 차례 通話.

2006年 12月 19日(火) 흐림. 추위가 약간 누그러짐.

(02:30 ~ 05:00) 잠이 안 와 짐을 정리.

새벽(07:30 ~ 09:00) 李元吉 교수 宅에서 팥죽과 餃子로 아침.

上午(09:00 ~ 11:00) 최 女士와 市場에 가서 약 300元 어치 선물을 사다.

낮(11:30 ~ 13:30) 장홍권 교수 內外와 한식집 '한라산'에 가서 불고기, 삼겹살, 냉면으로 점심. 넥타이, 루즈 선사.

下午(14:00 ~ 18:00) 420号室에서 휴식. 석희. 丁海順 女士와 通話.

아직은 둘이 건강. 다만 내가 步行 不自由(左足)

며칠 전부터 이상한 전화가 걸려오나 通話 不能, 0082 164117352

밤(18:00 ~ 21:00) 李元吉 교수 內外분과 북한 식당에 다녀옴

밤(21:00 ~ 23:00) 420号室로 이은숙, 장향실 女士가 과자를 사 가지고 오고 太平武 교수도 웅담을 가지고 찾아옴. 11:00 낙양 조암이 전화.

2006年 12月 20日(水) 흐림 안개

새벽 일찍 일어나 귀국 준비 (4:00 ~ 05:50)

새벽(06:00 ~ 09:00) 김성혜 양 車로 北京空港에. 李元吉 교수. 최석암 女士, 金春玉 양 同行

中協賓館에 장홍원, 서영섭 교수 內外, 金春仙 교수.

李元吉 교수 內外가 05:50分에 우리 內外를 위하여 인사차 모임.

徐永波 군이 큰 車를 가지고 오고, 김성혜 양이 金春玉 양과 함께 딴 車로 나옴.

아침(07:00 ~ 08:10) 수속, CA 123号 2等席. 上午 北京(08:55 ~ 서울 12:00 도착)

吳서방이 마중 나오다. 13:00집에 도착

下午(16:15 ~ 21:00) 석희 內外와 명동성당에 가서 共同告解聖事. 金壽昌 神父님과 성당 앞 '광개토'에서 불고기로 저녁 식사

밤 北京. 서영섭, 장홍권, 김춘선, 이원길, 太平武 교수, 최석암 女士에게 감사 전화

새벽 洛陽에서 趙岩이 두 번 전화. 下午 家属院 14單元 8号 段國富(呂小琼) 씨 댁에 良이 電話. 우리는 그곳에 200弗 주고, 그 쪽에서는 人形과 달력을 부쳐옴.

(6)
學術會議

2008年 10月 24日(金) - 10月 27日(月)

⋮

2008年 10月 24日 흐림

새벽(03:00) 기상

새벽(05:40 ~ 06:50) 석희 車로 成大入口 버스정류장에 와서 버스로 仁川空港 도착 (06:50)

아침(07:45) 처남인 良謨와 만나 搭乘수속, 오후(09:40 → 현지 시간 10:55) 이근 군(李元吉 교수 아들)이 마중 나와 便安히 入國. 良의 旅劵이 낡았다고 말썽, 李元吉 교수 夫人(崔石岩 女士)도 나와 함께 中協賓館으로 向함

良謨는 213號室, 우리 內外는 218 號室. 투숙. 孫慶蘭 女士(현 助教)도 만남. 구내 식당에서 점심

下午(17:00) 그 동안 궁금했던 분의 소식을 213號室에서 만난 손녀를 통해서 알게 됨.

저녁(18:00 ~ 20:00) 中協賓館 구내식당에서 大会參加者 前夜宴会

밤(21:00) 徐永燮 교수 內外분이 다녀감. 茶, 깨를 가져옴.

2008年 10月 25日 맑음 춥다

새벽 현지시간 06:00 기상 샤워. 아침 석희 전화. 08:00 구내식당에서 아침식사
08:30 → 08:50 걸어서 中協賓館에서 民族大 文華樓까지. 李得春 교수 등을 만남.
上午 09:10 → 10:00 文華樓 1층에서 개회식, 民族大 正門에서 參加者 一同 기념사진
上午 10:30 ~ 11:00 내가 基調 강연으로 "한국한자음과 佛經" 論文을 안 보고 講演.
낮 12:00 → 13:30 구내 교수 식당에서 점심
白石大에서 民族大에 와 있는 김기창 교수가 成大에서 내 강의를 들었다고 친절히 해 줌.
13:30 ~ 17:30 서영섭, 장흥천 교수 등과 鄭光 교수, 강은국 교수 등의 발표를 들음.

밤(20:00) 저녁 民族大 西門 앞 식당에서 저녁. 숙소(218號)에 金春仙 교수가 다녀 감. 이어서 金春玉(임신 4개월), 이해영, 朴玉実, 단군님(別名 김성혜) 등이 11시까지 다녀 감. 洛陽에서 趙岩 女士 전화
밤(10:00 - 26日 01:00) 良과 良謨가 나갔다가 옴

2008年 10月 27日 맑다. 새벽에 岩岩이 전화

(08:45 - 11:00) 金光億 · 文玉杓 교수와 우리 內外들이 中央民族大 少數民族(56) 博物館 · 美術展示會 참관.
(11:00 - 12:00) 中協賓館 218號室로 崔石岩 女士, 徐永燮 교수 內外, 張興權 교수 內外, 段太太(14單元, 8號) 등이 찾아오고 歡送. 짧았지만 뜻 깊은 여행이었다.
낮(12:00 →1 8:50) 학교車로 空港에 나와 延發된 Asiana 336號機로 귀국.

六.

日本學會

(1)

日本 朝鮮學會 年次大會 参席記

1967年 10月 6日(金) - 10月 25日(水)

⋮

1967年 10月 6日

成大生들 總 70餘名과 李崇寧 先生님 사모님, 안병희 선생, 이병근 석사 등의 전송을 받으며 金浦 空港 出發. 一行은 李丙燾 先生님, 金東旭 先生님, 李鉉琮 先生과 나였다.
경비와 旅費 一切를 日側(學會)에서 負擔해 주기로 했다(대회 기간만).

12時 45分　　金浦 空港 離陸. JAL기편
下午 1時 05分　　하늘의 바다.
전송 나온 분들의 얼굴이 떠오른다. 祖國의 山川을 굽어보며 安全한 飛行을 빈다.
조용한 음악을 들으며 꽃다발을 들고 天然色 사진을 찍은 내

	가족과의 사진을 본다.
1時 12分	高度 11,000m. 鈴木 機長 이 각종 주의
1時 15分	浦項 上空 通過
1時 30分	점심 食事
1時 40分	日本 上空에
2時 28分	羽田 空港 到着 中村暎枝 女士(中村 完 교수 夫人, 朝鮮學會 事務幹事)와 朴蒼熙 氏가 마중 나와 있었다.
4時 10分	東京都 豊島區 駒込 6-875, 天理敎 東京分院에 到着 岸勇一 學長 以下, 石原 先生, 中村榮孝, 中村 完, 靑山秀夫 先生 등과 歡談. 夕食 때 융숭한 대접을 받다. 訓練이 잘 된 從業員들
밤	崔敬洛 氏(延大出身), 박창희 씨가 찾아오다. 李佑成 先生(연구차 일본 체류 중)과 茶房에서 얘기함. 中村 完 교수에게 發表 原稿를 봐 달라고 함. 子正 가까이 大谷森繁 교수와 밤늦게까지 各種 얘기. 學制, 日本 學生 기질 등
日本의 첫印象	축 늘어진 젊은이들의 어깨 아무렇게나 기른 머리 華麗하지 않은 服裝들 사람이 적은 길거리

1967年 10月 7日

上午 中 天理敎 東京分院 車로 市內 駐日 韓國 大使館 禮訪

安公使, 申濮浩 奬學官 등과 만남.

澁谷驛前「天安館」(韓國人 경영)에서 찌개 白飯으로 食事.

곰탕은 투가리(질그릇)에 담아야 제맛이 난다고 日女 從業員에게 권했다가 눈총만 받다.

同行했던 大谷 교수, 靑山 교수, 中村 교수 등이 어리둥절해 한다.

孫洛範 先生님도 同行했다.

日女의 표독스러운 表情

말만 공손

ハイ' ソウデスカ°

ハイ' ドウゾ°

ハイ' カシコマリマシタ

ハイ' ゴイッテイラッシャイマセ°

거리의 看板

○ 旨いです°安いです°本当です°　○ 친절한 案內板　○ 눈에 안 띄는 교통순경

○ 로마 字, カナ, ヒラガナ, 漢字의 混用

外國 料食 광고에, 그리고 シャレ

○ 外來語의 범람 — スタンド, スパゲッティ

1967年 10月 7日(土) 下午

1時 半　東京 學習院大學 階段 講義室에서 岸 會長 인사

강연회　1時 50分 ~ 2時 35分

※ 訓民正音の 源流 — 河野六郎

問題點

○ 世宗 28年 公布說 支持　○ 訓民正音 考案の 背景　○ 한글 글자의 非

獨立性

○ 源流 - 다음 영향을 받음

モンゴル 字, 파스파 文字, 悉曇 文字

漢字 영향 - 音節 單位 문제, 書き方の 漢字 內 排列法 模倣, Alphabetから - 文字, 書法 - 漢字

○ 制定 過程

국어 音節 分析法은 中國 운학에서 터득. 初聲은 分明

中聲은 出處 不明 (ㅑ와 ㅛ는 다르지 않은가? — 내 얘기)

2時 36分 ~ 3時 31分

※ わが國にある朝鮮陶磁 — 小山 富士夫

○ 日本처럼 變化가 많은 일은 없다.

○ 外國에서 받아들인 美도 그렇다. 中國 陶磁도. 朝鮮 陶磁도.

○ 鎌倉時代부터 朝鮮 陶磁 傳來. 高麗 青磁片도 出土. 高麗 白磁片도 新潟에서 出土. 滿洲에서도 数片(完全品) 出土

○ 日本에서는 象嵌 茶器 등 遠征. 日本式으로 變形

慶尙南道 } 에서 デンセイした
全羅南道

○ 明治初에 英人이 고려 도자에 관하여 言及한 것 多. 1855, 비럭크. 1877. 仏 작크만

1900年代에 西洋人들이 흥미 크게 가짐.

○ 合邦後 日人들이 처음 發見한 美가 아니라 美國에 多量, 英國에도 多量(스코틀랜드에)

○ 伊藤, 못파스 氏가 最高水準 硏究家(英人?)

○ 日本에 있는 고려자기는 開城 · 江華 近傍 것, 뒤에 全南 것.

○ 伊藤, 寺內, 住友 등등이 모은 것 多量, 岩崎縣에 큰 倉庫 有, 李王家가 고려 青磁를 제일 많이 保有

○ 李朝 白磁 — 西洋人은 別無흥미, 朝鮮人은 白色을 좋아하고 日本人은 華麗

한 色을 즐김

○ 韓國에는 硏究家가 없는 것이 유감, 日本도 同인 듯

※ 會場에 일부러 찾아온 분

李喜燉兄(서울고 5회, 東大에서 공부 중)이 끝까지 강연회를 함께 들음. 李賢起女士(文理大 國文科 13回)도 만남

쉬는 시간에 學習院大學의 연구실, 강의 배정 시간표, 교수실 등을 구경

강연회 뒤 朴正玟氏(朝鮮大)가 인사를 請, 李基文·兪昌均 교수 얘기를 하고, 心岳 先生님 安否를 물음.

1967年 10月 (土) 下午 4時 05分 ~

總會

約 60名 參席

○ 會長 人事 — 6月 2日 金澤庄三郞 氏. 9月 4日 高橋 亨 氏 別世 報告

○ 議長 選出 — 四方 氏 司會

○ 韓國 招聘者 紹介

斗溪 先生 — 우리말로 인사. 大谷森繁 교수 통역

個別 紹介 — 나를 國文學者라고 斗溪 先生께서 간단히 연설

○ 議事 — 四方 氏 司會

1. 會務 報告 — 石原 氏 報告, 會員 535名, 國內 336名, 國外 199名(한국 174名)
2. 국어국문학회와 同一한 학회 인상
3. 石原 氏가 고지식하게 豫算 · 決算 報告를 읽음, 拍手로 通過

   ドウモ アリガトウゴザイマシタ°
4. 任員은 委囑 制度 — 會員은 拍手로 응수

5. 來年度 大會는 天理市에서

1967年 10月 8日

지난 밤에 잠시 市內를 散步하고 良에게 줄 冊(フロイド)을 제일 먼저 사다.
그 뒤 發表會 준비, 金東旭 先生이 코치, 새벽 세 時에도 일어나 손질

길거리의 外來語

センダ′ペイント′マーケランセンター′外人ヌード大会′浦安ミュージッグ′ワンマン′ビューテイーサロン

점심 때 末松 先生이 優待하고 冊을 줌, 宮原免一 교수와 환담(京中 出身)
河野 교수와 18日 下午 2時에 敎育大 E429室에서 만나기로 함

1967年 10月 8日(日) 上午

シンポジム ※ 題目 — 世宗朝という時代

○ 末松保和 교수 — 9時 50分 ~ 10時 40分

心岳 先生 論文(世宗硏究)을 크게 紹介, 칭찬, 劃期的인 論文이라고 結論

○ 武田幸男 교수 — 10時 42分 ~ 11時 28分

題目 — 社会経済史の諸問題

청중에 관심을 안 가지고 熱心히 自己 論文만 읽음. 一般的으로 말이 빠름

청중은 約 100名, 女子 청중은 2, 3名. 韓國人 多

담배 피우는 사람 全然 없고, 기침도 無, 退場하는 사람도 無.

앞자리 空席 稀.

俊秀하게 생긴 武田 교수가 한국 관계의 자세한 자료를 가지고 熱辯.

○ 中村 完 교수 — 11時 30分 ~ 12時 3分

※ 題目 — 文化としての訓民正音の構造と意識

○ 文化란 다른 経済 体制와의 관계. ○ 機能 · 構造

○ 史學者도 訓正 硏究 必要

○ 序論이 모두 訓正과 文化와의 關係로 論할 必要를 力說

○ 訓正 같은 冊은 東洋에서는 처음(西洋은?)

○ 構造

◎ 母音体系가 다르기 때문에 獨特한 方法을 강구한 것이 아닌가?

天地人 ㆍ ㅡ ㅣ ㅗ ㅏ ㅜ ㅓ

◎ 合用並書 = 異字라고 했는데 그 表記 能力은? 그 理由는?

◎ ㅑ ㅕ와 ㅘ ㅝ를 區別한 理由는?

ㅐ ㅔ

音韻論的으로 어떻게 解釋할 것인가?

◎ 文字 — 母 · 子 / 漢字語 } 初 · 中 · 終

運用 — 두 가지 方法 — 국어와 漢字音

구조만 말한 것인가. ㅇ, ㆆ 등을 말한 것인가?

三分法

公開 質問 — 12時 18分 ~ 1時 21分

姜信沆 質問

○ 名稱 문제, 創作性, 普及- 시간을 기다린 것이다, 構造와 運用- 獨特한 面도 有.

이어

朴正汶(朝大) 교수 質問

質問이 아니라 써 가지고 온 原稿를 20餘分 演說

○ 背景 · 模倣 등은 別問題가 아니다.

○ 創製 目的 — 人民에게 便利한 手段을 준 것 — 이것이 重要한 것이 아니겠는가?

○ 모든 것을 朝鮮語를 바탕으로 한 것이 아니겠는가?
訓正을 보면 体系를 重要視한 面이 있다.

○ 諺文이라는 名稱은 糾明할 必要가 있는가 하고 攻駁, 金敏洙 · 洪起文 說 紹介

내가 質問할 때 日本 말이 잘 안 나와 「日本の皆様' 甚だすみません° 日本語が下手クソで」라고 해서 場內가 웃음판이 되었다.
나중에 그런 「賤한」 日本 말을 했다고 金東旭 先生님한테서 注意를 들었다.

1967年 10月 8日(日) 下午

第1 · 第2 會場으로 나누어 發表

2時 32分 以後의 第2 會場(점심 후)

○ 李朝末期の科學技術思想 — 金哲央 교수(2時 32分 ~ 3時 00分)

○ 第1次 甲午更張攷 — 崔敬洛 교수(3時 00分 ~ 3時 24分)
李瑄根 先生 資料 利用 說明

○ 琿春事件について — 姜德相 氏(3時 24分 ~ 3時 56分)

三一運動 } 등 指摘, 大學을 발판으로 한 反抗運動
憲兵政治 }

日本 壓迫 } 등을 쉴 새 없이 줏어 섬김
日本 虐政 }

日本 軍에 依한 獨立軍 討伐(1920. 1.)이 이 事件, 베트남 平定 作戰까지 깜

※ 日本은 自由의 나라인가? 時間이 넘도록 실컷 日本 욕을 하고 나니 司會

者가 說明이 조금 不足하니 더 補充해 달라고, 청중 中에서 아무도 말이 없다.

○ 翰林別曲について — 金東旭 先生(3時 57分 ~ 4時 19分)

이때부터 司會는 河野六郎 교수, 그 前은 有島 교수, 金 선생 말이 너무 빠르다.

※ 아침부터 이상한 우리 겨레가 우리 곁에 앉아 있었는데, 특히 지금까지의 朝鮮大學 系統 人士들의 여러 發表가 있을 때는 앉아 있던 사람이 金 先生이 登壇하니 자리를 뜨는 이 있었음.

崔敬洛 교수는 늘 대담하게 發表者에게 質問을 한다. 능란한 日語로(어렸을 때 日本서 자랐다니까 그런가?)

○ 韓國音樂の平調及び界面調の考察 — 金坡禹 교수(4時 20分 ~ 4時 43分)

現在 청중 27名. 왜 이런 엉터리 發表가 여기에 끼일까?

○ 待遇法から見た現代朝鮮語の終止語尾について — 青山秀夫 교수(4時 44分 ~ 5時 9分)

表로 紹介. 資料는 낡은 것

※ 밤에 내가 指摘해 줌(나중에 이것이 자극이 되어 1968. 7~8에 한국 여주에서 자료를 수집해 감)

○ 訓民正音 創製 背景, 世宗의 言語 思想 形成을 主로 하여 — 姜信沆(5時 10分 ~ 5時 30分)

※ 性理大全과 邵雍 얘기

以上 發表會가 끝나고 어떤 會館에서 酒宴

李鉉琮 교수가 代表로 인사(역시 한국말), 여러 한국 교포도 만나다. 金東俊 교수, 申昌淳 교수 등 韓國人 學校 教師도.

○ 會費를 내고 酒宴에 參席하는 制度. 우리나라 學會와 다르다.

○ 酒會 後 大谷 교수, 中村 교수가 우리 셋을 위하여 어떤 술집에서 크게 내었다.

○ 學習院大學 화장실의 落書 內容, 佐藤 首相의 越南 訪問 反對, 天皇制 反対 落書

○ 거리의 風景

書店 店頭에서 마음대로 冊을 읽는 젊은이들

監視者 없이도 冊을 고르고 안으로 들어가 값을 치루는 購買者들

1967年 10月 9日(月)

짐을 天理教 東京 支院에 맡기고 宮城 外庭 구경

下午 3時發 「히카리」 特急으로 우리 一行은 京都를 거쳐 天理로

岸 學長, 石原 교수가 同行, 斗溪 先生님은 一等으로

天理 和樂館에서 旅裝을 풀다. 여러 사람이 기다리고 있었다. 京都에서 天理까지는 電車로

그때 老人에게 자리를 양보했더니 지금 日本에는 그런 敬老思想이 없어졌다고 岸 학장이 개탄

저녁 대접을 융숭하게 받다.

鐵道 沿邊

○ 잘 가꾸어진 日本 國土

○ 키 작은 日人. 농가집과 都市집 區別 難. 다리만 굵은 日女. 나르는 車 — 特急. 車가 많은 농가

○ 입으로만 칭찬하는 日本말

1967年 10月 10日(火)

上午 中

石原 교수의 案內로 天理敎 會館 구경, 規模가 큰 것에 놀람. 參考館(博物館)의 진열품이 多樣

考古學은 日本서도 最高 · 古 라고. 진열된 한국 옷이 초라해서 창피했다.

(1970. 9. 우리가 고급 옷감 女性옷 한 벌 기증)

下午

眞柱(天理敎 최고위) 訪問

眞柱 貴賓車로 法隆寺 · 大佛 등 訪問, 大谷 교수 案內

車中에서 未來의 主人公은 우리니까 잘 해보자고 내가 몇 번이고 力說

大佛의 規模, 正倉院의 사슴, 奈良의 黃昏

夕食은 大晩餐會, 和樂館에서 岸 · 石原 · 中村榮孝 교수 등과 對席. 11個의 스푼과 포크로 식사

1967年 10月 11日(水)

中村 章 氏(助敎) 案內로 學長 車를 타고 橿原神宮 · 唐寺 · 藥師寺 訪問. 그 주변의 경치가 참으로 아름다웠다.

運轉手「ハイ´サヨウデゴザイマス゜」

下午에 天理大 訪問

도서관 參觀, 施設과 장서에 놀람, 中村 完 교수와 長時間 얘기함

丁炳烋 교수(서울大, 大阪大에서 연구 중)가 편지와 電話를 줌, 14日(土) 上午

에 大阪에 가기로 함

저녁

眞柱 氏 招待宴에 參席, 마치 宮殿 같다.
선물로 먹을 주고 斗溪 先生님께는 正倉院 圖錄(時價 20万円 — 日貨)을 드리다.

奈良의 夕景, 平城趾, 日本 古都의 印象이 남는다.

孫洛範 先生님을 아침 저녁 뵙다. 日本에서 만난 이들, 宋在五 氏, 吳海鎭 氏(大田大)

1967年 10月 12日(木)

斗溪 先生님을 배웅하러 京都에 오다. 梁昊淵 선생을 만나 점심 대접을 厚히 받다.
天理市에서 오신 분은 天理로. 斗溪 先生님은 먼저 東京으로. 그리고 우리는 京都에서 1泊

下午 3時 30分

京都 韓國 學園 訪問
校長 曰「國力이 弱하다」,「韓國大使가 와도 市長이 끄덕도 안 한다」
모처럼만에 마음대로 한국말을 했다. 日語를 쓰는 한국 학생들
그래도「안녕하십니까?」하고 인사를 한다. 학교가 너무 초라한 데 놀랐다.
겨우 150名의 학생(國1 ~ 高3까지)
한국인 학교는 東京, 京都, 大阪뿐이라고.

저녁

梁昊淵 선생 案內로 극장 구경. 참으로 큰 극장이었는데, 지저분한 좌석, 텅 텅 빈 자리, 더러운 장내,
마음대로 담배를 피우는 관객. 앞자리에 두 발을 올려놓고, 제멋대로
엉터리 映畫. 두 가지 連續 上映

핏기 없는 日女들. 苦悶相, 轉換期, 各種이 共存. Moral 관념의 전도.
몸부림치는 日 消費界, 和服이 많은 京都. 傳統을 固守

저녁에 梁昊淵 선생 宅을 訪問하고 圓山公園 內 조용한 숙소에서 1泊 하다.

1967年 10月 13日(金)

관광버스로 京都 一週, 古都의 美. 公園 앞에서 産業大 先生 相逢

下午에 다시 天理로 宿所는 和樂館에서 天理大 근처 洋屋 2층집(居室은 日本式)으로

밤 中에 大谷 · 中村 교수 내외, 青山 교수와 환담.
그들의 友情과 歡待에 다시금 감사. 떠날 때까지 日本 욕을 안 하기로 決心.

1967年 1月 14日(土)

金東旭 先生은 딴 일로. 우리(李鉉琮 氏와 나)는 大阪으로.

大阪市의 큰 규모. 交通網의 發達. 역시 鐵道 沿邊에 농가 風景은 없었다. 分明히 벼와 논은 있는데.

弥生莊 - 箕面市 瀨川 156 大阪大學으로 丁炳烋 교수를 찾아가 그 집에서 묵기로 했다.
下午에 宝塚의 가극 구경. 이들은 어째서 이렇게 즐겁게 살 수 있단 말이냐?
車 中에서 뜨개질, 신문, 독서

1967年 10月 15日(日)

관광버스로 大阪 一周. 大阪城 등을 구경 — 豊臣의 유물을 보다. 밤에는 市內버스로 港口까지도

大阪 女人들의 方言
そうでな　　　말끝마다 な
車掌도 方言으로

大阪 印象, 얍삭한 家屋들, 경박, 急造, 但 內部 施設은 놀랠 程度

1967年 10月 16日(月)

大阪에서 天理로, 저녁에 良으로부터의 편지가 와 있었다.

「ワカヤノ イエ」에서의 盛大한 送別宴
中村榮孝, 石原, 中村 內外, 大谷 교수, 孫洛範 先生 參席, 李乙煥 先生도 들렀다

가 함께 끼이다. 다시 話題는 우리 집에 集中. 서로 헤어지기 싫어 子正 넘어 두 時까지 얘기하다.

1967年 10月 17日(火)

學長車를 타고 天理驛으로. 天理에서 東京으로.
京都까지 崔경락 교수, 大谷 교수, 中村 교수 내외 등 네 분이 배웅 오시다.
梁昊淵 선생은 역에서 만남. 沿線의 美. 비 오는 저녁에 東京着
李喜燉 兄(서울高 後輩)의 案內로 YMCA에서 1泊
特急 안에서「아이스크림, 이까가데 고자이마스까?(いかがでございますか?)」
無識한 西洋人들. 빤쓰 바람으로 복도를 闊步(YMCA에서, 스페인 系統인 듯)

1967年 10月 18日(水), 아침에 부슬비가 왔다.

아침에 東京大學 赤門 앞에서 李佑成 先生을 만나 여러 얘기를 했다. 우리 一行 金東旭, 李鉉琮, 나. ボン茶房이었다. 化粧室이 참으로 깨끗했다.
李佑成 先生은 日人들 앞에서도 꼭 큰 목소리로 한국말을 하고 한국 담배를 피운다. 본받을 態度다.
大使館에 斗溪 先生님 冊 4卷을 傳하고 金東旭 先生과 함께 河野六郎 교수를 教育大學에서 만났다. 뒷맛이 썼다. 모두 내가 實力이 없는 탓이다.
내가 뭣 하는 사람인지를 몰라주는 이 괴로움, 그만치 나는 아직 공부를 안 한 것이다.
金 先生의 督促으로 그나마도 별로 얘기도 못하고 나왔다.
운동장에서 李祉烈 先生(前 서울고 교사, 교육大 生物 연구, 박사반 연구생)을 만났다.
저녁 때 李佑成 교수 宅 近傍 明石 旅館으로 옮겼다.

主人 女子(老人) 단 하나. 말도 많다.
저녁을 碧史 先生 宅에서 융숭하게 대접 받았다. 客地에 온 기분이 안 났다.
冊 몇 卷을 神田에서 샀다.

1967年 10月 19日(木)

오늘 아침도 碧史 宅에서. 아침 먹은 뒤 天理敎 東京支院에 가서 짐을 찾아왔다.
下午에 第一호텔 로비에서 李基文 兄 책값을 주기 위하여 교포 의사(김동욱 선생 아는 분)에게서 돈 万 円을 받았다.
盧瑞玉이라는 분이었는데 우리 一行을 銀座로 데리고 가 中國집에서 푸짐하게 점심식사를 시켜 주었다. 客地에 오면 모든 것이 고맙다.

1967年 10月 20日(金)

아침 뒤 東洋文庫에 들리다. 長正統 교수가 열심히 書庫까지 案內해 주었다.
韓國 學園에 들러 校長 以下 여러 先生님과 인사하고 申昌淳 先生과 市場에 들렀다.
밤에 東京大學 構內食堂에서 開催된 서울高 同窓會 東京支部 結成會에 참석했다. 申潤植, 权五允 兄과 기타 후배들, 約 20名이 모였다. 조선일보 특파원, 東大 柳洲鉉 교수(農學) 등, 李喜燉 兄도 왔다.

1967年 10月 21日(土)

아침에 冊을 부치고 宮城 앞 公園에서 한가한 가을 해를 즐기다.

下午 두 시, 明治大學 강의실에서 열린 李佑成 先生의 發表會(실학 관계)에 참석했다.
旗田 교수가 司會를 보고, 會員은 모두 한 자리에 한 사람씩 앉고, 열심히 필기를 한다. 李佑成 교수는 우리말로 얘기하고 朴蒼熙 氏가 통역을 했다.
發表會는 두 시간, 질의 응답 두 시간.

東京의 해는 네 시만 되면 저문다.
街頭에서는 學生들이 느긋하게 越南戰 反對 데모를 하고 있다. 市民들은 全然 무관심이고.

25日에 귀국하기로 했다. 가족과 그 밖에 보고 싶은 얼굴이 많다.
都市의 가을, 下午. 왜 이다지도 슬프냐?

저녁에 東洋文庫 展示會에 가서 河野 교수, 長正統 교수를 만나다.
物件을 조금 사고 간단한 映畫를 본 뒤 金 先生과 먼저 여관에 들어오다.

1967年 10月 22日(日)

아침을 또 碧史 宅에서 대접 받고 上野博物館에 갔다. 옛것이 잘 保存되어 있는 日本의 특수한 地理的 條件을 생각해 본다. 고려자기는 큰 방에 하나가 「代表」로 놓여 있었다.
上野 근처의 茶房에서 金東旭 先生, 李佑成 선생 그리고 나, 이현종 씨. 학문 얘기를 오래하며 나랏일을 걱정했다.
점심 뒤 어머님께 드릴 선물을 샀다.

1967年 10月 23日(月)

東京大學에 들러 李佑成 교수의 案內로 東洋學會, 東洋文化研究所, 韓國近代史 專攻의 梶村秀樹 氏 研究室 등을 참관했다.
一個 30세 정도의 助教(手)가 큰 연구실을 가지고 있는 데는 놀랐다.
다시 東京大 도서관과 書店, 學生會館, 構內 商店(百貨店) 등을 구경했다.
下午에는 神田 神保町의 書店街를 돌다.

밤에는 申國柱 교수(東國大)의 好意로 新宿의 '바'에 가서 日本 男女들의 狂態를 구경했다.

1967年 10月 24日(火)

점심을 盧 醫師 夫人의 好意로 韓相竜 氏 子婦가 경영한다는 불고기 집에서 잘 먹다.
下午에 丸善 書店에. 밤에 宋在五 氏를 만나 신세를 짐.
고혜란 씨(고모 친구)를 만나 라디오를 받음.

1967年 10月 25日(水)

長正統 교수가 여관에 왔었음. 空港에서 文容會 형(서울고 동창)을 만남.
9時 20分 出發. 시속 710km. 고도 8천m.
노 박사 부부가 배웅을 나와 또 신세를 짐. 9時 半 드디어 離陸
「日本아 잘 있거라」
프로펠라 비행기가 하도 흔들려 자꾸 방정맞은 생각이 떠오른다.

10時 33分, 東海 上空에. 하늘에서 굽어보는 日本의 가을이 아름답다.

12時, 金浦 空港着.

저녁에 成大 야간 강의에 나가다.

배웅나온 成大 국문과생들. 金浦. 1967.10.6.

朝鮮學會에서 발표. 學習院大. 1967.10.8.

東北大 中村完교수와 天理大에서. 1967.10.11.

▶
1967.10.19.
朝鮮學會에 함께 간 분
前列 右로부터
大谷森繁 李丙燾 선생과 姜信沆
後列 右로부터
李鉉琮, 金東旭, 中村完

河野六郎 교수, 東洋文庫에서. 1990.9.29. 77세

◀ 東洋文庫에서 공부. 1970.9.–1971.9.

東洋文庫에서 공부. 1970.9.–1971.9.

朝鮮學會에서 발표, 天理. 1970.11.7.

(2)
朝鮮學會에 가서 基調講演

1990年 9月 28日(金) - 10月 10日(水)(學會에서 招請)

⋮

1990年 9月 28日(金) → 10月 9日(火) 旅行記

9月 28日(金) 下午 4시 15分 JDC JAPAN Air System 252号便, 예정보다 45分 늦게 出發(乘客이 한꺼번에 몰렸기 때문) 成田 下午 6시 15分着, 朴良圭 교수가 마중 나오다.
Taxi로 東京外大 宿所 도착(2万円 車費) 菅野 교수가 기다리고 있었다.
함께 식사. 숙소 和 2室 疊14 큰 房 TV 두 台, 冷房장치 둘, 장롱 2.
밤 11시 半 취침

1990年 9月 29日(土) 가랑비

良과 함께 아침에 東洋文庫 訪問, 책 선사. 小山勳 氏, 河野六郎 先生 禮訪, 밤에 平山久雄 교수 宅에 초대되어, 良과 함께 크게 환대 받다. 선물도 받고.

1990年 9月 30日(日) 颱風, 큰 비

良과 森田芳夫 氏 內外분을 横濱 鶴見로 礼訪. 극진한 대우를 받고 오다. 冊을 선사하다. 밤에 成百仁교수 內外와 만나다.

1990年 10月 1日(月) 개이다

아침에 休息. 낮에 朴교수와 神保町에서 冊을 사다. 申潤植 부사장에게 선물을 우송하다.

1990年 10月 1日(月) 저녁

梅田博之 교수가 저녁을 椿山莊(chin zan soo)에서 대접하다. 成百仁, 張興權 교수(北京 中央民族大), 우리 內外가 초대 받다.

1990年 10月 2日(火) 흐림

上午 中 숙소에서 休息. 發表 준비
저녁, 東京外大 朝鮮學科 교수 一同의 환영宴. 菅野 교수 등 다수 참석. 巢鴨역

앞 中國집. 다른 대학의 志部昭平. 金東俊 교수도 참석. 한국에서 온 유학생들도 만났다. 朴良圭, 이광호 교수도 오다.

1990年 10月 3日(水) 맑다 → 흐림

오늘이 秋夕
낮에 東京大에 가서 平山 先生과 尹芳烈 교수를 만나서 학문 이야기를 한 뒤, 걸어서 上野公園 쪽으로 갔다가, 下午 3시 半 朴良圭 교수 집(吉祥寺 2-16-2)에 가서, 李光鎬 교수와 우리 內外가 저녁을 함께 했다.

1990年 10月 4日(木) 흐리다

낮에 金東俊 교수 內外분과 한식집 一龍에서 점심(갈비와 우거지국. 靑山 一丁目)
下午에 池袋역 앞에서 古書展示会를 參觀하고, 저녁 5시 半, 平山 先生과 우리 內外를 尹芳烈 교수가 日式 음식점에서 저녁 대접, 日貨 3万 3千 円(한화 약 17만 원)짜리 식사를 하다. 미안하기 그지없다. 기다리는 동안 公園에 앉아서 6日 下午에 강연할 것을 연습하다.

1990年 10月 5日(金) 흐리다

菅野 교수와 天理行. 새벽 6시. 外大 숙소를 나와 山手線을 타고 東京驛에 와서, ひかり 205호 7시 56분발 新大阪行으로 天理에 가다. 10시 48分 도착. 玄幸子 女士가 애기 둘을 데리고 마중 나와서, 그 친정어머니가 계신 집에 셋이 함께 가서 포식하다. 선물도 많이 받았다. 수건, 꼬냑, 지갑 등. 미안하다.

在日교포 金禮坤 氏가 내 준 車를 타고 셋이서 天理에 가다. 下午 3시 도착. 金用淑, 李範稷 교수가 미리 와 있었다. 梁昊淵 교수가 다녀 갔다고 한다. 짐을 풀고 휴식, 天理관광호텔 301号室 참으로 좁다. 저녁에 青山秀夫 교수, 大谷森繁, 岡山 교수가 호텔 식당에서 함께 会食. 밤에 발표 준비.

1990年 10月 6日(土)

아침. 岡山 교수가 와서, 天理大 조선학과 禮訪. 梁昊渊 교수를 만나다.
11시 半 大久保昭教(아키노리) 학장을 禮訪. 12시 도시락으로 점심. 1시 開会(朝鮮學会年次大会)
平木實 교수가 먼저 "王權" 강연. 3시 姜信沆이 뒤이어 日語로 公開 강연(訓民正音과 王權) 原稿를 한 번도 안 보고 연설을 하다. 松前(奈良大) 교수가 처음부터 끝까지 고개를 끄덕이다.(東洋文庫 松前義治 과장 兄)
18시 構內식당에서 会食. 姜信沆이 代表로 우리말과 日語로 答辞. 百여명 학자들이 즐겁게 答辞. 柳昌夏, 金禮坤, 金東俊 교수 등과도 많은 이야기를 나누다. 長節子 교수도 일부러 九州에서 우리를 만나러 오다. 식사 후 호텔에서 쉬다.

1990年 10月 7日(日) 비

아침부터 학회에 참석. 일부 학자들의 發表內容이 不實하여 司会者들이 警告하기도 하다. 下午에도 공동 토론회에 끝까지 참석.
저녁에 崔明玉, 이광호 교수 등과 호텔에서 会食. 岡山 교수, 이범직 교수도 참석하다.

1990年 10月 8日(月) 태풍이 오다.

비 때문에 法隆寺와 古墳만 참관하다. 岡山 교수가 안내하다.
저녁에 조선학과 교수 一同이 天理驛 前에서 中國料理로 送別宴을 개최해 주다.
식사 後, 松尾, 岡山 교수, 우리 內外, 이범직 교수들이 日式 선술집에서 늦도록 술을 하다.

1990年 10月 9日(火) 개다

아침에 靑山 교수가 호텔로 인사 오다. 우리 內外가 먼저 호텔에서 9시 半에 떠나다. 大阪를 거쳐 空港行.
비행장에 배웅 나온 玄幸子 교수와 만나고 3시 半에 헤어지다. KAL기로 5시 半 무사히 귀국.
마중 나오신 어머님께 인사하고, 처남 良謨와 文박사 宅行. 文國珍 교수(동서) 生日 祝賀宴에 참석하다.
12시 귀가

(3)
第2回 韓國學環太平洋國際會議, 東京

1994年 7月 24日(日) - 7月 31日(日)

⋮

1994年 7月 24日(日) 날씨 맑고 무덥다. 38度

下午 3시 JAL 954호기로 東京(成田)으로.

成百仁, 任洪彬 교수가 同行하다.

下午 5시 7분, 東京 着, 入國手續 1시간半, 19:2분발 JR로 新橋에(20시半 도착, 快速)

TAI IChi Hotel Tokyo, 9시着, 成百仁 교수와 1018호실 투숙, 옆의 방은 안병희 교수.

1994年 7月 25日(月) 날씨 35度

아침에 成百仁 교수와 東洋文庫行. 小山 勳 司書에게 홍삼정, 홍삼차 전달.
11시 半 大塚역 앞 日式집에서 東京外大 中嶋幹起 교수와 셋이서 점심, 문배주를 선물로 주다.
下午에 神保町 서점 구경, 大修館 日高美南子 女士에게 홍삼차(大型) 선사(不在)
저녁. 梅田博之 교수 초대로 椿山莊에서 안병희, 성백인, 임홍빈 교수와 中國식으로 만찬.
下午에 한영희, 王俊, 서상규, 이용주 교수 아들 등을 만나다.

1994年 7月 26日(火) 새벽에(5시 17分)

어젯밤 椿山莊에서 紹興酒 1甁을 다 마신 것이 좋지 않았다. 오늘부터 禁酒다. 그리고 一切 말을 않기로 하였다. 내가 너무 率直히 내 個人 이야기를 다 해 버린다.
아침. 藤本幸夫 교수에게 선물 전달, 논문 별쇄도 받았다.
박성수, 이광린, 이광규, 이만렬, 김동식, 이현희 교수 등도 만났다.
下午. 神田外語學院에서 거행된 학술회의 開會식 참석, 14:00~17:00
안병희, 梅田, 菅野, 徐大肅 교수 등의 인사가 있었다. 神田外大 井上 學長(女)의 환영사도 있었다. 교양 있는 日本 女性의 標本을 보는 듯했다.
저녁. 駐日 韓國大使館 官邸에서 大使 主催의 환영파티가 있었다. 규모가 굉장했다.

1994年 7月 27日(수) 역시 35도

아침 9시 ~ 17시 분야별 발표

저녁. 제일호텔 2층 中國 음식점에서 한글능력측정협회 이사장 초청 만찬

1994年 7月 28日(木) 34度

아침 9시 ~ 저녁 19시 발표 행사

요령 없이 시간들을 浪費하여 나는 10分만에 발표(용비어천가 내 漢字音 表記 反切에 대하여)를 끝내다.

이런 알맹이가 없는 행사를 왜 오래 계속하나?

저녁 일찍부터 짐을 정리하다.

10시半. 집에 전화하러 갔다가 이현희(서울大), 이남순(홍익大), 김동식(한신大) 교수들에게 붙들리어 生맥주 홀, 포장마차를 돌며 生맥주, 清酒를 마시고 11시半 귀실. 젊은 교수들의 소감을 듣다. 日本을 잘 공부하라고 권했다.

1994年 7月 29日(금) 가랑비

上午 御徒町에 가서 몇 가지 선물을 사다. 外國 旅行을 하면서 처음으로 선물을 샀다. 그리고 良과 나의 손가방도 샀다.

낮. 申潤植 兄과 함께 점심 식사.

下午. 1018호실에서 쉬고, 下午 4시 平山久雄 교수 案內로 早稻田大 참관, 특히 (93年 준공) 도서관의 규모에 놀라다. 地下 2층 地上 5층의 큰 규모였다.

참관 후 平山 교수 댁에 가서 夫人, 딸과 밤 10시까지 즐겁게 식사, 이제는 完全히 한 가족이 되었다. 선물로 人蔘과 한국 茶 그리고 良이 준 작은 香꽂이를 드렸다.

1994年 7月 30日(土) 몹시 덥다.

12시부터 赤坂 프린스호텔 별관에서 거행된 長谷川修平 氏 외동딸 披露宴에 참석하여 전통적인, 그리고 現代的인, 그러나 가장 日本적인 儀式을 참관했다. 3시 半에야 끝났다. 모두 氣品이 있고 正式 고급 日本어를 깨끗이 驅使하는 데 탄복하지 않을 수가 없었다.

1994年 7月 30日(土) 저녁

金東俊 교수 好意로 靑山 1丁目 '一龍'에서 飽食하다. 長谷川 氏 內外도 인사 왔다.

1994年 7月 31日(日) 덥다

日本航空(JAL) 11시 10分발 1시 35分 金浦着으로 귀국.
良, 석진, 윤구가 마중 나왔다.
어머님께서 그런대로 아들을 보고 웃으셨다.

七.
美國旅行記

(1)
第1次 美國旅行 · Harvard大學 學會 參觀記

1989年 7月 11日(火) - 8月 4日(金)

⋮

1989年 7月 11日(火) 큰 비

12:30 우리 내외가 정릉 出發

강규선 교수가 큰 車로 전송하다. 조기예(同居人)도 同行

13:10 U.A(United Airline)으로 出國 수속. 정호성, 김경훤 석사가 나오다.

15:30 金浦 出發. 徐正洙 교수, 全在昊 교수들과 同行

11日(火) 10:00(현지 시간)

Sanfransisco 공항 도착, 入國 수속

지루하게 두 시간이나 기다렸으나 入國 수속 때 女子 담당관이 친절하게 짐 조사도 안 한다.

11日(火) 13:30(현지 시간)

Sanfransisco 공항 출발

21:45(현지 시간) NewYork Kennedy 공항 도착

석진(Yale대 박사과정, 장남) 內外, 素眞(台北 政大 卒) 內外, 允求가 마중 나오다. 允先(소진 아들) 딸 康寧도 나오다.

11日(火) 23:30

소진 집에서 1泊. 짐 分離

12日(水) 2:30

밤 새워 이야기하다가 소진 집에서 취침

1989年 7月 12日(水) 맑음

5:05 기상, 日程 생각. 아침에 閔庚赫 兄(서울고 5회)과 전화

12日(水) 下午 3:20分 閔 兄이 소진 집에 옴

함께 7시 半까지 허드슨 江 유역 drive. West point 참관

10:00까지 閔 兄 宅에서 저녁

10:50分 소진 집 도착

박경업 여사(良의 경기여고 동창) 등과 소진 집에서 會同, 모두 一泊

1989年 7月 13日(木) 맑음, 비, 맑음

7:30 이용대 사장(서울고 15회)과 통화

11:00 뉴욕에 도착하여 張弘文 박사, 그 아들 允先 군과 함께 이용대 사장 차로 온 종일 NewYork 市內 구경.

흑인 문제의 심각성을 눈 앞에서 目睹

7月13日 22시 張弘文 박사 집 도착

全基澤(서울고 5회), 김영전(良의 경기여고 동창), 서울대 이상택, 김광억 교

수 등과 전화 연락

7月 14日 11시 석진이 집으로 소진이가 車로 데려다 주다.

7月 14日 16시 35分 New Haven → Boston

폭우가 쏟아지다.

7시 40分 Harvard motor Motel 104号 유숙

1989年 7月 14日 下午 8시

석진이 內外, 우리 內外, 이상억 교수, 김광억 · 이상택 교수, 정재승(이대) 교수 등과 「고향」집에서 한식으로 저녁. 모두 미안한 일이다.

밤에 김규훈(김광억 교수 아들) 군을 Children Hospital 1012号室로 문병.

7月 15日(土) 맑음

아침 6:45 이상택 교수와 通話. 아침 식사 걱정을 해 주다.

외국에 와서 공부하는 이들의 실상을 생각해 보다.

또 뉴욕 등 미국으로 이민 온 이들의 이야기를 이용대 사장한테서 자세히 듣다. (7月 13日에)

1989年 7月 15日(土) 맑음

Harvard Workshop in Korea Linguistics에 參席한 날

6시 기상

Harvard Motor Motel 104号에서 우리 內外, 며느리 內外, 允求 一泊

允求가 밤에 몹시 울다.

아침에 식당에서 Toronto大 백응진 교수, 그 곳에 한국어를 강의하러 가 있는 성기철 교수를 만나다.

백 교수에게 내 저서인 국어학사, 훈민정음 연구, 계림유사 연구 등 3권을 기증하다.

9:10 – 12:15

학회 발표에 참석, 이상억 교수, 이익환 교수, 서정목 교수 內外 등을 만나다. 姜玉美 여사(숙대 졸)도 만나다. 발표석에는 20名 정도가 앉아 있었다. 발표는 모두 영어, 外國人은 겨우 3, 4名 정도. 한국인끼리 영어로 토론.

12:35 – 14:00

점심을 淸華園(중국음식점)에서 서정수 교수, 이상억 교수, 우리 一行이 함께 식사하다. 台北에서 온 主人 內外와 중국어로 談笑하다.

14:00 하바드大를 구경하고 다시 김규훈 군을 問病한 다음, New Haven의 석진 집으로 16:00 → 17:00에 우리 一行이 돌아와서 쉬다. 석진 집에서 一泊

1989年 7月 16日(日) 구름, 큰 비, 맑음

New Haven의 석진이 집에서 차로 우리 내외가 7시 出發, 워싱턴의 Silver Spring 吳仁煥 박사 집, 14시 도착.

夫人, 아이들(아들 1, 딸 1)과 담소 후 吳 박사와 金元九 사장(서울고 14회, 작고) 墓所로.

下午 5시 半 金 사장 夫人, 아들, 딸도 묘소로 와 함께 省墓

金 사장 집에 들러 茶를 마시고, 良이 金 사장 墓石에 쓸 글을 붓으로 써 주다.

吳 박사 집에서 一泊

식사 후 14회들이 모여서 밤 3시 半까지 酒宴

최승홍, 국정련, 김병선, 이윤주, 윤항진, 송신헌, 金文煥, 吳仁煥, 全厚根(전화로 인사) 모두 즐겁게 마시고, 흉금을 털어 놓고 이야기하다. 즐거운 밤이었다. (追憶에 남을 것이다.)

1989年 7月 17日(月) 흐림

우리 內外, 석진이 안내로 워싱턴 구경, 백악관, 국회의사당, 미술관 등 참관 후 駐美大使館에 근무하는 길정우 박사(경기여고 동창 서근영 여사 아들) 집에서 14시 - 16시 담소

그 전에 又來屋에서 냉면과 곱창 전골로 점심

16시 半 全基澤 박사 宅 도착. 37年만에 만나다. 서울고 5회다.

게 잔치, 저녁 후 케네디 기념관에서 National Symphony Orchestra 연주회 참석

MSTISLAV ROSTROPOVICH 지휘, Vladimir Feltsman 피아노 독주

밤 2시 半까지 全 박사와 國內 문제 등 여러 이야기를 나누다.

全 박사는 사회 변동에 따른 대책에 특히 관심이 있는 것으로 보였다.

1989年 7月 18日(火) 맑음

워싱톤→New York

아침에 吳仁煥 박사가 LA에 가거든 한정곤 박사를 격려해 달라고 전화해 왔다.

아침 7시 全 박사 자당님(70여세)으로부터 Flushing 거주 30대 한인 夫婦가 老父를 공원에 갖다 버린 이야기를 들려주셨다.

1989年 7月 18日(火) 10시 10分 - 17시

全 박사와 아쉬운 作別

來年에 와서 다시 만나기로 하다. 워싱턴의 Cabin John 이라는 고급 住宅地를 뒤로 하고, New York으로 떠나다. 석진이가 不便한 다리를 가지고 침착하게 車 운전을 했다.

1989年 7月 18日(火) 저녁

金昌洙 회계사(서울大 약대 65학번, 내가 교양국어 담당) 家族과 New York의 Seoul House(한식집)에서 저녁식사
李鎔大 사장도 同席했다가 自己집으로 데리고 갔다.
김창수 회계사가 世界에서 제일 크다는 백화점으로 데리고 가 넥타이를 사 주었다.
비타민도 두 병 사 주었다.
李鎔大 사장은 兩親과 夫人, 그리고 두 아들이 단란하게 살고 있었다.
우리 內外를 自己네들 夫婦 침대에서 묵게 해 주었다.
아들네 집에 온 것처럼 여기라고 했다.

1989年 7月 19日(水) 낮

서울고 14回들과 會食
玄在文 동문(내 아우 신택 처남) 주선으로 서울고 14回 졸업생들이 노태우 大統領이 식사했다는 한식집(강서면옥?)에서 점심을 대접해 주고, 여비까지 보태 주었으며, 會食 장면을 權寧琥 동문이 video로 찍기까지 했다.
우재원, 玄在文, 이태형, 趙洋, 강태원, 邊正男, 趙聖石, (이용대, 15회) 우리 內外 극진한 환대에 거저 고마울 뿐이었다.

1989年 7月 19日(水) 밤

下午에 미술관 관람
이용대 사장과 셋이서 Metropritan Museum of Arts (MMA)를 다시 참관하다.
규모가 상당히 컸었다

서울고 12回, 15回 들과 會食
大東麵屋에서 불고기로 큰 잔치
2回 洪錫柱 교수 內外도 와서 함께 즐기다.
12回 閔龍植, 朴一策
15回 이용대, 姜斗秀, 桂擇浩, 文斗星, 徐昌三, 李誠一, 林龍善, 張京一, 池茂基, 崔永周
15回들은 다시 이 사장 집으로 몰려와서 밤 2시 半까지 트럼프 놀이를 했다.
계택호 사장한테서 美洲한인들의 生活相을 듣다. 역시 서울과 같았다.
徐 박사 한테서는 有色 人종의 의사가 멸시당하는 이야기를 자세히 들었다.
모두 서글픈 일이다.

1989年 7月 20日(木) 비

金永泰, 오응석 兄 등 一回와 만나다.
11시 15分에 아쉽게 이용대 사장 집을 떠나서, New York 市內 46번가 又來屋에서 두 兄을 만나 下午 4시까지 담소했다. 소주(진로)와 불고기, 갈비, 냉면 들을 포식했다.
金永泰, 吳응석 두 兄의 나에 대한 기대가 얼마나 큰 것인가 하는 것을 알았다.
서울고, 모두의 기대다.

1989年 7月 20日(木) 雨中에 New Haven으로

同德女高에 함께 계셨던 女先生 宅을 New Jersey로 방문하고 저녁을 日式으로 크게 대접받고, 밤 10시 半, 석진 집으로 무사히 도착했다.
처음으로 배탈이 났다.
새벽 6시 半부터 밤 10시 半까지 온종일 석진이가 不便한 다리로 운전을 했다.

1989年 7月 21日(金) 흐림

온종일 석진이 집에서 쉬다.

아침에 宋基中 교수(New York 州에서 1年간 연구 中)와 通話하고, 閔庚赫 兄이 22日 저녁에 찾아오겠다고 電話해 주었다.

온종일 석진이 집에서 亢求나 보면서 쉬다.

김영전, 박경업 女士들이 전화했었다.

1989年 7月 21日(金) 저녁

석진이 친구 대접

Yale大 수학과 박사 반에 다니는 美國人(이민 5代)과 日系 美國人(이민 3代)을 초대하여 저녁을 대접하고 술을 함께 나누었다.

모두 순박하게 보였고, 상당히 겸손했었다. 착하고 어린 젊은이들이었다.

1989年 7月 22日(土) 흐리다가 밝다가 함. 덥다.

여러 친구들이 멀리서 오다

Ohio 市에서 金榮全 女士가 비행기를 타고 오고, New York에서 박경업 女士(이경업)가 기차를 타고 왔으며, 약 300km 떨어진 곳에서 연구 中인 宋基中 교수(정신文化硏)가 albany로부터 차를 타고 오고, 閔庚赫 兄 內外가 Peekskill에서 먼 길을 달려 왔다.

밤 11시 半까지 맥주와 위스키, 談笑로 시간 가는 줄 모르고, 美國生活, 연구生活을 논하였다.

美國에서의 生活, 異質文化끼리의 접촉, 경제 제일주의의 美國生活, 근면과 성실로 성공하고 있는 한민족의 열성, 날로 쾌락과 나태로 기울어져 가고 있는 것으로 보이는 美國人들의 生活, 그러나 底力은 있을 것이라는 美國.
여유와 豐足 속에서 살고 있는 이곳 生活.
다닥다닥 개미들처럼 밀집되어 살고 있는 우리나라 生活.
우리 國土는 너무 좁다. 그래서 마음도 좁고 너그럽지 못한 것일까?
允求는 너그럽고 大人의 風度가 있어 보인다.

1989年 7月 23日(日) 맑음. 덥다.

金榮全, 朴경업 女士와 헤어지다.
아침에 Yale大를 참관하고, 김 여사가 中國식당에 가서 점심을 푸짐하게 산 뒤, 두 女士는 南과 西로 떠났다.
사람이 만났다가 헤어진다는 것은 슬픈 일이다. 이곳 生活도 석진이는 90年 5月이면 끝이니까. 우리가 New Haven 거리를 보는 것도 어쩌면 끝일지 모른다.
백낙준 박사가 공부하셨다는 Yale大 신학대, 석희가 연습을 했다는 음악大 건물, 석진이가 연구하고 있는 연구실 등을 둘러보고, 새삼 감개가 무량했다.
世上은 좁아진 것이다. 우리나라는 발전한 것이다. 이제 우리도 눈을 世界에 돌려, 地球人과 함께 살 궁리를 해야 한다.
이미 이런 경지에서 살고 있는 우리 친지들의 분투를 빈다.
민경혁, 전기택, 이용대, 김영태 박사 등 서울고 동창들의 활동에 기대해 본다.

1989年 7月 24日(月) 맑음

New Haven을 떠나다
새벽 7시, 윤구와 며느리와 작별하고, 석진이가 車를 몰아 9시 20분, New York Kennedy 空港에 도착하다.

이용대 사장이 배웅 나왔다. 고마운 일이다.

10시 半, 탑승구를 나올 때, 석진이가 차마 우리를 못 바라보고 있었다.

10시 55분 New York 출발 United Airlines 025号 便, 13:58, San Fransisco 공항에 도착.

문초우 군(동서 문국진 교수 아들)과 林雅曾 행장(70년 台北에서 연구할 때의 房東 = 집주인)이 마중 나왔다.

초우와 市內, 金門橋를 거쳐, 초우 아파트에서 一泊. 정소라(처남 정양오 딸)도 만났다.

(연수 차 와 있다)

1989年 7月 25日(火) 맑음

Berkeley大 참관, 도서관에서 윤항로 女士(良의 여고 선배) 만나 함께 점심. 내 책이 다 비치되어 있는 것을 보고 기쁘기도 하고 더 좋게 못 쓴 것이 후회되었다.

下午에 초우 군과 Montemery 해안을 왕복 6시간 걸려 관광, 농장과 해안을 감명 깊게 보았다.

1989年 7月 25日(火) 大偉 집에서 一泊

林雅曾 行長 一家族과 저녁

林 先生, 林太太, 막내 딸, 우리 內外, 초우 內外, 상승 군(석진 친구)과 San Francisco 市內 中心街 Japan Town 中國음식점(한국 화교)에서 會食.

저녁 후 우리 內外만 林雅曾 행장 집에 가, 집 구경을 하고 온 가족을 만나다.

夫婦 침실을 우리 內外에게 내주고, 自己네들은 응접실 바닥에서 잤다. 감격할 일이다.

상승 군이 선물을 한 아름 가지고 왔다. 미안하다.

1989年 7月 26日(水) 맑음

林雅曾 行長의 은행과, 박물관 참관 후 아침을 市內 중국음식점에서 순 중국식으로 먹다. 그 전에 林 氏 宅 새 집과, 해안을 참관. 임 氏가 공항까지 태워다 주었다.

초우 군이 짐 가지고 와 出發을 도와주다.

7月 26日(水) United Airlines 806号 便으로 SF 出發, 12:12 → 13:20 LA 도착.

김인학 형(서울고 5회, 도서부원)이 마중 나오다. 김형 댁에서 1박.

1989年 7月 26日 김인학 氏 宅에서 一泊.

저녁은 任鳳基 동문(은행 부행장, 서울고 15回)가 대접해 주었다. Korea Town을 참관하고 기상대 고지에 올라가 Los Angeles 市內를 모두 굽어보다. 四方 50miles씩, 큰 도시다.

미국은 역시 넓다.

1989年 7月 27日(木)

임봉기 행장 夫人이 10:30 → 14:00 안내

사봉교(1976 ~ 1978, 台北 政大에서 가르친 여학생) 內外(李漢星 氏) 초청으로 中國 Town에서 광동식으로 점심. 식후에 이한성 氏 집(100萬 弗짜리)을 참관하고, 고급 주택지를 둘러 본 뒤, 임 행장과 Hollwood 구경.

밤에 서울고 14回 15名과 강서면옥에서 會食.

홍승기, 백광수, 장선구, 서세진, 홍순욱, 한정곤, 최 철, 고정길, 허교윤, 현창수,

선풍훈, 김용구, 한민철, 감청, 이정로 동문 등이 환대해 주었다. 밤 늦게까지 담소하고, 校歌 제창.

홍승기 군 집에서 밤 1시 지나도록 고정길, 홍순욱 동문과 이야기하고 아쉽게 헤어지다.

홍 사장 집은 4千 坪이 넘는 대지였다.

1989年 7月 28日(金) 맑고 흐림

LA → Honolulu, 홍 사장 집에서 한식으로 아침. 6시 출발 7시 공항 착. 197号便으로 Honolulu로.

LA, 8:30분 出發. 9시 이륙. 美本土를 18日만에 떠나다.

11:08(현지 시간) 무사히 Honolulu 도착. 중국 왕양이 운전하는 택시로 Waikiki Sunset 2602号室 투숙(1日 106弗) 처음으로 돈 들여 投宿.

경기女高 鄭筍馨(의사) 동창과 만나 日式으로 저녁. 42년만에 만난 良의 경기女高 동창이었다. 이야기가 무궁무진하였다.

1989年 7月 29日(土) 맑음

AKAMAI 관광 회사 차로 섬 一周

아침 9시 半 → 저녁 5시 15分, 섬을 돌다. 경비 2人 약 100弗

自然이 아름다웠다. 고국 소식은 여전히 암담.

KAL 추락 사건, 울릉도에 헬리콥터 추락, 폭우, 태풍, 金大中 氏 사건, 國難이 겹치다.

저녁은 역시 정 의사가 푸짐하게 대접해 주었다. 고마운 일이다.

1989年 7月 30日(日) 맑음

정 의사와 식사를 함께 하고 정 의사 차로 Honolulu공항에 나와 UA823号便으로 동경으로 向하다. 공항에서 비행기에 탑승하려는데 정 의사가 통곡했다. 16시 55分(동경 시간) 도착. 入國수속이 지연되어 朴良圭 교수(成大 교수, 日本東京外大에서 1년 강의)와 Narita(成田) 공항에서 相逢하는 데 큰 困難.
20시 御茶の水驛 부근 호텔 '聚落' 1030号室에 投宿. 1泊 11,800￥(엔)
몇 군데 전화하고 식사 후 취침

1989年 7月 31日 16시 55分(즉 30日)

하루가 손해

1989年 8月 1日(火) 豪雨

아침에 神田 神保町에서 冊을 사다
점심, 申潤植 兄이 그 둘째 아들 圭浩 군과 함께 Hotel로 찾아와서 호텔 2층 地中海식당에서 朴良圭 교수와 함께 식사. 선물까지 가지고 왔었다.
고마운 일이다. 下午에 圭浩 군이 車를 몰아 東洋文庫에 가서 河野六郎 先生과 司書長 渡邊 氏를 만나고 駒込 1-11-1. 岡村 氏 夫人을 찾아보다.(1970. 9. - 1971. 9. 세 들어 살던 집)

1989年 8月 1日 저녁

平山久雄 先生과 함께 보내다

下午 5시에 만나 東大를 참관하고, 銀座(긴자)에 가서 生맥주를 마신 뒤 日本式 定食을 대접 받고 Hotel로 오다. 平山 교수가 끝까지 데려다 주었다. 비는 조금 개었다.

1989年 8月 2日(水) 흐림

귀국

아침에 御茶の水驛 근처 국수 집에서 유부우동(320엔씩) 으로 식사를 하고, 푹 쉬었다가 8시 50분에 Hotel에서 나오다.

호텔 聚落(쥬라쿠) 23,600엔(약 180弗)

電鐵을 타고 吉祥寺에서 下車(9:20)

마중 나온 朴 교수 內外와 장을 보고 朴 교수 宅에서 이른 점심 식사.

12시 半에 吉祥寺에서 上野(ueno)로 전철로. 다시 14:00에 전철로 成田공항. 15시 半 出國수속. 朴 교수와 作別. 16:55가 17:50으로 延發 20시 지나 金浦 도착. 석화 內外의 마중을 받고, 밤 9시 30분 귀가. 곧 平山 교수와 朴 교수에게 귀국 인사.

어머님 건강이 좋아 보였다.

1989年 8月 3日(木) 덥다. 33度 가량

학교에 나와 밀린 일 정리

尹炳魯 교수, 엄정호, 姜圭善 교수와 만나다.

1989年 8月 4日(金)

귀국인사 시작→8月 9日까지 계속 電話

日本　申潤植 형, 朴良圭, 平山久雄 교수

美國　석진, 초우, 林雅曾, 任鳳基, 李鎔大, 玄在文, 謝鳳嬌, 金仁學, 閔庚赫, 全基澤, 洪承琦, 白光秀, 張弘文 (朱素眞)

冊 (수필집, 도고산 소나기, 거울 앞에서)을 답례로 부친 곳

航空　민경혁, 김인학, 전기택, 이용대

사진 – 석진 · 초우, 임봉기, 이용대, 김인학, 전기택, 민경혁, 홍승기.

船便　워싱턴

송신헌, 이윤주, 윤항진, 오인환, 최승홍, 김병선, 국정련 (金文煥)

뉴욕

玄在文, 우재원, 권영호, 이태형, 조 양, 강태원, 변정남, 조성석

계택호, 서창삼, 이성일, 임용선, 최영주, 文斗星, 지무기

LA

임봉기, 홍승기, 서세진, 감 청, 고정길, 홍순욱, 선풍훈, 김용구, 허교윤, 백광수, 최철, 장선구, 현창수, (이정로) 한정곤, 한민철

美國旅行

최초의 미국여행. 샌프란시스코 해안. 1989.7.25.

버클리大. 1989.7.25.

故 金元九 사장(서울고 14회) 성묘. 워싱턴. 1989.7.16.

샌프란시스코 해안. 1989.7.25.

워싱턴. 1989.7.16.

샌프란시스코. 1989.7.25.

워싱턴. 1989.7.16.

워싱턴 全基澤 박사 댁(5회). 1989.7.17.

뉴욕 閔康赫 사장 댁(5회). 1989.7.12.

林雅曾 行長 집. 샌프란시스코. 1泊. 1989.7.25.

張弘文 · 朱素眞 일가. 뉴욕. 1989.7.11.

康희정 학장(8회). 閔康赫 사장 댁. 뉴욕. 1995.8.8.

정순형 의사. Honolulu. 1989.7.28.

Cedar Grove에서 만난 郭正昭교수(사진은 1970. 여름. 台北 烏來) 1995.8.8.

샌프란시스코 林行長 일가. 1989.7.25.

(2)

제8차 국제한국언어학회, 워싱턴

1992年 8月 5日(水) - 8月 11日(火)

⋮

1. 학술회의명: 제8차 국제한국언어학회(The 8th International Conference on Korea Linguistics)
2. 기　　간: 1992. 8. 5 ~ 8. 11(발표 8. 6 ~ 8. 8)
3. 개 최 장 소: 미합중국 워싱턴 시 소재 조지 워싱턴대학
   (The Marvin center, the George Washington University)
4. 동 회의에 참가
   수행한 사항: 8. 4(화) 19:00 지정된 숙소 도착(워싱턴 시내 st.James 호텔)
   8. 5(수) 아침부터 17:00까지 숙소에서 발표 준비.
   또 다른 나라 및 우리나라에서 온 참가자들과 인사, 환담.
   8. 5(수) 17:00~19:00 조지 워싱턴대학 말빈센터(Marvin Center)에서 전시하게 된 "King Sejong the Great: The Light of Fifteenth Century Korea, August 5. September 11, 1992." 개막식 참석.

8. 6(목) 9:00~18:00 제1일 발표회 참석

장소: 조지 워싱턴대학 강당(Marvin Center)

주제: 한국어 표기체계에 관한 심포지움

(Symposium on the Korean Writing System)

14:00~14:30 연구논문발표

제목: 훈민정음의 모음체계와 한자음: Sinhang Kang

(The Vowel System of Hunminchongum and Sino-Korean readings of Chinese Characters)

8. 6(목) 19:30 주미한국대사 초대 만찬회

장소: 주미한국대사관 관저

주최자: 주미한국대사(현홍주)

참석자: 국내외 학자 70명

교육부장관(조완규)

8. 7(금) 8:30~18:00 제2일 발표

제1발표장: 조지 워싱턴대학 405호 강의실

주제: 음운론, 형태론

참석자: 약 30명

제2발표장: 조지 워싱턴대학 415호 강의실

주제: 통사론

참석자: 약 30명

8. 8(토) 8:30~17:00 제3일 발표

제1발표장: 조지 워싱턴대학 405호 강의실

주제: 음운론, 형태론, 역사언어학

참석자: 약 30명

제2발표장: 조지 워싱턴대학 415호 강의실

주제: 통사론

8. 6(목) ~ 8. 8(토) 총발표자 75명

8. 8(토) 19:00~21:00

김영기 회장(조지 워싱턴대학 교수, 이번 학술회의 대회장) 초대 만찬회

장소: 김영기 회장 자택

참석자: 국내외 학자 60명

8. 9(일) 9:00 ~ 8. 10(월) 21:00

워싱턴 시내 및 인근 지역 고적 및 명승지 참관

8. 11(화) 5:00~9:00 각자 해산, 귀국

5. 동 회의 주요 참가국 및 참가자 총수

○ 참가국 수: 8개국 ○ 참가자 총수: 약 100명(연인원)

6. 동 회의의 학술적 의의

이번에 개최된 제8차 국제한국언어학회는 한국어 전반에 걸친 연구 결과를 발표하는 학술회의이기는 하였으나 특별 주제로 '한국어 표기체계'를 설정하여 3일간에 걸친 발표 기간 중 제1은 '훈민정음'에 관련된 여러 문제에 대하여 국내외 학자들이 집중적으로 연구결과를 발표하였으므로, '한글'이 과학적으로 창제된 우수한 문자임을 다시 한 번 외국 학자 및 연구자들에게 인식시킨, 뜻있는 학술회의이었음.

7. 동 회의의 연구동향 및 전망

1945년의 광복과 더불어 본격적으로 연구가 시작된 한국어의 음운, 어휘(의미), 문법(형태, 통사)에 관하여 국내외의 연구가들이 연구결과를 서로 검토하고, 아울러 새로운 연구방법을 제시하여 이에 관한 토론을 거듭함으로써 국어학의 학술적 수준을 높임과 동시에, 여러 나라에 흩어져 있는 한국어학 전공자들이 한 자리에 모여서 상호 간에 정보를 교환하고 아울러 개별언어로서의 한국어의 특성을 널리 선양할 수 있었음.

특히 외국의 유명한 대학에서 한국어학으로 학위를 취득한 우수한 소장 학자들이, 각 분야에 걸친 그 동안의 연구결과를 발표하고 토의를 벌여서, 외국의 한국어학 전공자들과 동등한 위치에서 한국어학의 학문적 수준을 높이는 데 크게 이

바지하고 있음.

8. 동 회원 분야의 국내 현황 및 수준

8.15 광복 이후, 한국어학을 전공한 연구자들은 한국어학이 곧 언어학임을 자각하고 이러한 인식 아래에서 끊임없이 선진 외국의 언어학 이론을 섭취하여 한국어의 연구에 정진하여 왔으므로 한국어에 대한 연구 수준에 있어서는 국내 연구가의 연구 수준이 어떠한 외국 연구가에 비하여도 손색이 없다고 자부할 수 있음. 따라서 국내의 한국어학 전공자들은 앞으로도 쉴 새 없이 국외의 연구자들과 접촉을 유지하여 그들의 연구 동향을 파악하고 아울러 지도자적 입장에서 외국 연구자들의 연구방향을 바로잡아 주어야 된다고 생각함.

왜냐하면, 외국의 한국어 연구가들은 한국어학만을 전공하는 것이 아니라, 이른바 한국학(Koreanololgy)이라는 이름 아래 한국 문제 전반에 걸쳐서, 개론적인 수준 아래에서 연구하고 있는 경우가 많기 때문임.

나는 이번 학술회의에 참가하러 가는 도중 디트로이트 공항에서 짐(새 양복, 선물용 부채 글씨, 새 와이셔츠, 넥타이, 양망 등 들어 있었음)을 분실하여 큰 불편을 겪었다. 다행히 워싱턴 거주 서울고 14회 출신들이 양말, 런닝과 팬츠는 즉시 사 주어서 속옷은 보충되었다.

워싱턴 거주 全基澤 박사(서울고 5회)와 램지(Ramsey) 교수가 워싱턴공항에서 항공회사 직원들과 함께 미국 내 여러 공항에 연락해 보았으나 허사였다. 그러나 끝까지 짐을 찾아보려고 노력하는 분들의 노고는 참으로 고마웠다.

미국 학회 참석

미국 워싱턴. 1992.8.10.

미국 램지교수 댁. 워싱턴. 1992.8.10.

워싱턴 吳仁煥 박사(14회) 집 앞. 1992.8.9.

주미 대사관에서. 左 현홍주 대사, 姜, 꼰체비치 교수. 1992.8.6.

워싱턴 학회에 온 나를 환영 14회들. 1992.8.8.

田英一 동문. 1992.8.8.

정릉집. 정양완, 김영기 교수. 램지교수 夫人, 강, 램지교수. 1992.9.

(3)

第3次 美國 旅行記

1995年 8月 1日(火) - 8月 19日(土)

⋮

事前준비 협조자

석희(큰 딸), 이해복 女士(良의 어린 시절 친구), 吳仁煥 박사(워싱턴 居住. 서울고 14回 卒, NASA 근무 과학자)

旅費

서울고 14회 동기회에서 나 個人分 부담(1,100弗), 나머지는 내가 부담. 왕복여비(비행기만) 2,044,600원(환율 777원*1弗), 雜費(팁, 선물 合해서 600弗)

비행장까지 배웅, 석희(큰 딸), 석란(작은 딸), 윤형식(작은 사위), 단비(작은 딸 막내, 우리 외손녀)

旅程

집 → 空港

석희 車로 13시 40分 정릉집 出發. 成大를 거쳐 14시 40分 김포공항 제 1청사(외국 비행기 전용) 도착. 탑승 수속 후, 메밀국수를 사먹다

金浦 → San Francisco

United Airline 808号便(국제선 마닐라 出發) 우리 내외가 김포 17시 15분 出發 미국 샌프란시스코에 현지 시간 11시 40분 도착(약 10시간 소요)
김포공항 1번 出口에서 타다.

San Francisco → Cleveland

United Airline 1794号便(국내선) 74出口, 13시 15분 정시보다 약간 늦게 出發하여 下午 5시경 Denver 着.
한참 쉬다가 Denver에서 下午 6시 15分경 出發. Cleveland에 밤 10시 43分 安着
金榮全 女士 內外 분이 마중 나왔다.

샌프란시스코에서의 美國入國수속도 5年 前에 比하여 간단히 끝나고 짐 조사도 없었으며, Cleveland까지도 便安히 잘 왔다. 國內선에서 맥주를 3弗 주고 산 것은 失手였다.
金榮全, 劉遠榮 內外분 댁에서 현지 시간 8月 1日 밤 1시까지 죽을 먹고 샤워하고 이야기하다가 자다.

8月 2日(水) 맑고 50度의 더위란다

아침, 점심, 저녁을 야채 잡채, 불고기로 푸짐하게 먹고 온 종일 잠을 자다.
밤엔 김 여사의 근무처(부동산 회사)에 넷이 다녀오다.
저녁 때 15回 이용대 사장에게 전화하다.
14回 김동광 동문이 Cleveland 거주 서울고 同門 20名의 이름으로 14日 밤에 환

영회를 한다는 전화가 왔다.

낮잠을 잔 관계로, 실은 서울과 밤낮이 완전히 바뀌어, 8月 2日 밤은 8月 3日 4시까지 잠을 이루지 못했다.

8月 3日(木) 맑았다 흐렸다. 덥다. 40度 가까운 더위, 나이아가라 參觀

아침 5시 半 기상
劉 氏 內外와 서둘러서 준비하고 7시 出發
劉 氏 內外가 번갈아 운전하는 大型 승용차로 Niagara(미국 側) 瀑布(Fall) 참관차 出發
Cleveland에서 Angola — Youngman Highway — Delaware Ave. — 다리를 건너 — Tonawanda (North) — River Rd. — Buffalo — Niagara Falls
12시 半 도착 구경 — 점심 — 다시 구경 — Buffalo에서 North Grand Island Bridge를 건너 — Grand Island Bridge를 거쳐 190번 도로 — 53Exit에서 90번 도로. Cleveland 숙소에 下午 8시 5分 도착.
저녁 후 김동광 사장(14회), 경업 氏, 이용대 사장 들과 연락하고, 오인환 박사의 연락도 받았다. 석진이가 5日 下午에 케네디 공항에 나오겠단다고 이용대 사장이 알려주었다.
오늘은 12시 전에 잠이 오려는지?(11시 15분) 2日 밤도 새벽(3日 아침) 4시부터 5시 半까지 겨우 1시간 半 밖에 못 잤는데, 3日 밤도 5시부터 6시 반까지(즉 4日 아침) 밖에 못 잤다.
그래서 아침에 도수체조도 하기가 싫다. 가슴도 아프다.

1995年 8月 4日(金) 흐리다.

어젯밤은 더워서 못 잤다. 그러나 오늘 아침은 그런대로 덜 덥다. 흐린 탓인가?

Cleveland 박물관 참관(12시~13시)

아침을 간단히 먹고 좀 쉬었다가 영전씨 車로 박물관 行. 우리나라 것을 비롯하여 아세아 지역 관계 예술품(佛像, 도자기, 그림, 글씨 등)이 꽤 많이 소장되어 있었다. 우수한 작품이 많았다.

미국의 地方도시에서 우리나라 퇴계 선생의 글씨 등을 보게 될 줄은 몰랐다.

下午에는 점심을 잘 먹은 후 푹 쉬다. 이번 여행처럼 한가롭게 쉬면서 여행을 해본 일이 없다.

下午 다섯 시 半에 설사 한 번, 이상한 일이다.

7시에 Ming Dynasty(仁川 出身 華僑)에서 저녁식사

11回 柳承日 박사 內外, 62年 來美, 현 신경과 의사

12回 閔庚完 박사 內外, FASSON 회사 연구원, 70年代 初

14回 金東光박사 內外, 타이어 회사 연구원, 69年代

15回 閔庚豪 사장 ATLAL PACIFIC INDUStries INC. 韓美兩國來往

10시 半까지 우리 內外와 김영전 여사도 함께 옛 이야기, 현재 이야기. 참으로 즐겁게 시간을 보냈다. 夫人들이 모두 정숙했고, 이 다음에 꼭 또 오라고 했다.

1995年 8月 4日 밤

선물, 이번에는 별로 준비를 하지 않았다. 이제 무거운 짐을 들고 다니기가 싫어졌다. 최소한의 선물은

김영전 씨 - 멸치 두 종류. 合竹扇 2. 平常부채 1.

安東燒酒 한 병, '6·25의 소용돌이 속에서'(내 책) 1권.

金東光 박사들 - 平常부채 各 가정마다 1. '6·25의 소용돌이 속에서'(초판 2쇄 때

「어느 국어학도의 젊은 날」도 改名 1권(전체적으로)

식사한 곳

Ming Dynasty(明宮)

Chinese Restaurant

Mandarin-Szechuan-Hunan-Cantonese

Luncheon-Carry-Out

Liquor-Beer-Wine

Tel. (216)752-5333, 20126 Chagrin Blvd. Shaker Hts, OHio 44122

1995年 8月 5日(土) 아침 어젯밤 비.

역시 잠을 못 이루다. 거의 꼬박 새웠다
이곳에서 5日間 환대를 받고, 낮에 떠나려 하니 몹시도 서운하다. 우리도 정 들었다고, 우리를 보내는 분들의 가슴이야 얼마나 쓰라리리.
의지할 사람은 中國人 신랑 劉遠榮 氏 밖에 없는 金榮全 여사의 가슴이 외로울 것이다.
외국 생활은 서럽다.

아침에 뉴욕의 민경혁 형과 통화하여 저녁에 이용대 사장 집에서 만나자고 약속했다.(6日 下午 6시 半으로 변경)

아침과 점심을 김영전 여사 好意로 잘 먹고, 金榮全 여사 車로 12시 45分 出發. 떠나는 우리 마음이 더 울적했다. 劉 氏는 아침 먹고 친구 집을 도와주러 간다고 먼저 나갔다.
Cleveland 비행장에서 TWA614号便(8G, 8F 席)으로 뉴욕행, 14:25 → 15:45.
뉴욕 존 F. 케네디 공항에는 석진, 석원, 박경업, 이용대 사장이 (또 한 분 金希順 씨) 나와서 석진, 석원과 함께 이용대 사장 집에 가서 대환영을 받았다. 석진이들도 함께 저녁을 잘 먹고, 良은 정순형 의사 자당님을 석진이들과 함께 찾아 뵈었다. 이래서 良이 소원하던 박경업 女士와 정순형 의사 자당님 問病은 소원을 성취한 셈이다.

석원에게는 500弗을 용돈으로 주고, 이용대 사장 댁에는 멸치, 合竹扇, '6·25 소용돌이 속에서'를 주었다. 독실한 기독교(감리교) 집안이었다.

父母님들이 4日 밤에 한국에 가셔서 우리 內外가 그 房에서 묵었다. 석희에게 전화하다.

1995年 8月 6日(日) 온종일 바가 오락가락

5日 밤은 비교적 잘 잤다. 그러나 3시 半 起床.

약(진통제)을 먹고 일찍 세수하고 日記 정리.

〈한국인 교회 새벽 기도회 참석〉

아침 6시. 이용대 內外분과 함께 한국인 교회(감리교) 새벽 기도회에 참석하여 예배에 참여하고, 이어서 지하식당에서의 親交 모임에도 참석하였다. 모두 간단한 식사를 하면서 여러 僑民들과 인사. 서울大 商大, 師大, 文理大 出身들과 인사하다.

〈文國珍 박사 內外를 만나다〉

때마침 이곳 旅行 中인 文박사 內外를 만나 그 妹夫 宅(강영모 氏)까지 이용대 사장과 함께 車로 가서 約 30分 환담. (9시 半 →10시 →10시 半 다시 이 사장 집)

11시부터 下午 4시까지 또 푹 쉬다.

이번 여행처럼 자주 낮잠을 자면서 여행하는 기회도 드물 것이다.

이틀 전부터 잇몸이 아프다. 旅行의 피로 탓이다.

1995年 8月 6日(日) 저녁, 부슬비 내리다

下午 6시 40분 민경혁 형 內外가 데리러 오다.
이용대 사장 집에서는 內外가 出勤을 해야 되기 때문에 우리는 민 형을 따라 맨해튼 '금강산'에서 저녁 식사를 하고 10시 半. Peekskill(새 이름 Cortlandt Manor)의 민 형 집으로 왔다.
좋은 환경과 좋은 집에서 많은 이야기를 나누고, 便安히 잘 잤다.
부채(合竹扇)와 冊(6·25 소용돌이), 문배주를 선물로 주었다.

1995年 8月 7日(月) 맑으나 시원하다

金昌洙 氏(공인회계사)를 만나다.
아침을 민 형 집에서 잘 먹고, 下午 3시 민 형 집에서 이야기하며 잘 쉬다.
下午 3시 민 형 車로 New York 中心部 맨해튼 市內를 구경하고, 下午 6시 45分 W. 32街 18번지의 김창수 氏 사무실에 가다.
여러 이야기를 나눈 뒤, 불갈비로 저녁을 잘 먹고, 下午 8시 出發. 9시 半에 민 형 집에 오다.(뉴욕곰탕집)
강희정 학장(필라델피아, 서울고, 8回, 신학대학 학장)과 통화되다. 11시 半에 취침.

1995年 8月 8日(火) 맑다

미국에 온 지 8日. 겨우 3弗 밖에 안 썼다. (석원에게 따로 500弗 학비 보조)
새벽에 강희정 학장과 그 처남이 필라델피아로부터 마중을 와서 (새벽 4시에 出發했다고 한다) 민 형 집에서 푸짐하게 차린 아침(한식)을 들고 8시 45분, 눈물이 나는 것을 참아가며 겨우 민 형 댁을 떠나다.

10시 半. Cedar Grove 에 사는 郭正昭 교수(옛날 台北 中央研究院에서 사귄 학자)를 만나 오랜 대화 끝에 中國식 점심을 배불리 대접받다.
台湾獨立을 열렬히 主唱하고 있었다.
冊도 네 권(3종류) 받았다.
1시 半, Cedar Grove를 떠나다. 郭 교수 宅도 中流 以上의 집이었다. 은행과 식당을 경영한다고 했다. 中共 비판을 강하게 하고 있었다.
16시경, 필라델피아 郊外의 강희정 학장 宅 도착.
잠시 휴식 후 미국독립군 주둔지 유적 등 참관하다.

1995年 8月 8日 밤

강희정 학장 댁이 不便하다고 하여 우리 內外는 근처의 Motel에서 묵다(213호실) 시설이 좋았다.
밤(저녁) 식사는 富士山이라는 한인이 경영하는 日式식당에서 생선회를 먹다.
11시(23시) 10分에 11回 玄在元 사장이 딸을 데리고 찾아 왔었다.
여러 이야기를 나누다.

1995年 8月 9日(水) 맑다. 약간 선선

〈사장어른 성묘〉
새벽에 간단히 과일로 식사 대신 아침을 들고 강 학장 車로 玄在元 사장 집에 가서 함께 사장어른(아우 信澤이 장모님) 산소에 가서 성묘하다(7시 半)
宣川에서 이곳에 오셔서 묻히신 운명이 기구하게 느껴졌다.
성묘 후 Motel에서 잠시 쉰 다음 짐을 강 학장 댁에 옮기고, 펜실베이니아大 교육대학원에 가서 학장 분(여자)를 만나다. 강 학장 학위 심사원으로서 이력서를 자세히 써 내라고 했다(강학장이 곧 세상을 떠서 논문심사는 불발).

점심을 간단히 들고 下午에는 독립기념관을 참관하다.

下午 5시 半. 14回 禹載源 사장(高1 때 내가 담임)이 데리러 와서 우리 內外가 그 집에 짐을 가지고 가다.(Bryn Mawy, PA 19010)

下午 7시. 14回 동기들(최홍렬, 최봉규, 김채국, 우재원) 內外와 11回 玄在元 內外가 베푼 환영 저녁식사회에 참석하여 갈비와 대구찜, 소주를 잘 들었다.

우재원 박사 內外의 극진한 대우 속에서 하룻밤을 그 댁에서 달을 바라보며 지내다.

1995年 8月 10日(木) 맑다. 덥다

우재원 박사의 정성어린 대접

아침을 들고, 유명한 두퐁 식물원을 上午 中 참관하다. 그 규모와 꽃들의 다양함에 놀라지 않을 수 없었다.

점심을 비행장 옆의 독특한 식당에서 들고 우 박사 설계사무실을 참관한 뒤, 下午 4시 20分 필라델피아에서 우박사 車로 워싱턴 Turf Valley(Hotel and Country club, Tel. 410-465-1500, 1(800)666-Turf)에 와서 7시에 642号室에 들다.

上午 中에 백화점에 들러 우 박사가 良에게 샌들 한 켤레를 사주었다.

몇 동문들과 게 전문집에 가서 生맥주와 게를 몇 마리 들며 즐겁게 담소하며 그들의 이야기를 들었다.(길석환, 오인환, 송신헌, 선우태근 등)

저녁에도 잠은 잘 안 왔다.

1995年 8月 11日(金) 맑다

오늘이 어머님 제2차 朔望日

美國 워싱턴 하늘에서 보름달을 바라보며 어머님을 그리워 해 본들, 不孝子息 마음은 쓰리기만 하다. 보름달을 良과 함께 바라보았다. 그래도 허전했다.

워싱톤 시내관광
나로서는 세 번째였으나 아무말 없이 국회의사당, 백악관, 링컨 기념관, 자연사박물관 등을 따라 다녔다. 그러나 미술관과 박물관(일반)을 못 간 것이 아쉬웠다.
저녁은 여러 곳에서 모인 14回 동문들과 한식집에 가서 된장찌개 등으로 식사.(玄在文 內外, 국정련, 이윤주, 선우태근 內外, 車載哲 內外, 김문기 內外 기타 여러 사람들)
이번 여행에서 길석환 내외와 차재철 내외가 특히 친절히 해 준다.

1995年 8月 12日(土) 맑다

아침에 全基澤 박사와 만나다.
시간이 촉박하여 호텔 로비에서 전기택 박사와 만나서 환담하고 책(6·25)을 주다.(8:30 – 9:05)

서울高 제14회 졸업 30주년 재미동창축하회(모교 은사 초청자, 김세훈 선생 내외, 강신항 내외, 김우탁 선생) 참석.

루레이 동굴(Luray) 참관
왕복 6시간. 구경 1시간. 동굴을 구경하고 오다. 여섯 명.
김우탁 선생이 人格者임을 다시 확인했다.(1925年生, 황해도 信川生)
몇 여자들은 너무 떠들었다.

日程을 바꾸어 18日에 LA에서 出發하려고 한다.(이곳 사람들의 희망으로)

8月 12日(土) 저녁

저녁 식사와 여흥

내가 너무 많이 말을 하고 떠들고 까분 것 같다. 최승홍, 이종면, 윤항진, 국정련, 강태원, 전영일, 이태형, 우재원, 현재문, 이윤주, 선우태근, 김화중, 강우영, 김문규, 송신헌, 김채국, 김휘곤, 최봉규, 천구웅, …….

58명이 식사를 했다.

夫人들이 모두 美人이었다.

1995年 8月 13日(日) 맑다. 덥다

아침부터 出發 준비

여러 同門들과 즐겁게 아침 식사를 하고, 각각 골프, 관광, 귀가 등 부산하게 움직이다.

이종면 교수, 윤항진 의사, 현재문, 차재철 박사(의사), 선우태근 박사들과 작별인사를 하고 10시 半에 관광.

단 셋이서 관광

다른 同門들은 골프 등을 계속하기로 하고, 김세훈 회장(독립문표 메리야스)과 우리 內外만 무슨 다리를 보러가다가 길이 막혀 되돌아오고, 그 대신 이규택 박사댁을 禮訪하다.

이 박사는 3年 前에 作故하고, 夫人인 이숙경 女士와 그 아들 內外, 손자 등이 건평 200坪 이상의 大邸宅에서 살고 있었다.

최고급 꼬냑(나폴레옹 13세)을 대접받고 冊(6·25 소용돌이 속에서)과 合竹扇을 선사하고 작별하였다. (16:00 – 18:00)

동맥경화증의 세계적 권위인 이규택 박사 宅을 떠나오는 마음이 왜 그런지 무거웠다.

며느리의 쌀쌀한 태도 때문인가?

괴상한 환영연

又來屋에서 在워싱턴 서울고 同門들이 개최한 환영연에는 서울과 워싱턴의 14回들뿐이었고, 12回인 양승길과 한수웅은 약 30秒 다녀갔고(옆 房에서 서울에서 온 12回 한승빈 대접이 主目的이었다)

8시가 지나서야 16回 2명이 와서 김세훈 선생의 무용담 듣기에 바빴다. 실로 재미없는 저녁을 먹으면서 11시 半 Sheraton National Hotel, Arlington [111] Sheraton 1018号室에 들었다. (Tel. 703-521-1900 Columbia Pike & Washington Boulevard Arlington, VA. 22204)

시종일관 우리 1行을 대접한 것은 오인환 內外, 길석환 內外, 천구웅, 이재근 內外, 국정련 內外 들이었다.

1995年 8月 14日(月) 맑다.

아침

여러 생각을 하면서 워싱턴을 떠나려 한다. 이번 여행에서 얻은 소감은 단체행사에는 절대로 끼어서는 안 된다는 것이다. 몇 동문처럼 못 본체하는 사람들이 우리 마음을 상하게 한다.

워싱턴 出發

아침을 호텔 식당에서 뷔페식으로 들고, 김세훈 회장과 함께 李載根 박사(忠北 槐山人)의 車로 워싱턴 덜레스 공항으로부터 LA로.

오인환 박사도 비행장에 나왔었다. 비행기(UA 65便, 12시 發. LA 현지 시간 12시 25분 도착)를 기다리는 동안 李載根 박사가 군대 시절 이야기를 하면서 눈물을 흘렸다. 참으로 진실한 사람이었다.

LA비행장에는 玄昌秀 同門이 나와서 호텔(한인 경영) 342号室에 짐을 풀었다.

김유탁 선생, 홍순욱 동문, 임봉기 동문도 房으로 찾아와서 세 同門에게는 부채를 선물로 주었다. 호텔이름 OXFORD PALACE, 745 South oxford Ave, Los Angels. CA, 90005, Tel. 213-399-8000.

저녁 7시, 아래층 홀에서 제14회 은사 환영회, 라는 것에 참석하여 단상에 앉아서 여러 인사와 축사와 선물(수건, 면도기)등을 받았다. 우리도 선물(冊과 메리야스)을 주었다.

고정길 內外, 서세진 內外, 최철 內外, 김원호, 성문용 內外, 현창수, 홍순욱, 박태원, 任鳳基(15회), 김석원(17회), 기타 4回, 15회 등이 참석하였다.

참으로 고맙고도 멋쩍은 모임이었다. 내가 무슨 낯으로 이런 모임에 뻔뻔스럽게 참석하고 있는지?

그러나 金元浩 동문(14회 → 약大)을 통해서 崔慶子 女士(서울 약大 63학번) 소식을 들은 것은 큰 기쁨이었다(崔 女士는 2015년 이후 서울서 만나고 그 뒤 서신을 교환하고 있다).

기념 사진을 찍고 일찍 잠을 자다. 그러나 겨우 몇 시간 밖에 자지 못했다.

1995年 8月 15日(火) 맑고 덥다

Grand Canyon으로

아침 6시, 玄昌秀, 洪淳郁 두 동문이 車로 와서 우리 1行(우리 內外, 金世勳 회장 內外, 그 3男一在시카고) 7名은 그랜드캐니언으로 出發.

아침을 해장국과 설렁탕으로 먹은 것이 탈이 되어 良이 온 종일 吐하며 고생이 莫甚하였다.

온종일 沙漠길을 달려서 미국의 最大名勝地인 그랜드캐니언에 下午 4시 도착.

若干 기운이 나기 시작한 良과 壯觀을 참관.

1995年 8月 16日(水) 맑았다 흐렸다 하는 날씨

上午 中 다시 參觀
그랜드캐니언의 壯觀에 그저 놀라지 않을 수가 없었다. 숙소는 域內의 Motel이었다.
점심후 Las Vegas로
또 沙漠길을 달려서 미국의 最大 환락 都市인 라스베거스로.
호텔 규모나 도박장 규모가 상상을 초월하는 것이었다. 그런데도 숙박비는 서울의 3分之1 線인 100弗 內外. 순전히 도박꾼을 끌기 위한 것이었다.
밤 11시부터 새벽 1시까지 Ballys호텔(숙박한 곳)에서 쇼 참관.
良은 시종 졸고 있었고, 나도 기대했던 만큼 우수한 것이 아니어서 半은 졸다가 일찍 房에 와서 취침.

1995年 8月 17日(木) 맑고 덥다

다시 沙漠길을 달려서 LA로
온 종일 沙漠길을 달려서 下午 5시. 任鳳基 行長 집으로. 中道에서 물건을 싸게 파는 집에 들러서 約 300弗어치 선물(옷)을 구입. 나도 實用的인 가방 하나를 샀다.

우리 內外만 任 행장 집에서 푸짐하게 차린 음식(불고기, 삼치, 미역국, 고추)을 맛있게 들고 일찍 취침.
任 行長 宅 子女들이 훌륭했다.

1995年 8月 18日(金) 맑다. 서울은 큰 비

새벽 6시 식사. 任 行長 車로 공항으로. 공항에서 샌프란시스코로. 다시 서울로 LA 8:30 出發 UA 2012号便, San Francisco 上午 11:35發 UA 807号便으로 서울行.
샌프란시스코 空港에는 14回 金吉平(서울商大 卒 → 항공운수업), 林在植(서울고 → 미국 → 다시 경희大 치과 - 현재 샌프란시스코에서 개업 中) 두 同門이 마중 나와 茶를 대접하고 선물도 사 주었다.(술과 립스틱)
모두 35年만에 만난 弟子들이었다. 그들도 이미 53세(만 52세)였다.

氣象惡化로 濟州空港을 거쳐 다시 金浦로
金浦 上空에 15시 정각에 왔다가 着陸을 못하고 제주를 거쳐 왔다. 18시 金浦 도착.
석진 內外, 석란, 형식 온가족, 윤구, 수인 등이 마중 나왔다.
정릉집에서 석희(오서방) 식구까지 모두 함께 식사.

귀국해서 생각하니 참으로 꿈같은 旅行이었다.
우리 內外가 18日동안 미국을 여행하면서 쓴 돈은 맥주 3弗, 치통약 8弗, 팁 15弗, 노래값 10弗(14回 총회석상) 정도이며, 선물값은 애기(손자, 外孫女 등)들 옷값으로 400弗 정도(100弗은 선우태근 박사가 준 돈)이니, 이 실정을 누가 믿겠는가!

나에게 眞心으로 대해준 학생은 모두 고 1-2반 또는 中 2-6반 담임 때 학생이었고, 그 外에도 모든 학생이(이들이 지금은 모두 50代다) 정성껏 잘 해주었다.
내가 서울 中·高 선생 노릇을 한 것은 1957年부터 1960年까지. 그리고 강사로 1年 半 (1960. 4. 1. - 1961. 9. 30.) 나이 28세부터 32세까지의 일이었다.
이것이 35年이 흐른 오늘날까지 영향을 주고 있다.
과연 나는 그렇게 훌륭한 스승이었던가? 제자들이 報恩을 너무 잘 하는 것 같다.

在 LA 서울 14회 동문들. 1995.8.14.

左로부터 오인환, 강, 김세훈, 오인환 부인, 송신헌, 김우탁 선생, 워싱턴. 1995.8.12.

左로부터 서세진, 김세훈 선생 내외, 김우탁, 강신항, 정양완, 임봉기(15회) LA. 1995.8.14.

워싱턴. 1995.8.12.

워싱턴 송신헌. 1995.8.12.

워싱턴. 1995.8.12.

左로부터 김우탁 선생, 이재근, 강, 도정호 박사워싱턴. 1995.8.12.

在 Cleveland 서울 동문들. 1995.8.4.

(4)

서울고 14회 졸업 45주년 기념(제4차 미국여행기)

2007年 10月 4日(木) - 10月 15日(月)

⋮

2007年 10月 4日(木) 흐림

아침(07:20 → 08:40) 석희 車로 良과 仁川空港行. 한결, 어진, 丁海順 女士 同行
수속을 마치고 9H, 9J(비지니스 석) KAL 라운지에서 아침. 金炳赫 同門을 만남.
10시 50分 출발

10月 4日(木) 현지 시간 워싱턴 덜레스 공항에 11시 58분 도착

機內에서 朴 승무원이 친절히 해 줌. 공항에 여러 同門이 나옴
宋信憲 同門이 우리를 WESTIN 호텔 250号室까지 태워다 줌
낮 田英一 사장과 한식집에서 냉면 점심. 우리 內外, 田英一 內外, 金炳赫 內外, 宋信憲, 姜清吉

休息 後 '우래옥'에서 全員 會食 相見禮

우리 內外, 姜淸吉, 金炳赫 內外, 徐在元 內外, 鄭用健 內外, 洪宗浩, 河榮卓 內外(以上 국내), 姜世振 內外, 金輝坤 內外, 文光載 內外, 邊正男 內外, 吳仁煥 內外, 李允柱 內外, 張鮮求 內外, 全原根 內外, 李鍾敏 內外, 金晒宣 內外, 盧秀吉 內外, 白人耕 內外, 李康勳 內外, 李泰炯 內外, 車載澈 內外, 崔勝弘 內外, 玄在文 內外, 黃萬基 內外, 田英一 內外, 宋信憲 內外.

2007年 10月 5日(아침) 도착

金明秀, 成文鏞 內外, 尹恒鎭 內外, 曺正鎬 內外, 崔徹 內外, 趙武行 內外.

2007年 10月 5日(金) 흐림 덥다

새벽 석희, 숙표, 기쁨, 김병각 교수와 통화

잠이 안 와 새벽에 겨우 한 시간 자다

낮(07:00 → 07:30) 호텔 식당에서 아침. 노수길 同門이 代納

낮(08:10 → 14:50) 市內 관광. 백악관, 국회의사당, 링컨기념관, 박물관 등을 良과 세 번째 참관. 一行 25名

下午(15:15 → 23:30) 全員이 Baltimore港에 가서 배타고 港內 一周, 船上에서 부채(良이 글씨 쓴 것)를 나누어 줌

2007年 10月 6日(土) 새벽 1시 30分 취침

2007年 10月 6日(土) 맑고 덥다

한국이 너무 발전하여 이제는 놀라운 미국이 아니었다.
아침(05:30) 일어나 日程表 정리. 아침(06:40 → 07:40) 1층 로비에서 金明秀 목사에게 부채를, 식당에서 徐世震, 노수길 同門과 총동창회 사무국장(이제광, 23회)에게 부채를 주다.
아침식사는 李泰炯 동문 內外가 내 주었다. 鞠廷錬 同門도 만나다.
낮(08:00 → 15:00)
Westin 250호실에서 점심도 굶고 둘이 늘어지게 자다. 피로가 풀렸다.
下午(15:30 → 17:00)
市內 관광에서 돌아온 曺正鎬 박사 內外와 로비에서 여러 이야기를 나누었다. 高血壓 약도 부탁했다. 徐世震 동문(약사)이 한국과 연락해서 求해 주기로 했다. 모두 고마운 일이다. 曺 박사의 子女는 크게 성공한 모양이다.

2007年 10月 6日(土) 18:00 → 22:00

Westin Hotel 1층 Oaks Grand Ball Room에서 卒業 45주년 기념 만찬.
成文鏞 內外, 宋信憲 夫人, 국정련, 윤항진, 趙武行 同門, 姉妹校 walt whitman High School 校長, 崔徹 同門에게 부채 선물. 田英一 사장이 선물 값으로 500弗을 주다.
내가 축사를 하면서 자꾸 울먹이다. 지난날이 생각났기 때문이다. 長壽祈願牌를 받다.
旅行 中 술 한 방울도 안 들으니 건강에 좋다. 밤(22:00)에 河榮卓 동문이 작별인사 오다. 良이 버지니아 朴靜子(박시정) 女士와 통화했다.
14回 동기회 회장한테서 동창회에 관한 여러 이야기를 듣다. 다음 총동창회장은 朴哲遠 同門이라고.

2007年 10月 7日(日) 흐리다

새벽 03시에 일어나 日程表 정리. 숙박비 389:13弗 계산서가 나왔다. 오인환 회장이 代納. 아침 8:45 一行 中 13명은 뉴욕 쪽으로 가다.

2007年 10月 7日(日)

徐世元 약사, 曺正鎬 의사들이 서울에 연락하여 내 혈압약명을 밝혀내어 밤에 尹恒鎭 박사가 가져오다. 고마운 일이다. 낮 석진이와 允求와 통화하다.
낮(11:30 → 13:30) 호텔 근처(약 2km)의 北京飯店에서 오인환 內外, 조정호 內外, 최철 內外, 車載澈 의사 內外, 우리 內外가 오리구이로 점심 (차 의사 부담)
下午 오인환 會長 집에 와서 푹 쉬다. 밤(19:00 → 22:00) 19773 Frederick Rd, German town, MD 26676 Yuraku(有樂)에서 尹恒鎭 박사도 함께 會食. 尹박사가 여러 이야기를 하다.

2007年 10月 8日(月) 맑음 덥다

아침(10 → 11시) 吳仁煥 회장 집에서 韓食으로 잘 먹다. 며칠 동안의 '한국일보'를 읽다.
미국 신문에서는 2007年度 南北頂上회담을 낮게 評價하는 듯 했다.
낮(11:00 → 13:15) 워싱턴 郊外 과수원에 가서 네 사람이 사과를 直接 따다.

2007年 10月 8日(月) 맑다

下午(13:30 → 14:30) 오 회장 車로 Dullus 空港에 와서 탑승 수속, 17:00시까지 기다린 後 RENO行 US 528号便으로 RENO行 (16A, B席) 中間 Pheonix 空港에서

겨우 셋 남고 모두 내리다. 옆자리(16c) 白人 女子와 男子 승무원이 친절히 해 주다.

밤(21:30) RENO 공항에 金榮全 女士 內外가 마중 나와 그 손자 房에서 묵다.

時差를 깜빡 잊고 Reno 12시(워싱턴 새벽 3시)에 吳 會長 집에 전화를 걸어 잠든 夫人이 받다.

2007年 10月 9日(火) 맑다 서늘하다

아침 6시 半 起床. 피로가 상당히 풀리다. 석희와 통화. 10시에 아침을 먹고 下午 5시 半까지 자다. 한 발자국도 집 밖에 안 나갔다. 저녁 9시에 저녁을 먹고 11시에 취침

밤(새벽 02:00 → 05:00) 둘 다 잠이 안 와서 혼났다. 姜淸吉 동문 자서전을 읽다.

2007年 10月 10日(水) 흐림. 밤새 심한 바람이 불다

아침 05:25 기상. 강청길 동문 책을 읽다가 07:10에 세수, 샤워. 아침 08:00 바람이 잔잔해지다. 빨리 고향에 가고 싶다. 아버님, 어머님, 김완진 형 꿈을 꾸었다.

새벽 소나기 조금

아침 식사는 9日과 10日 아침 10시 → 11시 점심 생략. 저녁 식사는 밤 9시 → 10시 半

낮(12시 → 17시)

金 女士 內外와 Tahoe 人工湖에 다녀오다. 直徑 東西南北 各各 12.3哩(마일)라고. 하여간 넓은 湖水였다.

주변 山에는 나무가 별로 없으나 있는 나무는 모두 쭉 뻗은 나무들이었다.

밤, 한국의 丁海順 女士와 LA의 任鳳基 行長 夫人과 通話, 건강 狀態는 위태위

태하지만 그럭저럭 잘 넘기고 있다.
밤(23:00 → 11日 05:00) 비교적 잘 잤다.
새벽 3시 北京同仁堂 '同仁牛黃淸心丸'을 한 알 먹다.

2007年 10月 11日(木) 흐리다 춥다 → 맑고 덥다

아침 05시 30分에 起床. 山頂은 눈으로 덮혀 있다. 上午 10시 → 11시 아침식사. 낮잠
12시 50分 → 16시. 金 女士와 우체국을 거쳐 市場에 가서 良의 옷(50弗)과 어문회 직원선물(130弗) 구입.
귀가 후 良과 金 女士는 다시 나가서 良의 약과 어문회 선물 등 구입(100弗)
저녁(이곳 시간 4시 半) 석희와 通話
21:30 저녁 식사. 23:00 취침. 24:30 잠이 깸. 새벽 6시까지 뜬 눈으로 새다.

2007年 10月 12日(金) 맑다 → 흐림

새벽 6시 기상 귀국 준비. 아침 9시 → 10시 식사하고 10시 半 盧 선생 부부와 Reno 空港行.
들고 간 호박죽이 검사에 걸려서 혹독한 조사를 받음. 검사관 앞에서 호박죽을 먹다.

2007年 10月 12日(金) 흐림 샌프란시스코 비

12:43 → 13:40 延發 → 16:00 샌프란시스코 도착. 錫兆 內外가 나오다.
空港에서 林雅曾 氏(은행장)에 전화를 걸어 13日에 만나기로 約束, 18年만이다.

下午(17:30 → 19시) 錫兆 內外 車로 金門橋 등 참관 市內 中心에 있는 公園 등을 통과하여 越南式 식당에서 저녁(석조가 부담). 밤 11시 50分, 林雅曾 행장이 여러 식구를 데리고 오겠다고 전화(두 번)

2007年 12月 13日(土) 흐림

새벽 3시에 눈이 떠져서 4시까지 짐 정리. 아침 6시-6시 半 샤워, 아침 7시 기록 정리

※ 尹恒鎭 박사가 구해 온 高血壓약, 하루 한 알씩. CARTIA XT 180 MG CAPSULE SAAND, 약 10일분

2007年 10月 13日(土) 계속 흐림

아침 8시 석조 內外와 아침 식사. 호텔 3층 식당(90弗 정도-넷이)

上午 9시 半 석진 도착. 같은 호텔 518号室, 김영전 女士와 通話

上午(10:10 → 10:50) 호텔 근방 가게에서 한결 用 레고 구입, 120弗(석진 부담)

上午(10:50 → 12:30)

호텔 로비에서 林雅曾 행장 一家와 相逢, Metroplitan Bank Y. T.Lin President 250 East 18th street Oakland, CA. 94606, tel (510)834-1933, fax (510)834-1909

林 행장 內外, 大偉 內外, 우리 內外, 석진, 석조 內外(나중에 林 행장 둘째 딸 內外, 그 딸)

日本人街에서 한식(불고기)으로 會食(林 행장 부담)

下午(13:30 → 17:10)

林 행장 車로 우리 內外가 oakland 林 행장 댁 참관(마당, 텃밭 정원이 1,500坪), 다시 大偉 집에 들러 비타민 등 여러 선물을 받고 18시에 호텔 도착.

2007年 10月 13日(土) 저녁(18:00 → 21:30)

호텔에서 林 행장 內外와 作別하고 석진이 車로 金門 건너 바닷가 食堂에서 우리 內外, 석진, 석조 內外, 李相承 군과 會食(석진 부담)

아름다운 바다 경치를 보면서 맛있는 음식을 먹다. 대화도 많이 했다. 밤(22:00 → 23:00) 짐 정리를 하고 취침

2007年 10月 14日(日) 흐리다

새벽(03:00 → 07:00)

일찍 잠이 깨어 그대로 일어나 짐을 다시 정리. 日記 정리. 上午(07:00 → 08:30) 석진이와 아침 산책, 간단히 식사. 上午(09:30 → 10:30)

석진이와 호텔을 떠나 샌프란시스코 空港에서 석조 內外를 만나다. 함께 일본식 우동으로 아침을 먹고 일찍 空港에 들어가다.

몸 수색을 철저히 받고 샌프란시스코 13:00 出發 仁川 15日 16:50分 允求 어미가 마중 나와 석희 집에서 저녁.

日本 長谷川 사장 內外가 11月 初에 오겠다고 전화.

참으로 여러 사람을 만나 은혜를 입으며 신세를 지고, 반가운 사람들을 10여 년 만에 만난, 황홀한 여행이었다.